# 模拟导游教程

主  编 朱 华
副主编 王雪霏 王 荣 王 忠 孔建华

北京理工大学出版社
BEIJING INSTITUTE OF TECHNOLOGY PRESS

## 内容简介

本教材由国家级金牌导游、高等学校教师、一线资深导游执笔撰写，是一部真正意义上的校企合作教材。不同于传统导游实务教材，本教材景点讲解由国家金牌导游现场录音示范，真实地再现金牌导游导览讲解场景；将一线导游工作手册和研学旅行手册纳入教学内容，学生可根据导游工作手册学习导游、研学业务流程和专业知识；提供金牌导游原创的服务范例与设计思路，旨在提高学生导游服务能力和继续学习能力。本教材涵盖导游语言、讲解、带团和应变四大核心职业技能的培养与训练，加入了研学旅行、突发公共卫生事件的处理、导游工作 App 使用等内容，从不同团型、不同景观等角度，为学生提供导游服务技巧与相关范例。本教材为教师提供了教学资源包，包括二维码、电子课件、实训材料、参考答案等，供模拟导游、导游业务、导游实训、研学旅行等课程教学使用。

**版权专有　侵权必究**

### 图书在版编目（CIP）数据

模拟导游教程 / 朱华主编. -- 北京：北京理工大学出版社，2021.11

ISBN 978-7-5763-0742-9

Ⅰ.①模… Ⅱ.①朱… Ⅲ.①导游 – 高等职业教育 – 教材 Ⅳ.①F590.633

中国版本图书馆 CIP 数据核字（2021）第 248224 号

出版发行 / 北京理工大学出版社有限责任公司
社　　址 / 北京市海淀区中关村南大街 5 号
邮　　编 / 100081
电　　话 /（010）68914775（总编室）
　　　　　（010）82562903（教材售后服务热线）
　　　　　（010）68944723（其他图书服务热线）
网　　址 / http://www.bitpress.com.cn
经　　销 / 全国各地新华书店
印　　刷 / 定州市新华印刷有限公司
开　　本 / 889 毫米 × 1194 毫米　1/16
印　　张 / 14
字　　数 / 305 千字
版　　次 / 2021 年 11 月第 1 版　2021 年 11 月第 1 次印刷
定　　价 / 53.00 元

责任编辑 / 多海鹏
文案编辑 / 杜　枝
责任校对 / 刘亚男
责任印制 / 边心超

图书出现印装质量问题，请拨打售后服务热线，本社负责调换

# 前 言

2020年,是人类历史上划时代的一年,记忆深刻又意义非凡。编写团队启动本教材的编写工作,为未来旅游业发展做好人才储备。

与传统导游教材相比,本教材具备以下特点:

第一,校企合作,金牌示范。本教材编写团队由一线资深高级导游、国家金牌导游、高校骨干教师构成,同时邀请数十位入选文旅部万名旅游英才计划——"金牌导游"培养项目的高级导游创作12篇导游词,配以示范讲解音频,立体化呈现了金牌导游实地导览过程,让行业领军人物走进课堂,让教学走进景点,实现交互体验式教学,为学生学习、模仿、掌握导游技能提供保障。

第二,内容新颖,与时俱进。本教材既注重导游语言、讲解、带团和应变四大核心职业技能的培养与训练,又加入了研学旅行、突发公共卫生事件的处理、导游工作App的使用等内容,从不同团型、不同景观等角度,为学生提供了导游服务技巧与相关范例。

第三,理实一体,细致全面。本教材理论与实践并重,尊重院校专家对理论的提炼,注重对真实案例的采纳。在理论知识的基础之上,通过详细的实地导览解析,让学生真实了解导游工作,迅速掌握导游工作的方法和技巧。

第四,线上线下,资源丰富。本教材各章节均有多个二维码,为师生提供了丰富的线上教学资源。通过扫描二维码,师生可随时获得教学资源相关信息,实现课前预习、课堂学习、课后巩固的系统化学习模式。

本教材难度适中,适用于高等院校旅游管理专业模拟导游、导游业务、导游实训等课程使用,也适用于高职院校和中职学校的旅游相关专业、导游专业教学使用。本教材引入一线金牌导游创作的服务范例与设计思路,希望通过理实一体化教学,让学生牢固掌握导游相关理论及业务技能。

本教材在编写过程中，相关导游行会、机构和优秀导游提供了无私帮助。在此，谨向各位行业专家们表达由衷的敬意！感谢参与本教材编写的国家金牌导游：卫美佑、张群、舒文静、舒小华、李玉兵、罗世雄、王振抗、敖燕军、赵冰冰、林菲、陈云志、梁莎莎、王舒、张继峰、李淑花、童思斯（排名不分先后），感谢支持本教材编写的成都导游协会、西部研学旅行以及梁东、陈丹丹、李婷。感谢你们的支持和辛勤付出！

本教材由于编写时间仓促，恐有不当之处，恳请行业专家不吝赐教，也欢迎各位读者批评指正！

编写组

2021 年春

# 目录 CONTENTS

## 第一章 导游职业素养 ... 1
### 第一节 导游从业素质 ... 1
### 第二节 导游礼仪 ... 13
### 第三节 导游语言 ... 18

## 第二章 导游服务规程 ... 23
### 第一节 接站服务 ... 23
### 第二节 入住服务 ... 36
### 第三节 餐饮服务 ... 44
### 第四节 商定日程 ... 52
### 第五节 游览服务 ... 58
### 第六节 其他服务 ... 69
### 第七节 特殊团队接待技巧 ... 78
### 第八节 突发事件的处理 ... 89
### 第九节 突发公共卫生事件的应对 ... 102
### 第十节 送站服务 ... 108

## 第三章 景点游览与途中讲解 ... 120
### 第一节 途中导游 ... 120
### 第二节 不同方案的景点游览 ... 128
### 第三节 自然景观 ... 135
### 第四节 人文景观 ... 148
### 第五节 研学旅行 ... 158

## 第四章　导游综合技能 ········· 167

### 第一节　综合理论基础 ········· 167
### 第二节　中长线导游工作手册 ········· 171

## 第五章　模拟导游实训 ········· 185

### 项目一　丹霞山世界自然遗产 ········· 185
### 项目二　郑州黄河文化公园 ········· 187
### 项目三　传承工匠精神　保护非遗文化——槟榔谷黎苗文化旅游区 ········· 189
### 项目四　天津风云 ········· 191
### 项目五　跳动的音符——石家庄 ········· 196
### 项目六　三星堆——青铜纵目面具 ········· 198
### 项目七　阆中古城 ········· 200
### 项目八　云台山风景名胜区 ········· 202
### 项目九　荆州关帝庙 ········· 204
### 项目十　南京梅花山 ········· 209
### 项目十一　日照海滨国家森林公园 ········· 210
### 项目十二　重庆市人民大礼堂 ········· 215

## 参考文献 ········· 217

## 后记 ········· 218

# 第一章

## 导游职业素养

### 知识要点

通过对导游服务理论基础的学习,了解新时期导游服务的要求与未来导游发展的趋势,掌握导游职业道德、职业素质、导游礼仪和语言技能的基本要求与内容,为将来从事导游工作做好职业准备。

## 第一节 导游从业素质

### 案例导入

某旅行社新导游小王,在经过旅行社的岗前培训后,终于要开始带第一个长线团了。此前小王已经跟随老导游踩过线。这次小王很早就开始做接团前的准备工作,不仅四处搜集景点资料,还打印了厚厚一叠讲解词方便随时查阅。接团当天,小王带领游客上车后,开始致欢迎词。由于是第一次带长线团,小王非常紧张,拿着话筒的手不停发抖,没讲多久就感到词穷,难以继续。小王放下话筒休整了一会儿,整理思绪后,再次拿起了话筒。这次她和游客聊起了天,诚实告诉游客自己是新导游,不太会讲解,但是会努力为大家服务好。在接下来的旅途中,小王跑前跑后,细心周到地照顾每位游客,中途也尽量给游客做讲解。送机时,小王讲完欢送词后,一位游客找小王要了话筒,说要代表全体游客感谢小王的付出,虽然小王是新导游不善于讲解,但她的为人、敬业以及对大家的照顾,让大家很感动。在机场告别时,团里的阿姨们分别拥抱了小王,叫她回去好好休息,尽快养好"黑眼圈"。

对导游来说,旅行生活服务与导游讲解服务哪个更重要?职业道德和专业知识哪个更重要?新导游应怎样尽快适应导游的工作?

【案例分析】小王虽然是新导游,但出团前做了充分准备,尽管缺乏经验,她还是努力做好本职工作,以服务来弥补讲解的不足。但游客主要是通过导游的讲解来了解当地景点、历史文化、民风民俗等信息的,导游工作的主要职责是向游客介绍当地旅游文化,同时为游客提供周到的旅行生活服务。导游讲解服务和旅行生活服务能满足游客不同的需要,既密切联系又相互补充。细致周到的服务可以弥补讲解的不足,反之亦然;但是,一名优秀的导游应两者兼具。虽然导游贴心的服务会提高游

# 第一章 导游职业素养

客的旅行体验,增加其对导游的信任与好感,但小王还需在讲解上下功夫,讲解能力才是衡量导游水平高低最重要的指标。

"游客为本,服务至诚"是导游在工作中的出发点,是导游应树立的基本工作态度和应遵循的行为准则。遵守导游职业道德,掌握专业知识,向游客提供优质服务,是合格导游的必备条件。对新导游来说,接团前要做好各种准备,尤其是知识准备,应多方查阅资料,做好沿途讲解与景点讲解的准备;踩线时认真向优秀导游学习,记录他们的服务细节、讲解内容与方法。新导游可从人数较少的散客团带起,如两三个人的小团,服务能力进步后,逐渐增加接待人数并学习新的线路。

## 一、学习目标

(1)掌握导游职业道德和职业素质要求;
(2)掌握导游行为规范的基本内容;
(3)了解网络时代的导游服务要求;
(4)了解未来导游发展趋势;
(5)了解导游工作常用App。

## 二、学习纲要

| | |
|---|---|
| 学习要求 | 1.掌握导游职业道德的基本内容;<br>2.掌握导游职业素质要求;<br>3.掌握导游行为规范的基本内容;<br>4.讨论网络时代的导游服务要求,未来导游发展趋势;<br>5.了解导游工作常用App及使用方法 |
| 教学地点 | 模拟导游实训室或多媒体教室 |
| 教学设施 | 多媒体设备 |
| 教学内容与步骤 | 1.学生分组;<br>2.分组学习、讨论本节相关知识;<br>3.分组讨论并分析模拟案例;<br>4.完成巩固练习,讨论拓展阅读内容;<br>5.教学效果考核及教师点评;<br>6.教学结束 |

## 三、相关知识

### (一)导游职业道德

道德是一种社会意识形态,是在一定社会中调整人与人之间以及个人与社会之间关系行为规范的总和。职业道德是社会道德在职业行为和职业关系中的具体体现,是整个社会道德生活的重要组成部分。职业道德是指从事某种职业的人员在工作或劳动过程中应遵守的与其职业活动紧密联系的道德规范和原则的总和。导游职业道德是指导游在工作过程中所应遵循的与其职业相适应的道德原则和道德规范的总和，是导游在工作中享有的基本权利和基本义务；它既赋予导游可以做出一定行为或不做出一定行为的权利，又要求导游必须依法承担相应的责任。根据1996年11月国家旅游局制定的《加强旅游行业精神文明建设的意见》的规定，我国导游职业道德规范主要包括以下内容：

### 1. 爱国爱企、自尊自强

爱国爱企、自尊自强是导游必须遵守的一项基本道德规范，也是社会主义各行各业必须遵守的基本行为准则。它要求导游在工作中要始终站在国家和民族的高度，要时刻以国家和企业的利益为重，要有民族自尊心和自信心，为国家和企业的发展多做贡献。

### 2. 遵纪守法、敬业爱岗

各行各业人员除了要遵守国家的法律、法规，还要遵守各自本职行业的规范和规定。敬业爱岗，对导游来说，敬业就是敬重从事的旅游服务业；爱岗就是热爱自己的本职工作。除了要遵守国家法律、法规外，导游还要遵守旅行社制度和《导游人员管理条例》的规定，执行导游服务质量标准，敬业爱岗。

### 3. 公私分明、诚实善良

导游在工作中，要能够自觉抵制各种诱惑，不为一己私利而损害游客利益；对待游客要诚实守信，不弄虚作假、不欺骗游客，严格履行合同的规定，杜绝随意增减景点和购物点的行为，维护游客的合法权益。

### 4. 克勤克俭、宾客至上

克勤克俭、宾客至上是导游处理与游客关系的一条基本行为准则。它要求导游充分发挥主动性、积极性、创造性；发扬我国勤俭节约、热情好客的优良传统；要有较强的服务意识，始终把游客的利益放在第一位，想游客之所想、急游客之所急，把游客的满意作为衡量自己工作的唯一标准。

### 5. 热情大方、清洁端庄

热情大方、清洁端庄是导游在接待游客过程中应当具备的基本道德品质和道德情操。无论游客态度如何，导游应始终把笑容挂在脸上，关心游客，为游客着想。导游还要注意个人的仪容仪表，做到穿着得体、干净大方，使游客舒心、满意。

### 6. 一视同仁、不卑不亢

导游不能因游客的地位、财物、外貌等而区别对待游客，对所有游客应一视同仁。此外，导游还要树立爱国主义思想，对待游客要礼貌尊重，不卑不亢，真正体现出我国导游的国格和人格。

### 7. 耐心细致、文明礼貌

耐心细致、文明礼貌是导游一项重要的业务要求，是衡量导游工作态度的重要标准之一。导游对待游客要像对待自己家人一样耐心、细心、热心，尽最大努力帮助游客解决问题。导游还要尊重每位游客不同的生活习惯、宗教信仰、民族风俗等，对待游客应举止文雅、态度友善。

### 8. 团结服从，顾全大局

旅游服务是关联性强的综合性服务，导游在工作过程中会与不同部门、单位、企业或个人合作。合作中如发生矛盾或冲突，导游应以大局为重，个人利益服从集体利益，处理好各种关系。

### 9. 优质服务、好学向上

优质服务是规范化和个性化相结合的服务，是高效率、高附加值的服务。衡量导游道德素质高低的标准之一就是看其是否具有优质服务的意识。导游在工作过程中要时刻保持优质服务的意识，对游客要尽心、尽职、尽责。此外，导游还要善于学习、勤于思考，不断提高自己的道德修养和业务水平。

## （二）导游职业素质

职业素质是劳动者对社会职业了解与适应能力的一种综合体现，主要表现在职业兴趣、职业能力、职业个性及职业情况等方面。导游在旅游过程中体现出的职业素质和导游服务质量息息相关。导游需具备的职业素质包括：

### 1. 良好的思想品德

#### 1）热爱社会主义祖国

爱国是成为一名合格导游的首要条件。导游在向游客提供热情服务的同时，还要维护国家利益和民族尊严。游客旅游期间，与导游的直接接触最多，会通过导游去了解旅游目的地。因此，在某种程度上，导游个人的行为举止和言行，有时候甚至代表了国家、地区的形象。作为"民间外交大使"，导游必须注意自己的言行，自觉维护祖国和民族尊严。

**2）优秀的道德品质**

社会主义道德的本质是集体主义，是全心全意为人民服务的精神。导游在工作中应从集体利益出发，从旅游业的发展出发，关心集体的生存和发展；要发扬全心全意为人民服务的精神，并且将这一精神与"宾客至上"的旅游服务宗旨紧密结合起来，热情地为国内外游客服务。

**3）践行核心价值观**

（1）社会主义核心价值观。

"富强、民主、文明、和谐"是我国社会主义现代化国家的建设目标，也是从价值目标层面对社会主义核心价值观基本观念的凝练，在社会主义核心价值观中居于最高层次，对其他层次的价值理念具有统领作用。"自由、平等、公正、法治"是对美好社会的生动表述，是从社会层面对社会主义核心价值观基本理念的凝练。它反映了中国特色社会主义的基本属性，是我们党矢志不渝、长期实践的核心价值理念。"爱国、敬业、诚信、友善"是公民基本道德规范，是从个人行为层面对社会主义核心价值观基本理念的凝练。它覆盖社会道德生活的各个领域，是公民必须恪守的基本道德准则，也是评价公民道德行为选择的基本价值标准。

（2）旅游行业核心价值观。

"游客为本，服务至诚"是社会主义核心价值观在旅游行业中的具体体现。"游客为本"是指一切旅游工作都要以游客的需求作为最根本的出发点和落脚点，它是旅游行业赖以生存和发展的根本价值取向。"服务至诚"是指以最大限度的诚恳、诚信和真诚做好旅游服务工作。它是旅游行业服务社会的精神内核，是旅游从业人员应当树立的基本工作态度和应当遵循的根本行为准则，是导游道德修养应追求的最高境界。

**4）较强的敬业精神**

导游应树立远大理想，将个人抱负与事业成功结合起来，立足本职工作，热爱本职工作，尽职敬业，刻苦钻研，不断进取，全身心地投入工作中，热忱为游客提供优质服务。

**5）高尚的情操修养**

这是导游必备的修养之一。导游需要不断学习，提高思想觉悟，努力使个人追求与国家利益结合起来，始终保持高尚的情操。

**6）自觉遵纪守法**

遵纪守法是每个公民的义务，导游应树立高度的法治观念，自觉遵守国家法律、法规，遵守旅游行业的规章制度，严格执行导游服务质量标准，严守国家机密和商业秘密，维护国家和旅行社的利益。

## 2. 全面的知识体系

**1）语言知识**

语言是导游最重要的基本功，是导游服务的工具。语言基础不扎实，会影响信息的有效传达与沟通，也就不可能完成导游工作。导游讲解是综合性的口语艺术，要求导游具有很强的语言表达能力。导游出色的语言技能来自扎实的语言知识，涉外导游还应熟练掌握至少一门外语。

#### 2）史地文化知识

史地文化知识包括历史、地理、宗教、民族、风俗民情、风物特产、文学艺术、古典建筑和园林等方面的知识。导游应努力学习各种知识，尤其是与本地景点相关的历史、文学、民风民俗等，讲解时要把这些知识和本地景点有机结合起来。

#### 3）政策法规知识

政策法规是导游工作的指针。导游在工作过程中必须以国家方针政策和法规为指导，自身言行也要符合国家政策法规要求，自觉遵纪守法。

#### 4）心理学知识

导游是做人的工作，在与游客的短暂相处中，有必要掌握相关的心理学知识，这样才能提供有针对性的服务，使游客在心理上得到满足，精神上获得享受。

#### 5）美学知识

旅游活动是一项综合性的审美活动。导游不仅要向游客传播知识，而且要传递美的信息，让他们获得美的享受。导游应学习一些美学方面的知识来加强自身的美学修养。

#### 6）政治、经济、社会知识

游客来自不同的国家和地区，导游应掌握相关政治、经济、社会知识，了解旅游目的地风土民情、婚嫁习俗、宗教信仰和禁忌习俗等，这样才能更好地完成导游服务工作。

#### 7）国际知识

涉外导游要掌握必要的国际知识，要了解国际形势和各时期国际上的热点问题以及我国的外交政策和对有关国际问题的态度；还要熟悉客源国的情况，了解其历史、地理、宗教、禁忌等知识。

#### 8）旅行知识

旅行知识主要包括出入境知识、交通知识、通信知识、货币保险知识、卫生知识、旅游业知识等。导游掌握必要的旅行知识，能帮助游客解决旅行中的问题，保证旅行的顺利进行。

### 3. 较强的独立工作能力

#### 1）独立执行政策和宣传讲解的能力

导游必须具备高度的政策观念和法治观念，积极主动宣传社会主义中国及相关方面的内容。

#### 2）较强的独立组织协调能力

导游接受任务后，要根据旅游合同安排旅游活动并严格执行旅游接待计划，与相关部门及不同机构接洽合作，独立完成各项工作。

### 3）善于和各种人打交道的能力

导游工作对象广泛，善于和各种人打交道是导游最重要的素质之一。导游必须具备一定的社交能力，善于交际，灵活处理问题，创造和谐关系。

### 4）独立处理问题和事故的能力

冷静分析、果断决定、正确处理意外事故是导游最重要的能力之一。在旅游活动中有可能发生意外事故，能否妥善处理是对导游的严峻考验。

## 4. 较熟练的导游技能

导游服务需要的主要是服务技能。服务技能可以分为操作技能和智力技能两大类。语言、知识、服务技能构成了导游服务三要素，缺一不可，只有三者和谐结合，才能称得上是高质量的导游服务。

## 5. 积极的进取精神

导游应有居安思危、优胜劣汰的思想准备，要树立强烈的竞争意识，将压力变为动力，不断开拓进取、完善自我，这样才能更好地胜任本职工作。

## 6. 健康的身心

### 1）身体健康

导游工作体力消耗大，需要陪同游客完成各项旅游活动。带团时导游常常早出晚归，还要长时间走路、爬山，跑前跑后，劳动强度非常大。高海拔、气候变换、饮食差异等对导游也是考验。因此，导游要有健康的身体。

### 2）心态平和

导游要保持愉快、饱满的情绪，在游客面前应显示出良好的精神状态，在带团过程中应尽量不受任何外在因素的影响，不要把沮丧的情绪带到工作中。

### 3）头脑冷静

在旅游过程中，导游应始终保持清醒的头脑，处事沉着冷静、有条不紊；处理各方面关系时要机智、灵活；处理突发事件及游客投诉时要干脆利落，合情、合理、合法。

### 4）思想健康

导游应具有高尚的情操和超强的自控能力，能够抵制形形色色的诱惑，清除各种腐朽思想的污染。

## （三）导游行为规范

为了保护国家利益，维护祖国尊严和导游的荣誉，导游必须加强法治观念，遵守国家法律法规，自觉约束自身行为。

### 1. 忠于祖国，坚持"内外有别"

导游不得有任何损坏国家利益和民族尊严的行为，不得擅自带游客进入保密禁区、军事要地、未开放地区参观游览；不得泄露商业秘密，如收费细目、实际费用支出等；在游客面前不得讨论内部情况，涉外场合不携带内部文件。

### 2. 严格按照规章制度办事，执行请示汇报制度

导游应严格按照旅行社确定的行程计划安排旅行和游览活动，不得擅自增加、减少旅游项目、终止导游活动；遇到重大问题和情况时，要及时汇报，非紧急情况不得擅自决定或处理；在旅行中遇到可能危及游客人身安全的紧急情形时，在征得多数游客同意的情况下，可调整或变更接待计划，但应立即报告旅行社；在游览过程中，对可能发生危及人身、财物安全的情况，应如实向游客说明并做出警示，按照旅行社指示采取措施。

### 3. 遵纪守法

遵纪守法是每位公民的义务，导游在工作中应自觉遵守国家和旅游行政管理部门的相关法律法规，如《旅游法》《导游人员管理条例》《旅行社条例》等。同时，导游应严格履行旅游合同，不增加购物次数或延长购物时间；不欺骗、胁迫游客消费或与经营者串通欺骗游客；不套汇、炒汇，不以任何形式向海外游客兑换、索取外汇；不向游客兜售物品或购买游客的物品；不以明示或暗示的方式向游客索要小费；不因游客不付小费而拒绝提供服务；不营私舞弊、假公济私等。

### 4. 自尊、自爱，不失人格、国格

导游有权拒绝游客提出的侮辱其人格尊严或违反职业道德的不合理要求，不得迎合个别游客的低级趣味，不得在讲解中掺杂庸俗、下流内容。

### 5. 注意小节

导游不能单独去游客房间，也不要单独去领队或全陪房间。导游不得携带亲友随团活动，不得与异性外国旅游团领队同住一室。工作时不得过量饮酒，不克扣游客餐费，不擅自留用旅行社送给游客的礼品。

## （四）网络时代的导游服务

随着物质生活水平的不断提高，人们对精神生活的追求也更加迫切，旅游不再是少数人的消费行为，已经渐渐成了普罗大众的日常所需，甚至成为刚需。近年来，随着互联网的发展和各大旅游网站（OTA平台）的兴起，旅游资讯的获取变得更加便捷，出行的方式也更加多样。传统的跟团游市场占比越来越小，而为新兴的自由行、半自由行游客提供的个性化服

务，如单个景点的深度讲解、半日游的协助游览、特种旅游、兴趣旅游等则如雨后春笋般出现。潜水、跳伞、登山、摄影、自驾等新形式的旅游服务将会更受欢迎。因此，旅游市场规模的扩大、旅游服务的个性化、旅游行为的自由化，使导游的职业前景变得更为广阔。

互联网的普及，给人们的出行带来了极大的便利，同时也带来了更便捷的信息，如各大景点都开通了网上购票通道，大部分景区开发了智能语音导游，各大OTA平台还提供"云导游"服务。新兴的短视频平台为游客提供了更多更即时的旅游资讯，对传统的导游服务提出了严峻的挑战和考验。导游需不断提高自身的职业技能，职业素质和职业道德也要经得起时代的冲击和市场的考验。那么，导游怎样做才符合新时代对导游的要求呢？

### 1. 良好的服务心态

优秀的导游都有良好的心态，因为良好的心态是做好服务工作的基础之一。导游需要在实践中不断提升自我修养，保持良好的心态，始终不忘"游客至上、服务至诚"的理念，以丰富的经验和阅历、娴熟的技巧，带给游客愉快的旅行体验。

### 2. 专业的服务能力

导游专业的服务能力包括对游览线路和景区景点的地理、人文环境的熟悉，对导游服务流程及规范的掌握，对突发事件和紧急情况的处理，对急救常识、医护常识的了解等。除了从书本中学习这些知识，还需在实践中逐渐积累。

### 3. 不断提高自身文化素质，拓宽和更新知识储备

随着"文旅融合"的进一步发展，人们越来越热衷于对旅游过程中文化元素的了解。很多游客希望在旅游过程中能够了解书本外或自己平时很难直观了解的相关知识，这就对导游的文化素质提出了更高的要求。除了学习书本知识，导游在业余时间还需做"有心之人"，关注时代和行业的变化与发展，注意拓宽和更新自身的知识储备，把书本上的知识和平时积累的知识结合起来；还可以把当前游客喜爱的元素融入导游服务，再以游客乐于接受的方式呈现。

## （五）导游工作相关 App

随着5G时代的到来，手机已经成为获取信息和协助导游工作最重要的工具。就现阶段来说，导游可灵活运用以下 App 查询或了解相关信息：

（1）航班车次：航旅纵横、高铁管家、飞常准等。

（2）酒店：携程、去哪儿、Booking 等。

（3）餐饮及评价：大众点评、美团等。

（4）行车路线与时间：百度地图、高德地图（国内）、谷歌地图（国外）。

（5）专业词汇或翻译辅助：翻译官、有道翻译、谷歌翻译等。

（6）航空公司：中国国际航空、中国南方航空、中国东方航空、四川航空等。

（7）旅游景点：马蜂窝、小红书、微博、穷游等。

（8）视频剪辑：剪映、一闪等。

随着科技时代的不断进步，会有更多的辅助工具运用到导游工作中来，新时代的导游要与时俱进，不断学习，灵活借助科技手段来辅助自己完成导游工作。

### （六）未来导游职业发展趋势

随着我国旅游业的快速发展，游客对旅游出行体验的要求越来越高，传统旅游行业的主动蜕变和升级，个性化、定制化旅行的逐渐兴起，对导游提出了新的要求。导游应根据时代的需求，主动学习来迎接行业的升级和发展。未来导游服务将出现以下几种发展趋势：

#### 1．"达人"导游广受欢迎

"达人"是近几年的网络新词，和传统意义上的显贵之人不同，这里既指在某一领域非常专业、出类拔萃的一群人，也指追随时代并引领风潮的少数人。"达人"型导游往往经验丰富，有超高的口才，具备优秀的专业素养与讲解技巧，极受游客尊敬与喜爱。

#### 2．"网红导游"吸粉无数

这里的"网红导游"，是指能娴熟运用各种网络平台、自媒体等进行自我包装与推广，通过文字、语言、影像等方式，分享动人美景，讲述中国故事，传播最美声音，受到众多网友关注的导游。有些导游把导游方法升级，服务对象不再局限于线下游客；有些导游还通过各平台"线上导游"的方式，打造个性鲜明的个人影响力。随着全民5G时代的到来，"网红导游"已成为一种时代现象。

#### 3．"技艺型"导游走上舞台

从三丈大巴车到千人舞台，既可在线下以细致入微的专业服务于游客，也可华丽转身，通过行业大赛来锻炼自己，促使自身综合能力的快速升级，这种导游就是"技艺型"导游。各类职业技能大赛是导游快速提升自身专业水平的有效方式之一。在参赛过程中，导游语言会得到精粹提炼，讲解风格会变得更沉稳大气。运用娴熟的技艺技能去传递时代导游的风采，是每一位新时代导游都应努力追求的方向。

#### 4．"研学"导游开始涌现

近年来，教育部出台相关文件要求全国中小学校必须对学生开展研学实践教育，让学生走出校园去学习，让课堂活起来；曾经的夏令营、冬令营、游学旅行等团队类型也逐渐转型为研学旅行。近年来，研学旅行团队的接待需求量增大，因此研学导游的需求量也逐步增加。由于研学团的特殊性，带研学团的导游必须学习研学旅行的相关知识。

### 5. "专家型"导游领军行业

行业需要领军人物，任何行业的发展都离不开榜样的力量，导游队伍的职业素质和方向更应该向榜样看齐。

从中国早期评定的特级导游员，到后来逐渐出现的地方和国家级金牌导游员、优秀导游员、十佳导游员、高级导游员等，在这支不算庞大的领军队伍里，涌现出一部分特别优秀的导游人才，这里面有致力于"传帮带"的技艺传承者，有从事高端团队和政务团队接待的导游典范，还有针对专业（宗教、建筑、艺术、历史类）人士和团队接待的导游专家们，他们在行业中起到了标杆的作用，将持续引领并影响着未来的导游队伍，使导游在职业素养和能力上更上一层楼。

### 6. "复合型"导游需求增加

随着国民经济的发展，人们的收入和受教育程度也进一步提高。越来越多的游客不再满足于走马观花式的游览，对旅游活动的内容与质量提出了更高的要求。未来的导游不能停留在传统意义上的只会带路、讲故事、安排好吃住这一层面，还要努力实现自身能力的多方面覆盖，例如摄影、搭配、旅拍、剪辑、驾驶、急救知识等。导游不能只满足于"一专"，而要实现"多能"，以此来满足未来细分市场的小包团、定制团、旅拍团、特线团等。同时，随着导游执业自由化进程的持续推进，在部分发达国家的"司兼导"的服务方式，在我国也已经出现了。因此，未来的导游要是"杂家"。这里的"杂"，是指导游不仅要具备导游专业知识，还需具备多项技能，做真正意义上的"多面手"。

## 四、模拟案例

**案例一：** 某日导游小张出门接团，由于头天晚上和几位朋友一起打游戏到很晚，早上闹钟响了好几次才醒过来，到小区门口时才想起导游证忘在昨天的外套里了，赶紧跑回家拿，又遇到上班高峰期，好不容易赶到酒店时还是迟到了几分钟，团里一些游客表露出不满。小张向游客道歉，但当天小张状态不佳，在接下来的行程中出了一些状况。旅游结束后，一些游客在旅行社的《游客意见跟踪表》上给了小张差评。

小张的问题出在哪里？应怎样避免类似事件的发生？

**案例二：** 导游小张带了一个20人的旅游团，其中一组游客带着2个不到10岁的孩子。旅游团行程安排较紧凑，尽管小张数次提醒大家要准时，接连几天早上，这组游客都迟到了近10分钟。虽然他们态度好，向大家道歉了，但团里部分游客还是向小张投诉行程不准时。这天早上，这组游客又迟到了，小张为避免再次影响行程，当众严肃地批评了他们，他们很不开心,其他游客也受到影响,在后续行程中大家情绪低落。

小张怎样处理会更好?如何避免类似情况再次发生?

**案例三:** 导游小张带了一长线团,游览项目中包含一个古镇,是旅行社新开发的景点,预计游览时间为3小时。小张没有去过,出发前他询问了去过的同事,了解了古镇的大致情况,还在网上查看了游览路线。游览当天,团队到达古镇后,小张先带领游客从停车场走到古镇中心,宣布了集合时间,然后就让游客自由活动。回到车上时,有些游客反映该古镇缺乏特色,房屋、街道、商店、商品与其他古镇并无不同,游览时间过长,1小时即可。

案例二答案

案例三答案

旅行社安排的合理吗?小张应怎样做才能提供让游客满意的服务?

## 五、巩固练习

### 1. 单项选择题

(1)(　　)不仅是导游必须遵守的一项基本道德规范,也是社会主义各行各业必须遵守的基本行为准则。

A. 爱国爱企、自尊自强　　　　B. 遵纪守法、敬业爱岗

C. 公私分明、诚实善良　　　　D. 克勤克俭、游客至上

(2)(　　)是导游最重要的业务要求,是衡量导游工作态度的一项重要标准。

A. 克勤克俭、游客至上　　　　B. 热情大方、清洁端庄

C. 一视同仁、不卑不亢　　　　D. 耐心细致、文明礼貌

(3)衡量导游道德素质高低的标准是(　　)。

A. 导游是否具有优质服务的意识　　B. 导游是否具有深厚的文化内涵

C. 导游是否具备杰出的讲解能力　　D. 导游是否具备健康的心理状态

### 2. 多项选择题

(1)下列关于道德的表述,正确的有(　　)。

A. 道德是一种社会意识形态

B. 道德是调整人们之间以及个人与社会之间关系的行为规范的总和

C. 道德通过多种形式的教育和社会舆论的力量使人们形成一定的信念、习惯和传统而发生作用

D. 道德标准一旦形成,不再发生变化

E. 道德是一种经济关系的概括

(2)下列关于导游职业道德的表述,正确的有(　　)。

A. 导游职业道德是导游在工作过程中所应遵循的与其职业相适应的道德原则

B. 导游职业道德是导游在工作过程中所应遵循的与其身份相适应的道德规范

C. 导游职业道德是导游在工作过程中享有的基本权利

D. 导游职业道德是导游在工作过程中应尽的基本义务

E. 导游职业道德是导游在工作过程中应遵循的工作规范

### 3. 思考题

（1）某景点大门外，几位导游一边等待团队集合一边聊天。其中一位导游抱怨说他的游客来自偏远山区，什么都不懂，也不购物，一路上带给他很多麻烦。此时周围其他旅游团里有些游客已陆续到达集合地点，听到了这几位导游的聊天。这位导游的做法合适吗？正确的做法是什么？

（2）怎样成为一名优秀的导游？新时代对导游的要求是什么？未来导游的发展趋势是什么？

巩固练习答案

## 第二节　导游礼仪

### 【案例导入】

导游小李年轻时尚，工作也很敬业。某年夏天带团上黄山时，小李穿上了漂亮的长裙，化着精致的妆容，背着名牌包和游客一起爬山。虽然工作认真，讲解也很到位，但不知为什么，团里的游客，尤其是女游客，对小李颇有微词，小李觉得游客过分干涉自己的着装。

导游小李的着装和形象是否有不妥之处？导游应怎样着装才得体呢？

【案例分析】导游在工作过程中需要与游客进行面对面的接触，仪容仪表非常重要。本案例中导游小李的着装并不适合其工作状态。刻意修饰外表、太过时髦的形象，会引人注目，也很难为所有游客所接受。导游工作时着装应得体，应符合职业要求，要与旅游团的类型、性质、场合相一致。得体的穿着和审美，有时候比浓妆艳抹更能体现人的素质与涵养。

### 一、学习目标

（1）了解导游仪容仪表要求；

（2）熟悉导游工作礼仪基本内容与要求。

## 二、学习纲要

| 学习要求 | 1. 了解导游仪容仪表要求；<br>2. 熟悉导游工作礼仪基本要求与内容 |
|---|---|
| 教学地点 | 形体训练室、模拟导游实训室或多媒体教室 |
| 教学设施 | 多媒体设备 |
| 教学内容与步骤 | 1. 学生分组并分工；<br>2. 学习本节相关知识；<br>3. 分组学习并讨论模拟案例；<br>4. 分组进行站姿、坐姿、走姿训练；<br>5. 完成巩固练习；<br>6. 师生评议并进行教学效果考核；<br>7. 教学结束 |

## 三、相关知识

礼仪指的是人们在社会交往中由于受历史传统、风俗习惯、宗教信仰、时代潮流等因素的影响而形成，既为人们所认同，又为人们所遵守，以建立和谐关系为目的的各种符合交往要求的行为准则和规范的总和。礼仪既是一种待人接物的行为规范，也是交往的艺术。导游是旅游行业的窗口，与游客接触时间最长，对游客来说，导游代表了其所在旅行社，甚至是其国家、地区和民族的代表。因此，导游在学习旅游专业知识的同时，还必须学习基本的礼仪知识。

### （一）仪容仪表

仪容仪表是人的外在表现，导游在完善自身仪容仪表时，应注意以下几点：

#### 1. 发型标准

男导游，前发不覆额，后发不及领，鬓角不近耳，以阳光短发为宜。女导游，长发不应披散，更不可烫夸张卷发，长发宜扎成马尾，短发应做好修饰和造型。

#### 2. 服装标准

不可着超短裤或超短裙，不可穿背心、吊带、拖鞋；不可着奇装异服；无论是夏天还是冬季，都以长裤为宜；团队接待的第一天，最好穿有领的衬衣或polo衫以示尊重和礼貌；若有条件，服装建议一天一换，每天以清爽的形象出现在游客面前，更容易得到游客的尊重和喜爱。

### 3. 妆容标准

女导游不可浓妆艳抹，以淡妆为宜；男导游如无需要，尽量不化妆，保持男性的阳刚气质，面容清洁即可。

## （二）仪态

虽然导游的工作场地多在户外，但导游大方、优雅、得体的仪态也是一道靓丽的风景，会给游客留下美好的印象。

### 1. 站姿

导游的站姿应稳重、自然，给人谦恭有礼的感觉。站立时，身体直立，重心放中间，挺胸收腹，手臂可自然下垂，双膝挺直并拢或分开与肩同宽。有时双手可分别放置于腿的两侧，或交叉于小腹前，不宜把手插在裤袋里或在胸前交叉。

### 2. 坐姿

导游的坐姿应端庄、稳重，给人温文尔雅的感觉。无论是在景区休息时，还是在行进的旅游车上，导游都应注意保持自然挺直的坐姿，不东倒西歪，不翘二郎腿，不抖腿；坐车时双手可自然搭放在座椅扶手上或放在自己腿上；双腿自然弯曲，男导游可略张双腿，双膝相距以一拳为宜，女导游应双膝并拢，切忌分腿而坐。

### 3. 走姿

导游的走姿应从容、轻快，给人轻盈稳健的感觉。走路时上身自然挺直，肩部放松，双臂前后自然摆动；脚步要从容、目光要平稳，不要双手插裤袋，也不能慌张奔跑。景区人多时，导游要注意避让游人，如需借道超过其他游客，应注意文明礼貌，避免在游客中间穿行。

## （三）守时守信

遵守时间是导游最重要的工作礼仪。为了保证团队活动的顺利进行，每次通知游客集合时间地点后，导游自己要带头遵守，应按规定提前到达集合地点，如遇特殊情况迟到时，必须向游客道歉并解释原因。此外，导游还应信守诺言，说出去的话，答应游客的事情，要尽量去办；对没有把握的事情，不能乱说，更不要向游客随意许诺。

## （四）尊重他人

导游在工作中应尊重游客的宗教信仰、风俗习惯等，要特别注意游客的宗教习惯与禁忌。对游客应一视同仁，尊重老人、女士，多关照儿童和残疾人。对残疾人应体贴而非怜悯；对重要游客的接待服务应把握分寸，要做到不卑不亢。除游客之外，导游还要尊重同团的司机、领队、全陪、行李员；对工作过程中接触的其他人员，如餐厅、酒店服务员、行李员等，应给予应有的尊重。

### （五）其他注意事项

（1）带团期间，导游应按相关规定，把导游证佩戴在胸前。

（2）如游客人数超过10人，导游在带团期间应携带旅行社社旗，行进时高举社旗，方便游客辨认与跟进。

（3）导游手持话筒讲解时，话筒不宜离唇部过近，也不要遮住面部。

（4）集合时导游应提前10分钟到达集合地点。游客上车时，导游应主动、恭敬地立于车门旁，向每位游客打招呼，并协助游客上车，待所有游客到齐后，导游才可上车；下车时，导游应第一个下车，方便招呼游客。导游乘坐任何交通工具时都需牢记行业惯例：第一个下车，最后一个上车。

（5）导游清点人数时，切忌用单手手指对着游客清点，可在心中默数来清点，也可通过清点旅游车空座的方式来计算人数。

（6）导游在车上进行沿途讲解时，站姿要到位，表情要自然，目光要关照到全体游客；坐着讲解时，坐姿应挺拔，应面对游客。

（7）游览时应随时提醒游客注意人身与财物安全，特别留心年老体弱的游客，注意控制团队行进的速度与节奏，避免游客过于疲劳或掉队。

（8）工作时不在公共场所吸烟。

## 四、模拟案例

**案例一：** 导游小李接到一个高级商务代表团。接团当天，小李和往常一样，穿着运动装、运动鞋来到了酒店会议厅，看到全团代表均着正装时，小李倍感尴尬，随后让朋友送来一套正装更换。小李更换服装后，还借用团里女游客的化妆品化了妆。

案例一答案

导游小李的做法对吗？导游带团时应怎样着装？

**案例二：** 导游小王即将接待一个政务团。根据旅行社信息，当地将举办一个国际论坛，参加论坛的各国嘉宾，除开会和交流活动外，还会分组进行一些短途的观光游览活动。

案例二答案

小王在进行导游服务时，在礼仪方面有哪些需要注意的地方？

## 五、巩固练习

**1. 单项选择题**

（1）从卫生角度考虑，交谈的最佳距离是（　　）。

A. 1.5 米　　　　B. 1.3 米　　　　C. 1 米　　　　D. 1.2 米

（2）就餐入座时，男士为女士拉开座位，体现的是（　　）礼仪原则。

A. 不得纠正　　B. 女士优先　　C. 保护个人隐私　　D. 信守时间

**2. 多项选择题**

（1）导游的形象是指（　　）。

A. 导游仪容　　B. 导游仪表　　C. 导游仪态　　D. 导游礼节、礼貌

E. 导游涵养

（2）仪容在个人仪表美中占有举足轻重的地位。导游在完善自身仪容时，应注意（　　）。

A. 仪容的修饰要考虑时间和场合　　B. 公众场合不能当众修饰仪容

C. 完善自身仪容需要内外兼修　　D. 导游的配饰应与工作环境相协调

E. 导游的着装应与工作场合相适应

（3）化妆是一门艺术，也是一种技巧。下列关于面部化妆礼仪的表述，正确的有（　　）。

A. 化妆首先要正确认识自己　　B. 化妆以自然修整为准

C. 化妆应接受专业培训　　D. 妆容应与环境相适应

E. 导游带团时切忌化浓妆

（4）适当使用香水会使自己魅力倍增、风度迷人。下列关于香水使用的禁忌，正确的有（　　）。

A. 香水切忌用量过多　　B. 香水切忌使用部位不当

C. 香水切忌不洁使用　　D. 香水切忌混合使用

E. 香水使用者切忌吃辛辣刺激食物

（5）下列关于着装的表述，正确的有（　　）。

A. 个人着装应与时间相适应　　B. 个人着装应与地点相适应

C. 个人着装应与心情相适应　　D. 个人着装应与个性相适应

E. 个人着装应与场合相适应

**3. 分组进行导游站姿、坐姿、走姿训练**

巩固练习答案

第一章 导游职业素养

## 第三节 导游语言

> **案例导入**
>
> 新入职的导游小李,接到了一个以年轻人为主的散客团,游览景点都在本地。为做好导游服务工作,接团之前小李查阅了大量资料,并对行程中涉及的景点做了相关笔记。带团游览过程中,小李竭尽所能,向游客介绍了景点的历史沿革、背景等相关知识。尽管如此,部分游客仍不满意,认为小李讲得虽然多,但内容既没逻辑性也没趣味性,对小李的讲解不感兴趣,小李自己也觉得很沮丧。
>
> 导游小李的讲解有什么问题?她应怎样去提高呢?

**【案例分析】** 作为新入职的导游,接团前小李做了充分的准备工作,其工作态度值得肯定。但小李在今后的工作中,应注意几个问题:首先,应提前设计好讲解的主题、思路与框架,每次讲解可围绕某一主题展开,根据事先设计好的思路逐点讲解,这样可使讲解更有逻辑性;其次,小李可学习一些讲解技巧,注意讲解方法、语音语调的变化、与游客的互动等,综合运用语言与非语言的表达方式,再结合幽默或有趣的方式来调动游客的兴趣,以此来提高讲解的生动性,从而进一步提高自己的讲解技能。

### 一、学习目标

(1)熟悉导游语言的含义;
(2)掌握导游语言的特性;
(3)掌握导游语言的分类;
(4)熟悉导游语言的沟通技巧;
(5)掌握导游语言的运用技巧。

### 二、学习纲要

| | |
|---|---|
| 学习要求 | 1.熟悉导游语言的含义;<br>2.掌握导游语言的三大特性;<br>3.掌握导游语言的分类及运用原则;<br>4.熟悉不同情境下导游语言的沟通技巧;<br>5.掌握语调、语速、音量及停顿的运用技巧 |
| 教学地点 | 模拟导游实训室或多媒体教室 |

| 教学设施 | 多媒体设备 |
|---|---|
| 教学内容与步骤 | 1. 学生分组并分工；<br>2. 学习本节相关知识；<br>3. 分组进行模拟案例练习；<br>4. 完成巩固练习；<br>5. 师生评议并进行教学效果考核；<br>6. 教学结束 |

## 三、相关知识

### （一）导游语言的含义

语言技能是导游必备的基本功之一，导游服务效果的好坏在很大程度上取决于导游掌握和运用语言能力的高低。从狭义上看，导游语言指的是导游与游客交流思想感情、指导游览、进行讲解、传播文化时使用的一种具有丰富表达力、生动形象的口头语言；从广义上看，导游语言是导游在导游服务过程中必须熟练掌握和运用的所有含有一定意义并能引起互动的符号。"所有"是指导游语言不仅包括口头语言，还包括态势语言、书面语言和副语言等，其中副语言是一种有声而无固定语义的语言，如重音、叹息、笑声、掌声等。

### （二）导游语言的特性

导游通过语言为游客提供服务，导游语言具备以下几种特性：

#### 1. 准确性

导游的语言需以客观现实为依据，叙事以事实为依据，准确地反映客观实际。因此在工作过程中，导游需要做到：态度严肃认真，熟悉所讲内容，遣词造句准确，词语组合得当。

#### 2. 逻辑性

导游的思维要符合逻辑规律，不能前后矛盾，要保持连贯性，语言表达条理清晰；导游还需掌握必要的逻辑方法（如比较法、分析法、综合法、抽象法、演绎法和归纳法等）来规范语言的逻辑性。

#### 3. 生动性

生动性是导游语言艺术性和趣味性的体现，导游语言要生动活泼、引人入胜，可以使用多种修辞手法，如比喻、拟人、排比、夸张、映衬、引用、双关、示现等，让表达更形象。

### （三）导游语言的分类

导游在工作过程中，使用频率最高的是口头语言。口头语言是导游服务工作中最重要的手段和工具，导游需格外重视自身口头语言表达能力的培养，学习各种语言表达技巧，为游客提供优质的导游讲解服务。

口头语言的基本表达形式包括独白式和对话式两种。独白式是导游讲述、游客倾听的语言传递方式，具有对象明确、目的明确、内容表述充分的特点，适用于导游致欢迎词、欢送词或进行独白式讲解时。对话式是导游与游客互动时所进行的交谈，有利于活跃团队氛围，提升游览过程的趣味性和娱乐性，如问答或商讨等。另外，对话式也常用于接待散客团。

除口头表达之外，态势语言也非常重要。态势语言也称为体态语言、人体语言或动作语言，它是通过人的表情、动作、姿态等来表达语义和传递信息的一种无声语言。导游在工作过程中运用的态势语言主要包括首语、表情语、目光语、手势语等。导游应注意学习各种语言表达方式，以此提高自身的语言技能。

### （四）导游语言的运用

#### 1. 语调高低有序

语调有着十分重要的表达情感的作用，一句话除了词语本身的意义外，还有语调意义。语调意义往往表现的是说话人在特定语境中的态度与口气，以不同的语调表达相同的句子，其意义也会不同，有时甚至千差万别。导游应学习中文中三种不同的语调，即升调、降调与直调的正确使用方法，在进行口头表达时，语调应做到高低有序。在中文表达里，升调往往表示兴奋、激动、疑惑、不确定等情感状态；降调多用于表达肯定、赞同、证实、命令等情感状态；直调用于表达庄严、稳重、平静等情感状态。口头表达时把几种语调结合使用，意义会更丰富多彩。

#### 2. 音量大小适度

就音量而言，应做到大小适度，当大则大，当小则小，以每位游客都能听清为宜。在室外嘈杂环境中，音量要大些；在室内安静环境中，音量要小些；在讲解重要信息时，音量要大。总之，音量的大小应视情况而定，恰当的音量有助于思想的表达。

#### 3. 语速快慢相宜

语速指的是说话的速度，导游理想的语速应控制在每分钟200字左右。情况不同，语速也会不同。通常来说，导游语速不应太快，也不能太慢。太快会让游客跟不上，太慢会让游客厌倦，导游应根据情况调整语速。面对老年游客，语速可慢些；面对中青年游客，语速可稍快些。导游在讲解重要信息时，语速应放慢；在讲解不那么重要的事情或众所周知的事情时，语速应加快。

### 4. 停顿长短合理

停顿指的是说话时语言的间歇或暂时的中断。导游讲解时应注意在语句之间要有意识地间歇，这样可以吸引游客的注意力，增强语言节奏感。常见的停顿有语义停顿、暗示省略停顿、等待反应停顿和强调语气停顿。

## （五）导游语言沟通技巧

沟通能力是导游非常重要的能力。有效的沟通可以提高工作效率、化解矛盾、解决问题。导游在与游客沟通时，应注意以下几点：

### 1. 言辞得体

所谓言辞得体，就是说话、办事都要恰到好处，言语有分寸，符合导游的职业。导游在带团过程中，应多用敬语、委婉语，用柔和的语言与游客交流，避免刚性语言。

### 2. 方式灵活

灵活指的是导游语言表达应灵活，做到因人、因地、因时而异，沟通时要考虑游客的职业、教育背景、兴趣爱好等，灵活选择表达方式与内容。如需要劝服、拒绝、提醒游客，或回答游客问题时，导游都应注意方式。

### 3. 微笑

微笑是一种国际礼仪，可传递温暖与能量，也体现了人与人之间的相互尊重与亲近。无论是对待游客还是同事，导游都应以微笑的态度去面对。微笑也是世界上最美的语言，当游客提出某些要求，导游想拒绝但又不便说明理由时，微笑不语也是选择之一。可以说，微笑是两个人之间最短的距离。

### 4. 避免直接拒绝

由于服务行业的性质，对游客提出的各种要求或问题，导游都不能直接拒绝。当游客提出不可能实现或不合理的要求时，导游应耐心解释，说明理由，争取游客的理解；或是先对游客表示同情和理解，再用委婉、模糊的语言推脱；实在推脱不掉时应耐心解释，从游客的角度来分析，尽量让游客自己认识到问题；即使最后不得已要拒绝，也只能婉言拒绝。

## 四、模拟案例

自选两个第五章《模拟导游实训》中的导游词，听取金牌导游讲解范例，小组讨论并分析其讲解风格与特点，然后分组进行模拟导游讲解练习。

## 五、巩固练习

**1. 单项选择题**

（1）导游语言不仅包括口头语言，还包括书面语言、（　　）和副语言。
　A. 景点图文介绍　　B. 手势语　　C. 目光语　　D. 态势语言

（2）从狭义的角度来说，导游语言是导游与游客交流思想感情、指导游览、进行讲解、传播文化时使用的一种具有丰富表达力、生动形象的口头语言，也是（　　）、科学性、知识性和趣味性的结合体。
　A. 思想性　　B. 教育性　　C. 口语性　　D. 生动性

（3）导游语言除了符合语言基本规范外，还需具有准确性、（　　）、生动性的特点。
　A. 专业性　　B. 逻辑性　　C. 层次性　　D. 形象性

**2. 多项选择题**

（1）导游语言的准确性体现在（　　）方面。
　A. 遣词造句准确　　B. 语音语调准确　　C. 内容准确　　D. 语言生动形象
　E. 语言流畅易懂

（2）导游语言的副语言包括（　　）。
　A. 重音　　B. 笑声　　C. 叹息　　D. 掌声
　E. 手势

（3）导游语言除了符合语言规范外，还具有（　　）的特性。
　A. 准确性　　B. 逻辑性　　C. 生动性　　D. 娱乐性
　E. 创造性

（4）为了使导游语言具有生动性，导游应把握好以下几个方面：（　　）。
　A. 恰当运用各种修辞手段　　B. 适当使用幽默风趣的语言
　C. 引用名言、名句　　D. 辅以体态语言
　E. 讲解引经据典、出口成章

巩固练习答案

# 第二章 导游服务规程

## 知识要点

本章内容根据导游工作流程设置，覆盖导游工作全过程。通过对导游工作流程、内容、职责、原则与技巧的学习与训练，学生能够积累实际工作经验，逐步熟悉乃至掌握带团的每个环节，掌握导游服务基本规范与程序，提高职业能力。

## 第一节 接站服务

### 案例导入

导游小王即将接待一个来自台湾的旅游团，该团将于10天后抵达，游客人数为20人，用房为10间双人标准间。根据团队抵离信息，该团游客从台北乘坐飞机，于晚上9点抵达当地，当晚入住酒店后，第二天开始游览。

接机当天，小王考虑到团队抵达时间较晚，为了让游客能尽快入住酒店，特地提前赶到酒店联系入住事宜，向前台索要了房卡并支付了全部房费。

当晚，小王与司机提前半小时抵达机场接团。接到旅游团后，在和领队核实人数时，发现游客人数少了6人。领队解释说，几天前这6位游客就因故取消，台湾旅行社也提前通知了接待社。小王立即与本社计调联系，计调答复说因工作疏漏，忘记通知地陪，让地陪自行处理。小王只好一边招呼游客集合登车，一边电话联络酒店，要求取消3间用房并退还已付房费，但酒店只同意退还部分房费，理由是通知取消的时间太晚，而且是临时取消。

这起案例中人数出现差错的主要责任人是谁？造成的损失该由谁承担？导游应怎样预防和处理类似事件？

【案例分析】接站服务是指导游前往交通集散地（机场、车站、码头）迎接游客的服务，也是导游与游客的首次接触。接站服务会给游客留下重要的第一印象，导游应非常重视。接站过程中任何一方的疏忽或错误，都会造成不同程度的差错和损失。因此，导游在接待前除了要熟悉并落实接待计划等各项相关事宜,还要与各方保持沟通,及时更新团队信息。在这起案例中,接待社计调应承担主要责任。在与地陪办理接待计划交接时,由于计调工作上的疏忽,没有将游客人数变更的情况及时通知导游,从而造成了部分损失。此外,导游在工作时应尽量做到准确细致,要严格按照工作程序,提前做好各项确认与核实工作,以避免不必要的损失。

## 一、学习目标

(1)掌握地陪接站服务流程及接待技巧;
(2)掌握欢迎词创作与讲解技巧;
(3)熟悉首次沿途导游讲解方法与技巧。

## 二、学习纲要

| 学习要求 | 1. 学习本节相关知识及案例;<br>2. 熟悉接站前的各项准备工作;<br>3. 掌握接待搭乘不同交通工具抵达游客的导游服务技巧;<br>4. 学习欢迎词和首次沿途导游讲解范例并分析其创作技巧 |
|---|---|
| 教学地点 | 模拟导游实训室 |
| 教学设施 | 1. 手机、导游旗、导游证、接站牌等接站时需要的物品;<br>2. 团队运行计划表、各类单据和票据等接站前的工作交接物资;<br>3. 其他模拟接站情境需要的物品 |
| 教学内容与步骤 | 1. 分组:学生分别扮演游客、导游、全陪、领队、司机、公司计调人员等,准备好模拟情境所需的各种物品和设施;<br>2. 确认团队运行计划表,与公司计调人员完成交接工作;<br>3. 确认出发前的准备工作,进行各项预订和确认;<br>4. 学生分组扮演角色,完成模拟接团练习;<br>5. 学生分组进行欢迎词和首次沿途导游的创作和讲解;<br>6. 分组讨论并完成模拟案例及巩固练习;<br>7. 教学效果考核及教师点评;<br>8. 教学结束 |

## 三、相关知识

### (一)准备工作

#### 1. 熟悉接待计划

为更好、更全面地为游客提供优质服务,做到接待工作万无一失,导游应重视接团前的准备工作。导游工作千头万绪，如考虑不周全，可能会造成工作中的差错，因此准备工作应全面、周密。

核对并熟悉接待计划是准备工作的第一步。导游在接到委派通知、拿到接待计划后，除了要充分熟悉接待计划，认真阅读、详细了解旅游团在当地的活动内容和要求外，还要充分熟悉旅游团的基本情况，包括组团社信息、团队名称、人数、成员情况、抵离时间、交通票据、特殊游客、特殊要求和注意事项等。

但是，由于旅行社预订早，有些接待计划的确认时间和团队抵离日期之间有较长的时间间隔。其间，交通工具、旅游行程、人数、餐饮住宿标准等是否有变化，难以从计划中得知。导游在接团前，必须提前与本社相关计调人员联系，认真核对接待计划，所有信息都以最近时间点核实无误的为准。

此外，接待前导游还应认真核对旅游团相关费用，提前了解行程中应提供的旅游项目、团队住房及用餐标准、旅行社是否已提前预支定金（车、餐、房、门票）、导游现付费用的准确金额、导游签单（公司后期结算）内容、特殊游客（如老人、儿童、残疾人）的门票优惠费用、团队是否有项目属于游客自付费用等，这些都需要导游与公司计调人员、财务人员认真核实，以免造成不必要的损失。

### 2. 落实相关接待事宜

旅游团接待涉及多个环节，如用车、用餐、住房、景区门票预订等，都需要导游在接团前一一落实并提前确认或预订。

对行程中不熟悉的旅游景点，导游应提前了解有关情况，包括行车时间与路线、沿途地标和风光、景点开放时间、停车场位置、洗手间位置、观光车及缆车信息、最佳游览路线、游览时间等，提前做好业务和知识准备。讲解词的搜集和整理也很重要，如条件和时间允许，导游应提前到景点踩线，做到心中有数。

此外，如接待对游览有特殊要求的团队，导游要提前和景点联络。如某些宗教团体需要和某寺庙主持见面，旅行社应在提前报备和在被允许的范围内从事法事活动；研学团队或夏令营团队需在某景点举行开营、闭营等仪式活动，红色之旅团队需在纪念地和名人举行座谈活动，或团队有捐赠活动等，都需要旅行社提前落实。

## （二）接站服务

做好接待前的各项准备工作，充分体现了导游面对接待工作时的细致和周到。接站服务的准备工作包括物质准备、知识准备、心理准备和形象准备。

### 1. 物质准备

导游接团前应完成的物质准备包括：

### 1）领取必要的票证、表格和费用

导游在接到派团通知后，应至少提前一天到旅行社相关部门领取旅游团接待计划表（电子行程单）、旅游服务质量反馈表、旅游团名单、旅游餐饮结算单、旅游团费用结算单、相关景点门票或预订单（若旅行社预订）等。填写单据时，注意填写的数据、金额要大写，确保与接待团队数据相符。

### 2）准备工作物品

导游在工作中的必备物品包括导游身份标识（导游证胸卡）、电子导游证、导游旗、电子传送设备（如耳麦）、接站牌、旅行宣传资料、旅行车标志（车贴）、行李牌或标签、工作通信录、急救包及按照旅游团队人数发放的物品（如旅游帽、导游图、纪念品）等。

### 3）准备个人物品

导游在工作中要准备的个人物品包括手机（至少两台，一台备用）、手机充电器及充电宝、个人防护及卫生用品（防晒霜、雨具、遮阳帽、润喉片、水杯等）、换洗衣物、常备药物等。

## 2. 知识准备

对导游而言，充分的知识准备是接待工作的信心保障，只有具备全面的知识储备和良好的学识修养，才能撑起一名优秀导游的讲解。因此，在接待团队前，导游应充分了解并研究团队特点和客源地情况，提前做好知识准备。

### 1）专业知识的准备

导游应根据团队游览的内容提前准备好讲解内容。同时，针对不同的团队类型，梳理出不同的讲解思路，使用不同的讲解方法，努力做到一团一讲，避免"背书式"讲解与千篇一律、一成不变的讲解。

在准备过程中，首先，导游要针对行程计划中所列景点的知识进行重点梳理，同时要注意知识点的更新，及时掌握最新信息。接待有专业要求的团队，如宗教团、摄影团、学者团等，要做好专业知识、术语和相关词汇的准备工作；其次，导游要针对游客可能感兴趣的话题做好准备；最后，导游还应做好客源地相关知识的准备，以便为游客提供更有针对性的服务。

### 2）语言准备

如接待的是省外团队，导游可以提前学习一些当地方言；针对海外游客，学习一些客源地语言中常用的问候语等，适当穿插于接待和讲解工作中，这样既能活跃团队氛围，也能快速拉近与游客之间的距离，让后续工作事半功倍。此外，导游还可以准备一些小才艺，如地方戏曲、小曲儿、快板、朗诵、绕口令等，这些小才艺能给游客带来更好的旅行体验。

如接待的是入境团队，导游还需做好语言翻译和专业词汇的准备，要注意语言的准确性，表达要清楚、流畅和生动。

### 3. 心理准备

导游应具备良好的心理素质。首先，要准备面临艰苦复杂的工作，包括各种突发状况的处理；其次，要准备面对"抱怨和投诉"；最后，要准备面对形形色色的"精神污染"和"物质诱惑"。导游在接待团队前的心理活动因人而异，刚入行的导游，有的容易慌乱焦虑、信心不足，而有的则能够做到冷静淡定、沉着面对，前者需要通过一些刻意的训练和经验的沉淀来慢慢克服。一名优秀的导游，就如同运筹帷幄的将军，既有果敢的指挥和行动能力，又有"决胜于千里之外"的巧妙智慧。

### 4. 形象准备

导游的形象准备也是准备工作的重要一环。清爽的发型和面容、大方整洁的服装、得体适度的妆容和自信优雅的举止会让游客赞赏有加。导游用心细致的形象准备，能让自己成为游客游山玩水时的又一道风景。

## （三）搭乘不同交通工具抵达游客的接待技巧

随着国内交通的高速发展和全域旅游的全面发展，旅游时可选择搭（换）乘不同的交通工具，导游必须掌握接待搭乘不同交通工具游客的区别和方法。首先，当入境旅游团或国内旅游团搭乘不同交通工具抵达本地时，导游应仔细阅读团队行程接待表；其次，提前确认游客的具体交通方式、航班号（船、大巴）和车次等；最后，无论哪种接站方式，都要确保提前半小时抵达接站地点，并做好相关接待准备。接站工作包括迎候团队、确认团队、核对人数、集中清点行李、集合登车五个部分。

### 1. 乘飞机抵达

飞机在抵达时间上通常有不确定性，导游应在出发前通过电话或航班查询软件（如飞常准、航旅纵横等）提前查询相关航班抵达信息。在时间基本确认后，提前通知司机出发前往机场，并与司机随时保持联系。

抵达机场后，导游还应通过App、机场问询处或机场航班电子显示屏进一步获得航班抵达的确切信息，及时通知司机进入停车场，准备迎接。

航班抵达后，游客要先提取行李，团队游客需要全陪或领队先行集合，走到出口还需要一段时间。此时，导游应再次确认该航班抵达的出口（大型机场往往有多个出口），然后手持接站牌，接站牌上应写有团名、团号、领队或全陪姓名（小型团队写客人代表姓名），站在醒目位置准备迎接游客。在迎接过程中，导游可通过电话或手机常用软件（如微信等）与全陪、领队保持联系。游客出来时，导游应面带微笑，热情地迎接旅游团。此时，导游应通过电话确认或通过游客特征来分析、判断或委婉上前询问，主动寻找自己的旅游团，防止错接。找到旅游团后，要及时与该团领队或全陪接洽，在核对团名、组团社名称后，报出接待社名称并做自我介绍，一切都确认无误后，才能确定是自己应接的旅游团。需要注意的是，导游还应确认团队的实到人数和行李件数，若团队人数有变化，导游应及时通知旅行社相关工作人员，并做出接待上（餐、房、门票等）的相应调整。最后，由全陪或领队介绍地陪身份。这时，导游应首先向游客问好，用简单话语做自我介绍，表示欢迎（详细介绍和欢迎词在团队上旅游车后再进行），确认游客人数、行李物品，告知停车场位置、前往市区所需时间，确认是否还有游客需要上洗手间，然后引领游客前往停车场。

【迎候游客讲解示例】

游客朋友们，大家好，欢迎来到北京！我是各位在北京的地陪导游××。请大家随我往左（右）边移动20米（在出口旁较宽敞的地方集中），把通道留出来给其他旅客，这边请（做手势）。

好了，请大家向我靠近一点，我先清点团队人数（集中后，先清点人数），应该都到齐了，我也和领队确认一下（面向领队），我们的实到人数是16位，对吗？好的，（面向所有游客）请大家确认一下行李物品都拿好了吗？（集中清点行李）大家还有没有遗留在飞机上的物品？最后，还有朋友需要上洗手间吗？接下来我将带领大家前往市区的酒店，乘坐大巴车大约需要45分钟。好的，朋友们，我们到停车场需步行5分钟左右，现在就请带好行李物品，随我（导游旗向上一举）一起前往停车场，请领队（全陪）帮我照顾走在后面的游客，谢谢！

### 2. 乘火车抵达

在中国，游客无论是乘坐普通列车还是动车或高铁抵达，一般都比较准点，导游和司机只需按照接待计划的时间提前半小时抵达接站点即可。火车站的出口通常只有一个，导游应做好接站标识，提前通过电话或微信联系领队（全陪），站在醒目的位置等待迎接游客，其他接待细节和接机大致相同。

中国的火车站距离市区一般都不远，导游应提前计划好接待后的讲解词内容，做到开嗓就亮，快速拉近与游客之间的距离；此外，还需要计算好从首次沿途导游到抵达下一站（酒店餐厅或游览点）的时间，做到合理安排，心中有数。

### 3. 乘轮船抵达

长江或沿海部分城市，如重庆、宜昌、武汉（三峡游轮线）和青岛、大连、深圳、珠海（海上游轮线）等地，常有导游在码头接船接团队的情况。游轮抵达的时间通常也相对准时（台风季除外），误差通常不会大于1小时，所以，导游应按照接待计划表的时间，提前半小时抵达接站码头。

抵达码头后，导游应通过电子显示屏或工作人员处查询，提前确认游客的下船码头号码（以长江游轮为例），确保不会走错码头；和司机确认是否已经提前半小时抵达接站地点；轮船码头的步行路线相对复杂（尤其在游客有大件行李的情况下），要提前确认大巴车停靠的位置和码头之间的距离以及前往大巴车的路线，其他接待程序和接飞机、火车大致相同。

需要注意的是，国内部分大城市，几乎都有两座以上不同的客运机场（航站楼）或火车站，而两座不同的机场或火车站之间往往相距甚远，导游应提前确认游客抵达的准确站点。

### （四）欢迎词

导游第一次真正意义上的亮相，是向游客致欢迎词的时候，欢迎词时长一般应控制在5分钟左右，通常包括以下内容：

（1）问候语：真诚问候游客，如："各位贵宾，大家好！"
（2）欢迎语：代表旅行社、本人和司机欢迎游客的到来。
（3）介绍语：介绍自己、旅行社和司机的情况。
（4）希望语：表达提供诚挚服务的意愿。
（5）祝愿语：预祝旅途愉快。

欢迎词有不同类型，如规范式、温暖式、调侃式、安慰式等，无论采用哪种类型，都要热情、有特点、有吸引力，努力给游客留下美好的第一印象。

### （五）首次沿途导游

致欢迎词后，导游开始进行首次沿途导游。游客初到一地时，大都希望了解一些当地的情况，首次沿途导游讲解内容主要包括：

#### 1. 本地概况

导游应介绍本地、本省（区）的概况，包括地理位置、人口、气候、历史沿革、主要物产、民风民俗、当地特色等。

#### 2. 沿途风光风情

行车途中，导游应介绍道路两旁的景物，简单地说，即"见到什么讲什么"，如地标性建筑、街道或游客感兴趣的景物等。讲解时注意方式和内容，如"以小见大""以点及面"等，既要有内容，也要有趣、有深度。

#### 3. 介绍下榻酒店

入住前，导游还应向游客介绍即将下榻的酒店，包括酒店名称、位置、特色、入住注意事项等。

### （六）注意事项

旅游团的接待有许多细节不会在接待计划中一一体现出来，这就要求导游在接团前要进一步落实。一般旅游团队的接待细节（没有体现在团队计划表上的）还包括：赶早班机在酒店供应早餐前退房，当天的早餐如何解决；接早班机（火车）后游客如何洗漱；城市内自由活动时如何安排用车；旅游期间如遇游客过生日如何为游客庆祝；团队赴下一站交通票据如何落实；上、下站接待社如何配合等一系列问题。特殊团队的接待细节还包括：参观企事业单位、学校、团体的联络；与有关方面座谈的翻译；旅行社是否需要安排有关领导赴机场迎接游客；残疾游客是否需要准备轮椅或其他物品；临时出现的要求和问题等。这些都需要导游在接待前进行了解并逐一落实。

## 四、模拟案例

**案例一：** 设计接站服务流程图并注明具体服务内容。

**案例二：** 导游小王即将接待一个来自西安的团队，接机前需要提前联系旅游车司机落实接机事宜，学习以下导游与司机的情境对话，再分组进行模拟练习。

案例一答案

导游：您好！请问是李师傅吗？我是中国旅行社的导游小王，明天有一个西安团队18人，上午11点15分抵达国内机场二号航站楼，请问是您和我一起接团吗？

司机：是的，明天我们机场见吗？什么时间？

导游：请问您的大巴车座位数是39座，车牌号是京A×××××吗？我可以搭您的车一起前往机场吗？

司机：座位数和车牌号都没错，不过我明天早上会先送一个团队到机场，到了机场后就不返回市区了，我们就在机场碰面好吗？

导游：好的，李师傅，那我自己搭车来机场。麻烦您送了团洗一下车，换一下座椅头套，提前检查下话筒设备，还要麻烦您帮我准备三箱农夫山泉矿泉水哦，谢谢！

司机：没问题，放心。

导游：那我先给您简单说一下明天的行程……（简单介绍第一天行程安排）明天我们机场见面后，我再和您详细核对确认。明天航班上午11点15分到，我们10点30分在二号航站楼停车场见吧！这次让您辛苦了，请您晚上早些休息，明天见。

司机：好的，明天见。

**【案例分析】** 导游提前一天与该团队司机（车队）进行了团队接待的确认，并确定了车牌号、座位数、团队人数、团队抵达时间并告知接到团队后的简单行程安排；然后提醒司机要注意休息，提前检查车辆卫生、车辆话筒等设备；同时，导游还请司机提前协助购买矿泉水等。在该案例中，导游和司机的沟通非常仔细，导游特别提醒司机要提前抵达接站地点。

另外，大型机场可能有多个航站楼，导游要告知司机准确的航站楼信息以免司机走错。导游在接到游客前，最好先和司机见面，面对面沟通具体行程，并且确认大巴车在停车场的位置，然后进入航站楼提前等候，准备迎接游客。

## 五、范例展示

### （一）欢迎词范例

#### 范例1：规范式

各位贵宾，大家辛苦了！

首先，请允许我代表××旅行社欢迎各位贵宾来到"牡丹花城"——洛阳。我是接待本次团队的导游，叫李燕，大家可以叫我"小李"或者"燕子"。旁边为我们开车的司机师傅名叫张强，是我们公司驾驶经验非常丰富的司机，有着多年山地驾驶经验，我们非常愿意为大家提供服务，希望让您满意。在即将开启的旅途中，在欣赏美丽风景的同时，也请大家文明旅游。在行程中，各位贵宾有什么需要我们做的，请随时告知，我们会尽地主之谊，为大家提供周到温暖的服务。在此，预祝各位贵宾在洛阳玩得开心、快乐。

#### 范例2：温暖式

各位亲爱的游客朋友们，大家好！

欢迎大家光临我的家乡——桂林，终于等到你们了，我在这片大美山水之间已经等待各位很多年了。现在我要请大家一起做两件事情，第一件：请把您的嘴角上扬，把您的微笑绽放，从这一刻起，开启我们本次"灵秀广西"的开心畅游之旅。第二件：请暂时把您的目光从窗外转移回来30秒，聚焦一下前方这位美丽的姑娘，没错，就是我，对于本次行程，我可是超级重要哦，您在桂林的吃住行游都由我来安排，我都包啦！同时，我还负责您每天的开心和舒心。所以，在行程中请大家一定要把我看好了，我可是大家的超级中心，千万不要把我给弄丢了，把我弄丢的话，大家可就麻烦了。我叫李燕，大家可以叫我"小燕子"，也可以叫我"燕儿"，就像我家里老爸老妈称呼我那样，听起来会特别亲切。中国有一句话："不是一家人，不进一个门，进了一个门，就是一家人"，我们现在上了一辆车，进了一个门，当然就是一家人了，一家人不说两家话，大家千万不要客气，需要任何帮助，都可以告诉我；也请大家放心，我会像家人一样陪伴大家、照顾大家。接下来，我给大家介绍另一位家人，我们的司机师傅……

#### 范例3：调侃式

各位游客，大家好！

欢迎大家在秋高气爽的季节来到北京。我是各位本次北京"醉美"之旅的导游，来自北京××国际旅行社。我叫李燕，"小燕子"是我的外号，大家可以称呼我"小李"或是"小燕子"，但千万不要叫我"小李子"哦。

各位都是建筑专家，说实话，来机场的路上，我的心里一直在打鼓。现在虽然见到了各位和蔼可亲的面容，可我心里还是有点发虚。本来这次旅行社安排了其他导游来接待大家，但他们听说要接待一批建筑专家，还要讲好故宫的建筑，都不敢来了，导游换了一个又一

## 第二章 导游服务规程

个,旅行社实在没人了,于是我就来了,这并不是说我是旅行社最优秀的导游,只能说我是旅行社胆子最大的导游。有一点请各位老师、专家们放心,我会努力服务好、陪伴好大家,也会珍惜向老师们学习的机会,大家就把我当作您的学生吧,我的讲解工作就是上交给你们的课堂作业,请大家多多指导。好了,接下来我为大家介绍一下我们的司机……

### 范例4:聊天式

来自青岛的朋友们,大家下午好!

欢迎大家来到"四季如春"的春城——昆明。我先了解一下,咱们都是一个公司的同事吗?(回答:是的)哇,那太棒了,大家互相都认识,相信在旅途中会有更和谐美妙的体验。那我们也来认识一下,我姓张,叫张强,是昆明××旅行社派来接待大家的一名专职导游。我再了解一下,咱们这个团队中有没有领导随行呀?(坐在第二排这位,就是我们的总监)好呢,请问一下总监,您贵姓?(姓张)哇,真是太棒了,张总,我也姓张,咱们是一家人呢,那这次您就是团队中的团长了。这几天大家有任何事情,都可以和我们团长商量了再告诉我,要听我们团长的话,要有团队意识哦。不过团长虽然是老大,老大也得听我的安排。哈哈,开玩笑的,我主要是为大家提供服务的。其实我们车上真正的老大是我旁边这位司机,他可掌管着我们全团人的方向呢!我们这位老大姓李,开了十几年的旅游大巴,经验丰富着呢,请大家为我们的老大鼓个掌(鼓掌)。有我们老李师傅在,大家尽管放心,我保证大家玩得又开心又安全,在此,预祝大家旅途愉快!

### 范例5:抒情式

各位亲爱的游客朋友们,大家好!

今天是个好日子,还有着好天气,欢迎您到山西来!山西,似乎很少有人会用"美丽"和"富饶"来形容它,用"神奇"和"古老"来形容它似乎更为贴切。在这里,您可以嗅到中华大地上下五千年的浓郁芬芳和香味。这里有太行山的傲岸、有吕梁山的淳朴,还有衡山的豪放和五台山的气质非凡;这里有四季的情,满眼的绿,还有浓浓的乡情;穿越山西南北,粗犷个性的黄土高坡还会为您展示出一幅尘封的历史画卷,这一切都将带给您不一般的旅行初体验,希望神奇的山西带给您一个从未有过的美妙假期。下面,先为大家做一下自我介绍……

### 范例6:安慰式

各位游客朋友们,大家好!

大家表情有点严肃呀,还在为飞机延误影响心情吗?千万不要呀,大家看我笑得这么可爱,脸绽放得都像一朵花儿了,能不能送给我一个礼物呢?其实我是想向大家要一个微笑,你们可以把家乡带来的微笑送一个给我吗?(停顿3秒,看游客表情的变化)哈哈,谢谢大家,你们真是太棒啦,欢迎大家的到来。您在天上飞,我可在地上一直翘首期盼呢,虽然飞机晚了2个小时,但我的热情并没有减退半分,反而将用更多热情来接待大家,这几天大家将会感受到我们重庆人民的热情,一定让您无法拒绝,直呼过瘾。现在看大家脸上已经阴转晴,我就放心啦,要知道我可是你们这几天的开心果,您的心可别锁起来,锁起来我也不担心，因为我有一把钥匙，可以打开您心门的钥匙，有我在，一定能让您开心。下面，先做一下自我介绍……

### （二）首次沿途导游范例

各位游客大家好，请大家先调整一下自己座位的舒适度，同时请系好安全带，我们现在就要出发前往酒店了。

（介绍当地概况）从这里前往酒店大约需要45分钟，先给大家介绍一下我的家乡——四川的概况。四川地处中国西南腹地，面积大约48.6万平方公里[①]，仅次于新疆、西藏、青海和内蒙古，排名全国第五。四川约有8300万人，仅次于广东、山东和河南，排名全国第四。四川地貌多样，景色秀美，自古就被称作"中国的后花园"。这里不仅有绮丽雄伟的奇峰雪山、沟壑纵横的绝美山谷、意蕴深远的古城古镇，还有百花齐放的多元文化。正如四川旅游宣传语"天府三九大，安逸走四川"说得那样，来四川耍，绝对让你巴适得板（四川话）。"神秘古老"的三星堆、"美绝人间"的九寨沟、"萌宠无敌"的国宝大熊猫，是我们四川最闪亮的三张名片，相信大家对这一切都期待已久了。

四川古称"蜀"，不仅历史悠久，而且魅力动人。四川从悠远的古蜀时期走到今天，虽然已走过漫长的数千年，但一直活力四射。在任何一个时期，四川都在为大中国付出自己的一份力量。在这份力量里，既有接纳，也有奉献。无论是秦灭巴蜀以后的数次移民，还是中原乱世时期的皇帝和文人入蜀避难，无论湖广填四川的人口大换血，还是三线建设时的深山耕耘，四川总有一份小小的态度，虽然表面看起来默默无闻。

川茶、川剧、川酒、川菜也是我们的四张名片，既有滋味，还有品相。这次行程大家可一定不要错过，要把这里的滋味和品相好好体验一番。

成都是四川的省会，也是你们飞机抵达的第一站，被称作"中国第四城"，也是一座无与伦比的"幸福之城"。成都为什么叫成都呢？据《太平寰宇记》记载，是借用西周建都的历史经过，取周王迁岐，一年而所居成聚，二年成邑，三年成都而得名。建城两千多年来，成都至今都没有更改过城名，可谓是"始终如一，不忘初心"。

（沿途风光导游）现在就让我们来看一看这座"始终如一，不忘初心"的"幸福之城"。不知不觉中，我们的旅游车拐个弯，下了高速，马上就要进入成都主城区了。请大家从我们右边的车窗看出去，您会看到一座巨大的立交桥，在桥的顶端有一个非常漂亮的圆形图案，这个圆形呈旋转状，金色搭配红色，我们从远处看过去，像是几只鸟儿围成一个圆圈在盘旋飞舞着，似乎要旋转升空，那就是我们成都的城市标志"太阳神鸟"了。它以2001年在成都西面出土的金沙遗址中的一片圆形金箔为原型打造，图案出自三千年前的古蜀先民之手，现在已经成了"非物质文化遗产"，是我们的"成都标志"。关于它的前世今生，在带大家前往金沙遗址博物馆参观时，我再详细解读。

---

[①] 1平方公里=100万平方米。

## 第二章 导游服务规程

  每个城市都有一条城市景观大道，如北京的长安街，还有深圳的深南大道，在我们成都也有一条。现在我们车子行驶的大道就是著名的"人民南路"了，它是成都纵向的中心大道，这条道路从成都的最北端延伸到最南端，北端叫人民北路，这里叫人民南路，继续向前延伸叫"天府大道"。这条路是一条直线，长达150公里[①]，不用怀疑，它一定是全世界最长的城市中轴线，而且，它还在继续建设延长中。由于成都位于四川盆地东部，这里是一个广袤无际的大平原，所以不知道这条路还将会延伸到多长多远呢。虽然成都是一座"不忘初心"的古老城市，但城市模样并非一成不变，随着现代经济的快速发展，成都在保留古老城区的中心位置之外，还在不断建设和扩大，进入成都的世界五百强企业大都聚集在天府大道的两边，天府国际金融中心、城市大魔方、环球中心这些地标建筑也分立两侧。目前来看，成都的发展是一路向南面和东面，而天府大道的南延线也没有极限，著名的川南历史文化名城：佛都乐山、盐都自贡、江城宜宾和酒城泸州都张开了双臂，说不定还准备一路接力让它继续延伸到四川盆地里的另一座国际大都市重庆呢。

  天府大道的得名，来自四川自古以来的美名"天府之国"。"天府"一词最早见于《周礼》："天府，掌祖庙之守藏与其禁令。"原意就是掌管国之重宝和礼器，天子的府藏，后来用来形容地方如同聚宝盆一样物产富饶。司马迁的《史记》中最早定义的"天府之国"在关中平原。到了东汉末年，诸葛亮在《隆中对》中这样写道："益州险塞，沃野千里，天府之土，高祖因之以成帝业。"从此，"天府之国"的美誉就落在了四川盆地的头上。而这一切，都要感谢战国时期的秦国人李冰，是他修建了人类历史上最伟大的水利工程"都江堰水利工程"，让成都平原从此水旱从人，不知饥馑，沃野千里，时无荒年！在本次行程中，我将会带领大家去欣赏李冰留下的全世界唯一还在使用的最古老的大型水利工程——都江堰，去感受它的伟大，还会带各位去拜谒千古名相诸葛亮，去参观全中国唯一的一座君臣合祀祠庙——武侯祠，去聆听公元207年刘备和诸葛亮《隆中对》的故事。

  和你们所在的城市一样，成都历史上有过一些别名，除了"少城""龟城""蓉城"，最著名的就是"锦城"了。"锦城丝管日纷纷，半入江风半入云，此曲只应天上有，人间能得几回闻"，这是杜甫笔下唐时的成都。李白也为成都写过著名的《登锦城散花楼》："日照锦城头，朝光散花楼。金窗夹绣户，珠箔悬银钩。飞梯绿云中，极目散我忧。暮雨向三峡，春江绕双流。今来一登望，如上九天游。"好一个如上九天游，尽道成都之美，虽然我一直认为李白写成都最美的诗文是："九天开出一成都，万户千门入画图"这两句，让人听了就如画面铺展开来。"锦"，无限美好的物件，也寓意了这座无限美丽的城。

  大家请看，前方我们就要经过成都著名的母亲河"锦江"了，在汉代的时候，成都因织锦业发达，朝廷还专门派了锦官来管理，因此就被称为"锦城"或"锦官城"了，这一段历史很长，明天再聊，我们的"龙门阵"（四川话），得要慢慢地摆！

---

[①] 1公里=1000米。

## 第一节　接站服务

（到达下榻酒店）好的，朋友们，很快就要抵达我们今晚下榻的酒店了，请各位一边整理随身物品，一边听我为大家介绍今晚入住的酒店——锦江宾馆，它是西南地区最早的一家五星级酒店，因为坐落在市区的锦江之畔而得名。锦江宾馆毗邻成都市中心的天府广场和春熙路太古里，步行可前往，位置极好。锦江宾馆早期是专门从事外宾和政务接待的酒店，最近这几年开始接待一些高端和商务客人。我们要入住的是锦江宾馆的贵宾楼，房间古色古香，但设施设备新颖现代，酒店内有健身房和游泳池，大家只需要凭房卡就可以免费使用。昨天我已电话确认过，领队和大家的房间都在6楼，方便照顾。需要特别说明的是，明天早上我们不退房，我们要在宾馆住两个晚上；酒店的网络是开放式的，不需要任何密码；早餐开放时间是早上6点30分到10点，餐厅在1楼，是中西式自助早餐，大家可以任意时段前往。我等会儿和领队沟通，看大家是否需要叫醒服务，再请他通知您明天的时间安排。请大家进入酒店房间后，先检查房间设施是否完好，查看并确认紧急疏散通道，有任何需求都可以联络领队和我。

（介绍第二天的安排）最后，给大家报告一下明天的大概行程安排：我们早餐后从酒店出发，会先前往三国文化圣地"武侯祠"参观，预计参观2个小时，然后带各位去隔壁一条古街"锦里"逛逛，您可以在那里感受惬意的成都慢节奏。午餐为大家预订了非常有特色的川菜酒楼"巴国布衣"，让大家品尝地道的川菜。大家请放心，明天为大家准备的川菜，可不是你们印象中的一大盘辣椒和花椒，我们川菜的最大特色其实是"一菜一格，百菜百味"。除了大家熟知的麻辣口味外，还有鱼香、怪味、红油、糖醋、蒜泥等多种味型，是真正符合南北口味的大众菜系，明天我会给大家慢慢介绍川菜的魅力。午餐后，下午我带大家前往都江堰水利工程，去感受李冰治水的智慧和都江堰引水分流的千年传奇，然后返回成都市区享用晚餐，晚餐是我们四川最负盛名的"麻辣火锅"，到时，会有那么一点小麻辣和小热情在等着伺候大家的味蕾呢。不过大家别担心，我们的四川火锅，是一道"选择题"，您如果真的无法承受我们的热情，可以选择清淡又鲜香的"白味汤底"，我会为大家准备"鸳鸯锅"以照顾您的北京胃。明天晚餐以后，预计晚上8点结束行程，返回酒店休息。

（进入酒店）好的，朋友们，请大家带好所有随身物品，准备好证件，等会儿领队会来收取并协助我们办理入住。进入酒店大堂后，请大家随我前往等候区先等候并休息几分钟，办理入住手续需要一点时间，请大家记住我们旅游大巴的车牌号以及大巴停放的位置，明天早上我们在原地上车，集合和出发时间在我和领队确认后，会告知大家。好的，请大家下车，注意安全！

## 六、巩固练习

**1. 单项选择题**

（1）导游在引领游客上车后，要做的第一件事情是（　　）。
　A. 致欢迎词　　　　　　　　　　B. 礼貌地清点人数
　C. 提醒游客系好安全带　　　　　D. 报告接待社，游客已经顺利接到

（2）导游致欢迎词的时间，一般应控制在（　　）左右。
　A. 1分钟　　　B. 3分钟　　　C. 5分钟　　　D. 10分钟

（3）导游应至少提前（　　），抵达接站地点。
　A. 10分钟　　　B. 15分钟　　　C. 30分钟　　　D. 1个小时

**2. 多项选择题**

（1）导游在接站前的各项准备工作包括（　　）。
　A. 物质准备　　B. 知识准备　　C. 心理准备　　D. 形象准备
　E. 讲解准备

（2）欢迎词内容一般包括（　　）。
　A. 问候语　　　B. 欢迎语　　　C. 介绍语　　　D. 希望语
　E. 祝愿语

**3. 创作欢迎词和首次沿途导游讲解词**

巩固练习答案

# 第二节　入住服务

## 案例导入

　　导游小王在机场接到一个来自法国的旅游团后，带领团队抵达了下榻酒店并办理了入住手续。然而有几位游客进入房间后，认为酒店房间太小，不够档次，要求旅行社更换更大更好的房间。
　　导游该不该为游客调换房间？她应怎样处理这件事呢？如果遇到游客要求调换房间时，导游应如何处理？

【案例分析】入住服务是指游客抵达下榻酒店后，导游为其办理相关手续，引导游客进入房间并解决

入住期间出现的问题的服务过程。对游客来说，在长时间乘机或游览之后，都希望能尽快入住酒店休息，而能否让旅游团尽快入住并拿到行李，解决入住期间出现的问题，是检验导游工作能力的指标之一。游客入住过程中会遇到各种问题，也会提出各种要求，导游都应及时解决。入住服务过程琐碎，看似不重要，但其实导游服务质量往往取决于对细节的处理。导游应重视游客的入住体验，尽量让游客住得满意。在本案例中，导游小王应首先联系旅行社，再次核实预订的酒店档次、房型是否与协议相符。如符合，则向游客耐心解释，告诉游客旅行社预订的房间符合要求，在酒店有空房的情况下，可升级房型，但需要支付原定酒店的退房损失费并补差价，游客如愿意，可协助游客办理相关手续；如旅行社未按协议安排酒店或酒店确实存在卫生、安全等问题使游客提出调换房间的要求，导游应联系旅行社为游客调换，必要时应调换酒店。如游客是因为房间朝向、楼层不佳、房号不好而要求换房，导游可在团队内部调整；无法满足时，应耐心向游客解释并道歉。如游客要入住高于协议标准的房间，在酒店有空房、游客愿意交付原定酒店的退房损失费和房费差价的情况下，可升级房间。

## 一、学习目标

（1）掌握导游入住服务工作流程；
（2）掌握分房技巧及特殊情况的处理技巧；
（3）掌握入住时游客个别要求的处理技巧。

## 二、学习纲要

| 学习要求 | 1. 学习本节相关知识及案例；<br>2. 撰写酒店简介；<br>3. 掌握分房原则与技巧；<br>4. 掌握巡房与特殊情况的处理技巧；<br>5. 掌握入住时游客个别要求的处理技巧 |
|---|---|
| 教学地点 | 酒店实训室、模拟导游实训室或多媒体教室 |
| 教学设施 | 1. 房卡、分房表；<br>2. 酒店名片；<br>3. 游客行李；<br>4. 其他模拟入住情境需要的物品 |
| 教学内容与步骤 | 1. 分组：学生分别扮演游客、导游、全陪、领队、团长、行李员、前台接待等，准备好模拟入住情境所需的各种物品和设施；<br>2. 学习本节相关知识；<br>3. 分组进行模拟入住情境练习；<br>4. 分组讨论并完成模拟案例及巩固练习；<br>5. 教学效果考核及教师点评；<br>6. 教学结束 |

## 三、相关知识

### （一）入住酒店服务流程及技巧

入住服务一般包括以下步骤，但由于游客入住时实际情况各不相同，导游应根据具体情况进行调整。

#### 1. 确认酒店订单

导游接到带团任务后，与计调人员交接时应核实各酒店的团号、入住日期、天数、房间数量、房型、价格、陪同房等信息，还应在团队入住前，至少提前一天致电酒店核实相关入住信息并告知团队到达酒店的具体时间，如有可能请酒店前台根据旅行社分房表，提前准备好房卡。如导游不熟悉团队即将下榻的酒店，应提前确认酒店具体位置并了解其周边资源。知晓酒店位置有利于导游预估行车时间，合理安排行程，而了解酒店周边资源，如超市、商场、药店、银行、ATM等，有利于导游为游客提供更周到细致的服务。

#### 2. 导游带领游客进入酒店并安排游客在大厅休息

办理入住之前，导游应首先妥善安排游客，带领游客在酒店大厅休息处等待和休息，然后协助领队尽快办理好入住手续。

#### 3. 领队收取游客证件

一般情况下，由领队收取游客护照，如没有领队，则请全陪收取，使用完毕后，由领队归还游客。

#### 4. 导游协助领队办理入住手续

通常情况下，由领队办理入住手续和分房，导游通晓当地语言，应协助领队办理入住。领队需向酒店前台提供分房表；若没有领队，则需导游或全陪提前准备好分房表，全团证件收齐后，导游再交到前台。自订房则由领队、全陪或游客自行办理，导游协助；办理完毕后，导游将证件、房卡交由领队分发。

#### 5. 导游请领队分房

领队来自组团社，与游客同一客源地，最清楚如何安排房间，导游应首先请领队分房；若没有领队，则请团长（该旅游团游客负责人、代表或单位领导）分房；若没有领队，也没有团长，则请全陪分房；若团队是散客团，无领队、无全陪，则由导游分房。

### 6. 导游介绍下榻酒店

介绍下榻酒店的内容一般包括酒店名称、位置、星级、规模、设施、交通状况（周边交通条件，告诉游客如何使用各种交通工具及注意事项）、周围的商业及娱乐设施等。

导游在介绍上述内容的同时还应注意以下几点：

（1）介绍酒店电梯、公共卫生间、泳池、健身房等设施的位置，各餐厅楼层及特色，团队早餐用餐地点及时间；

（2）介绍旅游团所住楼层和房卡的使用方法，房内设施的使用方法；

（3）介绍周边商业、娱乐设施等情况，如超市、ATM、药房、公交站台、地铁站等位置，方便游客安排自由活动；

（4）分发酒店名片防止游客走失，如酒店提供小地图，也一起发给游客。

### 7. 提醒游客住店期间的注意事项

（1）建议游客把贵重物品寄存在酒店，外出时不要随身携带；

（2）进入房间后检查房内设施，分清免费用品和收费用品，检查是否缺少、破损、污染等，有疑问应及时联系酒店或导游；

（3）注意酒店物品的使用，如房卡、房间内物品，丢失或损坏要赔偿；

（4）不要把房号告诉陌生人，也不要让陌生人进入房间，出入房间锁好门；

（5）外出时带上酒店名片，最好结伴出行，注意安全；

（6）如酒店禁烟，提醒游客不要在房间内吸烟，应在酒店指定的吸烟室吸烟；

（7）有问题可以打前台电话，也可以联系导游。

### 8. 告知游客相关联系方式

办理入住手续后，导游应告知游客酒店电话号码、全陪或领队的房间号等。

### 9. 宣布次日安排

导游与领队商量好次日叫早时间、早餐时间、集合时间与地点以及各项活动安排后，由领队向全体游客宣布。

### 10. 导游引导游客进入房间并协助游客尽快拿到行李

如旅行社安排了行李车，导游应先与旅行社行李员清点行李数量，做好行李交接，行李到达酒店后，督促酒店行李员尽快把行李送至游客房间。

### 11. 处理入住后出现的问题

旅游团入住酒店后，可能会出现各种问题，如游客对酒店房间不满、房内设施或卫生存在问题、没有拿到行李等，导游在游客入住后不能马上离开酒店，应妥善安排好所有游客后才能离开。

### 12. 住店期间全陪负责照顾游客

领队如来自国外旅行社，不熟悉国内情况，语言不通，导游晚上又没有住在酒店，由熟悉国内情况的全陪担负起照顾游客的责任，如发生紧急情况或意外，全陪应及时处理并通知导游。

### 13. 带领游客用好第一餐

导游应向领队了解游客对餐食的要求及饮食偏好；提前告知餐厅用餐人数、餐标、特殊要求等；就餐前向游客说明用餐时间、哪些饮料包括在费用之内，超出数量的酒水自理等；就餐时向游客介绍特色餐食，必要时告诉游客食用方法，中途应至少巡视一到两次，观察游客用餐情况，发现问题及时解决，餐后应征求游客意见，以便为游客提供更满意的餐食。

## （二）入住时对游客个别要求的处理

游客入住酒店时，或住宿期间，会提出各种各样的要求。无论哪种要求，导游首先应了解原因，然后视情况处理。

### 1. 要求调换酒店

若旅行社未按协议安排酒店，入住低于协议标准的酒店，导游应与旅行社联系调换；若确有困难，导游应向游客耐心解释，按旅行社的方案执行。

### 2. 要求调换房间

若游客因为房间不干净提出换房，应立即满足其要求，必要时调换酒店；若客房设施未达到卫生标准，应通知酒店立即处理；如果游客仍不满意，坚持换房，导游应联系酒店予以满足。若游客因房间朝向、楼层不佳要求换房，在酒店有空房时可联系酒店，适当予以满足；也可请领队在团队内部进行调整；若无法满足，应向游客耐心解释。若游客要求入住高于合同标准的房间，而酒店又有空房，游客愿意交付退房损失费和房费差价，可以满足。

### 3. 要求住单间

若个别游客要求住单间，导游应首先了解原因，如是内部矛盾，先请领队调解或内部调整；若调解不成，在酒店有空房的情况下可满足其要求，但必须告知对方房费自理。

### 4. 要求延长住店时间

有时游客因个人原因，如生病、延长旅游时间等，要求延长住店时间，导游应与酒店联系，如有空房可满足其要求，但必须告知对方房费自理；如原住酒店无空房，可协助游客联系其他酒店。

### 5. 要求购买房中物品

若游客特别喜欢房间里的某些物品，要求购买，导游应联系酒店，尽量满足其要求。

## 四、模拟案例

**案例一：** 设计入住服务流程图并注明具体服务内容。

**案例二：** 导游小王需提前落实团队入住事宜，学习以下导游与酒店前台的情境对话，再分组进行模拟练习。

案例一答案

导游：您好，请问是假日酒店前台吗？我是中国旅行社的导游小王，需要和您核实一下明天我们团队入住的情况，请问您接到明天的住房预订了吗？团号是：CTS-091325。

酒店：请等一下，我马上查询，您别挂电话。（查询中）没错，我这里有这个预订单。请问有什么可以帮您？

导游：谢谢！我和您核实一下团队房间，团队人数是32+1，我们一共预订了16个双人标准间，一个全陪床，对吗？

酒店：没错，请问明天你们几点到店？

导游：我们明天中午12点左右会到酒店办理入住，可以帮忙提前准备房卡吗？

酒店：可以为您提前准备房卡，但是中午12点有点早，我担心有些房间还没整理好卫生，到时可以请您的客人稍作等候吗？我们会尽快整理好你们需要的房间。

导游：没问题，谢谢您！麻烦您将我们的团队用房尽量安排在同一楼层可以吗？

酒店：抱歉，你们的用房数量较多，我尽量给你们团队安排在相邻的两个楼层。

导游：好的。请问酒店的早餐厅在几楼？是什么风格的早餐？酒店有网络密码吗？还有其他娱乐设备吗？

酒店：我们的早餐厅在酒店6楼，早餐是中西式混合自助餐，开放时间是早上7点到10点，酒店网络不需要密码，入住可以直接接入，是免费使用的。酒店还为住店客人免费提供5楼的健身房和游泳池，凭房卡就可使用。

导游：好的。我的游客是意大利人，恐怕要麻烦您不要安排和数字13有关的楼层和房号。另外，还要通知行李服务生做好准备，帮客人把行李送到房间。谢谢！

酒店：好的，我这里已经备注好了，请放心。

导游：谢谢，再见。

**【案例分析】**该团队案例中，团队将于第二天抵达入住酒店，导游提前一天与酒店工作人员进行了人数、房间等信息确认，详细了解了酒店设施设备和提供服务的相关事宜，并提前告知了团队抵达时间，请酒店工作人员提前做好接待准备。同时，由于该旅游团队来自意大利，导游还特别提醒酒店避免安排和13有关的数字（天主教的避讳），体现了导游的专业与细致。导游在和酒店确认信息时，需要确认团队人数、用房数量、房型和标准、抵店时间、是否包括全陪房、早餐厅位置和早餐风格、酒店可以提供的其他服务。如果导游是第一次前往该酒店，还需要核实酒店所在的位置、交通情况、设施设备、停车场位置，了解酒店周边地标和大型商场等信息。

**案例三：**导游小王在机场接到一个来华美国旅游团后，按照行程单的安排，带领游客入住某酒店。该旅游团有领队，没有全陪，团队到达酒店后，小王请酒店门童帮忙卸下旅游车上的行李，安排游客在酒店大厅沙发区等待，然后请领队收取护照，自己立刻前往前台办理入住，小王告诉前台团号后，工作人员说没有查到该旅游团的预订信息，此时，导游小王该如何处理？

案例三答案

## 五、范例展示

### 范例：酒店介绍

各位团友，我们今天即将入住的酒店是北京民族酒店，这是一家四星级酒店，也是中华人民共和国成立十周年十大建筑之一，位于西长安街，距离火车站10分钟车程，机场50分钟车程，靠近百盛购物中心、西单商业街、民族文化宫、中国工商银行总行，毗邻金融街商业区。酒店外观雄伟高大，中西合璧式风格，特色餐厅誉满京城。该酒店于1959年开业，楼高11层，有500多间房间。大家进入房间后，请检查一下房间里提供的物品是否齐全，设备是否完好，如果有什么问题，请及时联系我。客房中小冰箱内的食品和饮料是自费的，如您进行了消费，请在离开酒店前主动去前台结账。我们到酒店了，请大家带上自己的物品下车，在大堂稍事休息，我去为大家办理入住手续。

（拿到房卡后）各位团友，我们下榻的是酒店的9楼，这是磁卡感应房卡，只需持卡靠近门锁，门锁闪绿光表示门已打开。电梯在我的左手边，明天早餐的餐厅在2楼，早餐的供应时间是早上6点30分到9点。请大家保管好财物，贵重物品可以寄存，房间之间打电话是在房号前加8，全陪和领队住在902号房，有事可以打他们的房间电话，行李马上会送到您的房间。大家拿到房卡后，先去房间休息，晚上6点到一楼大厅集合，我们会乘车外出用晚餐。

## 六、巩固练习

**1. 单项选择题**

（1）分发房卡工作原则上应由（　　）来完成。

A. 酒店总台人员　　　　　　B. 领队或全陪

C. 导游　　　　　　　　　　D. 游客代表

（2）导游带团入住酒店，下列服务工作欠妥的是（　　）。

A. 请领队或全陪分发房卡　　　　B. 向游客介绍酒店设施

C. 到房间通知下一次集合时间、地点　　D. 通知酒店叫早时间

**2. 多项选择题**

（1）旅游团抵达酒店时，导游的做法正确的是（　　）

A. 协助领队或全陪办理住店登记手续

B. 请领队或全陪收齐游客证件，把游客证件与名单表交给酒店前台

C. 如旅游团无领队，可由导游自己分房

D. 如果是既无领队又无团长的散拼团队，则请全陪分房

E. 导游如留宿酒店，应将自己的房号告知领队和全陪

（2）游客由于（　　）提出调换酒店房间的要求不会涉及房费差价。

A. 房间有老鼠　　　　　　　　B. 房间卫生打扫不彻底

C. 客房设施有损坏　　　　　　D. 房间楼层不佳

E. 要求住单间

**3. 思考题**

（1）导游小李在酒店退房时，被前台告知，一游客房间被套上发现几个疑似是被香烟烧破的小洞，酒店要求赔偿，小李应如何处理？

（2）领队小李带领国内一个旅游团入住德国斯图加特的一家酒店，团里一名游客在房间内食用自热火锅时，导致房内火警报警。虽然虚惊一场，但事后游客被收费950欧元，领队应如何防止类似事件的发生？

巩固练习答案

第二章 导游服务规程

## 第三节 餐饮服务

> **案例导入**
>
> 导游小王接待了一个来自西安的团队。团队到来之前,与计调人员办理交接的时候,小王得知该团有34名游客,1名全陪,游客中有4位是回族,团队餐订的是3桌。第一天就餐时,小王请4位回族游客坐在这三桌中的一桌,虽然同桌的还有7位汉族游客,但考虑到这几位游客的需要,小王特地为他们单独点了几道不含猪肉的菜,还贴心地摆在了他们面前。第二天,全陪告诉小王,几位回族游客对昨天的餐食意见很大。
>
> 小王该怎样处理这件事?接团时遇到游客对餐食提出特殊要求,导游应如何处理?

**【案例分析】** 俗话说"民以食为天",在旅游六要素"食、住、行、游、购、娱"中,"食"居首位,餐饮服务是导游服务中非常重要的一环。不同国家、不同民族、不同地域都有其独特的饮食文化与习惯,饮食文化本身也是人们生活方式的一部分,有特定的文化形式与内涵,导游需要特别注意餐饮服务中的细节和技巧。游客对吃的爱好、需求各不相同,导游在提供餐饮服务时应尽量照顾到每位游客。在本案例中,导游小王的确注意到了回族游客的特殊需求,但他做得还不够细致。小王应在团队到达之前,提前联系全陪,详细了解游客的要求,接到团队后,还可以与这几位游客单独沟通,征求游客意见,共同商议解决问题的最佳方案。就本案例来说,让这4位游客单独坐一桌,安排适合他们的餐食也是解决方案之一。导游应根据具体情况来灵活处理游客就餐时提出的各种要求。

## 一、学习目标

(1) 掌握导游餐饮服务工作流程;
(2) 掌握就餐时处理个别要求的原则与技巧;
(3) 熟悉风味餐讲解技巧。

## 二、学习纲要

| 学习要求 | 1. 学习本节相关知识;<br>2. 掌握就餐时处理个别要求的原则与技巧;<br>3. 学习风味餐介绍范例并分析其创作技巧 |
|---|---|
| 教学地点 | 餐厅实训室 |

| 教学设施 | 1. 餐桌、凳子等就餐时需要的物品；<br>2. 其他模拟就餐情境需要的物品 |
|---|---|
| 教学内容与步骤 | 1. 分组：学生分别扮演游客、导游、全陪、领队、餐厅服务员等，准备好模拟情境所需的各种物品和设施；<br>2. 学习相关知识；<br>3. 分组学习并完成模拟案例练习；<br>4. 撰写当地风味餐讲解词并做模拟介绍；<br>5. 完成巩固练习；<br>6. 教学效果考核及教师点评；<br>7. 教学结束 |

## 三、相关知识

### （一）导游在餐饮服务中的作用

#### 1. 协调

导游是旅行社与各协作单位之间的桥梁，工作过程中要协调各相关部门之间的关系，就餐饮服务而言，为游客提供干净、环境好、餐食质量高的餐厅是旅行社的责任，也是导游服务的重要环节。导游应加强与餐厅的协作，提前联系适合团队的餐厅，尽量满足游客的就餐要求。

#### 2. 监督检查

一般情况下，旅行社计调人员会提前预订餐厅，会与餐厅确认用餐时间、标准、要求、是否含酒水、桌数、人数等，有时还会提前与餐厅确认菜单。导游在就餐时应监督、检查餐厅是否按协议执行，应查看就餐环境、餐食质量、餐标的落实情况，发现问题应立即纠正，必要时向旅行社报告。

#### 3. 保障

导游应按照旅行社安排到定点餐厅用餐，确保饮食卫生。如就餐时发现问题，要责令餐厅改正，必要时应向旅行社报告。

#### 4. 讲解

游客用餐时，导游应主动向游客介绍当地有特色的食物和食用方法等。海外或省外游客第一次食用某些食物时，可能不知道正确的食用方法，导游应提前告知。

## （二）餐饮服务流程

### 1. 提前落实相关事宜

导游应按协议规定，提前落实就餐相关事宜，对用餐地点、时间、人数、标准、特殊要求等应与餐厅再次核对。

### 2. 引导游客进入餐厅

就餐前，导游应向游客介绍即将就餐餐厅的特色和就餐时间，团队到达餐厅门口后，导游应走在最前面，带领游客到就餐桌位，同时告知游客洗手间的位置，入座后告知游客包含的酒水饮料种类及数量、超出的费用需游客自理等信息。

### 3. 巡视用餐情况

游客就餐时，导游应巡视用餐情况一到两次，解答游客用餐时的问题，并监督和检查餐厅是否按协议提供服务，发现问题应及时解决。

### 4. 结账

用餐后，导游应按实际就餐人数、餐标、酒水数量与餐厅结账，并向餐厅索要正规发票。

## （三）就餐时对个别要求的处理

### 1. 要求换餐

有些游客可能会不习惯团队餐的口味，或是想品尝当地特色食品，要求换成风味餐或其他形式的餐食。导游应尽量与餐厅联系，询问餐厅是否能满足游客换餐的要求。若不能满足，应向游客解释清楚；若游客坚持，导游可协助游客自行点菜或换餐厅就餐，但要告知游客费用自理，原餐费不退。

### 2. 要求单独用餐

若个别游客要求单独用餐，导游应了解原因，必要时请全陪和领队协调；如游客坚持，导游可协助安排，但要告知游客餐费自理，原餐费不退。

### 3. 要求自费品尝风味餐

游客如要求自费品尝当地风味餐，导游可以协助安排，但要告知游客餐费自理，原餐费不退。

#### 4. 要求在客房内用餐

若有游客要求在客房内用餐，导游应了解原因。若生病，导游应表示关怀并安排餐厅送餐至房间；若健康游客要求在客房内用餐，可以满足，但都必须告知游客酒店送餐的服务费以及餐费自理。

#### 5. 要求加菜、单点饮料或酒水

若游客就餐时提出加菜，或想单独点一些协议外的酒水或饮料，导游应安排餐厅满足其要求，但必须告知游客费用自理。

#### 6. 要求推迟或提前就餐时间

若遇特殊情况造成团队就餐时间推迟或提前，或游客要求推迟或提前就餐，导游应立即联系原定餐厅看是否可行。如不可行，应向游客耐心解释，告诉游客最好能按原计划用餐。

### （四）特殊饮食要求的处理

由于宗教信仰、生活习惯、饮食偏好、身体状况等原因，有些游客会提出饮食方面的特殊要求。有些特殊团队，如朝拜团、来自信仰伊斯兰国家的团队等，会有特殊的饮食要求。如协议里明文规定了游客的饮食要求，导游必须落实；如临时提出，导游应视情况而定。如有可能导游应尽量满足游客的要求，如无法满足，导游应向游客如实解释，协助游客解决，同时告知游客餐费自理。

## 四、模拟案例

**案例一**：设计餐饮服务流程图并注明具体服务内容。

**案例二**：导游小王需提前落实团队用餐事宜，学习以下导游和餐厅主管通过电话联络时的情境对话，再分组进行模拟练习。

案例一答案

导游：您好，请问是××餐厅的主管吗？我是中国旅行社的导游小王，明天晚上我有个团队要来你们餐厅用餐，请问您接到预订了吗？

餐厅：是的，人数是26+3吗？

导游：没错，我们的餐标是60元/人对吧？现在有几个问题需要和您确认一下。首先，团队客人都是福建人，请所有菜品都以清淡为主，明天是团队第一餐，千万不要放辣椒，不要太咸，上菜之前请先上汤。其次，有3名游客吃全素食，请单独安排座位，可以为他们多做些笋类、菌类、豆制品类和青菜类菜品。千万不要放葱、姜、蒜，不要鸡蛋，拜托了。

餐厅：好的，没问题。

导游：对了，团队含酒水，除了素食，请每桌准备一瓶可乐、两瓶啤酒，提前冰镇好并

放到桌上。另外，我们26位客人，除了3位素食客人，还有23位客人，能不能安排坐3桌用餐？如果2桌会很不方便，坐起来太挤了。

餐厅：好的，没问题。这个团队有素食客人和含酒水，我们都提前接到通知的。但如果你们团队23位安排3桌，菜品会有调整，因为你们团队是按照用餐人数来计算价格的。

导游：没问题，这个我会提前告诉领队。我们团队预计晚上6点到达餐厅，请提前做好准备，门口停车场请留一个大巴车车位，拜托了，谢谢，明天见！

餐厅：好的，明天见！

【案例分析】在本案例中，导游特别提到餐厅在三个方面需要注意：

（1）游客是福建人，中国部分南方地区和某些东南亚国家，在用餐前，有上菜先上汤的习惯；

（2）有3位素食客人，除了叮嘱菜品安排，还特别提到调味品不要放葱、姜、蒜，也不要鸡蛋的细节；

（3）关于座位的安排，导游考虑到团队去掉3人吃素食，剩下23人明显不适合安排2桌，需要安排3桌，才能照顾到游客的用餐体验和舒适度，充分展现了导游的专业素养和细致全面的考虑。

此外，导游在和餐厅确定团队用餐时，首先要核实团队人数、用餐标准、餐标是否包含酒水等内容；如团队有特殊要求，如游客口味偏好、素食主义或宗教人士餐食要求等，也应提前向餐厅说明。

## 五、范例展示

### 范例1：四川火锅

"绿蚁新醅酒，红泥小火炉。晚来天欲雪，能饮一杯无？"这是白居易笔下的火锅。今天的晚餐为大家安排了四川特色的风味火锅。说起火锅，其实由来已久。浙江曾出土5000多年前的陶釜和配套使用的小陶灶，可以算是最早的火锅雏形。我们四川三星堆最具特色的三足炊具，很多人第一眼看到它，就觉得是个火锅。北京延庆龙庆峡山戎文化遗址中出土的春秋时期的青铜火锅，上面还有加热过的痕迹。汉代还出现一种称为"染炉""染杯"的小铜器，分为三部分：主体为炭炉，上面有盛食物的杯，下面有承接炭火的盘，这或许就是最早的单人火锅吧。三国时代，魏文帝所提到的"五熟釜"就是分有几格的锅，可以同时煮各种不同的食物，和现今的"鸳鸯锅"可说是有异曲同工之妙。到了南北朝，"铜鼎"是最普遍的器皿，也就是现今的火锅。演变至唐朝，火锅又称为"暖锅"。唐宋时火锅开始盛行，官府和名流家中设宴，多备火锅。南宋有个叫林洪的文人，前往武夷山拜访隐士止止师，路上遇到大雪，偶然捕获了一只野兔，止止师按照当地山里人的吃法，在桌上放了个生炭的小火炉，炉上架个汤锅，把兔肉切成薄片，用酒、酱、椒、桂做成调味汁，等汤开了夹着片在汤中涮熟，蘸着调料吃。林洪吃了觉得甚为鲜美，而且在大雪纷飞之寒冬中，能与三五好友围聚一堂谈笑风生，随性取食，非常愉快，林洪为这种吃法取了个"拨霞供"的美名，"浪涌晴江雪，风翻晚照霞。醉忆山中味，都忘贵客来。"听着像是山间之景，其实写的是锅中之状。而到了清代，各种涮肉火锅已成为宫廷冬令佳肴。嘉庆登基时，除了各种山珍海味，还特地用了1650口火锅，这应该是历史上最盛大的火锅宴了。而到了当代，各地火锅更是花色纷呈，千锅百味，著名的有广东的海鲜火锅、苏杭的菊花火锅、云南的滇味火锅、重庆的毛肚火锅、北京的羊肉火锅、浙江的八生火锅和三鲜火锅、湖北的野味火锅、东北的白肉火锅、香港的牛肉火锅、上海的什锦火锅、山东的羊汤火锅等，各具特色。当然，最受大众欢迎的，还是咱们四川的麻辣火锅。

1338年火锅传入日本，称为"寿喜烧"，又称"锄烧"。如今火锅几乎传遍了全世界。印度有"咖喱火锅"，韩国有"石头火锅"，泰国有"冰炭火锅"，瑞士还有"奶酪火锅"和"巧克力火锅"，意大利、美国、法国都有自己特色的火锅。

成都的第一家火锅店，店名叫"好莱坞"，是一位重庆人在1936年的时候开在总府街川戏院附近的火锅店。20世纪80年代初，成都有了第一个本土火锅，名字很好听，叫"热盆景"，那时候整个新南门全都是热盆景的店。

四川的火锅发展到今天，几乎是大街小巷无处不在，花色品种那更是多到数不清：汤锅、干锅、红底白底鸳鸯锅、滋补、山珍、粥底锅等，还有各种鸡、鸭、鱼、兔、蛙的锅底。随着现代人们生活习惯的改变，自助式火锅和一人一锅的形式也越来越受欢迎。

火锅不仅是美食，更是文化。吃的是自由、随性与包容。吃火锅时，男女老少、亲朋好友围着热气腾腾的火锅，把酒言欢，谈笑风生，要的就是这股子热闹劲儿。从前吃火锅是件隆重的事情，吃的是团圆，是北风凛冽下佳节临近的喜庆，而现在，日子好多了，更多的只是吃个寻常热闹。

吃火锅注意事项：

第一，不要吃得太烫，容易上火，也容易烫伤口腔黏膜，从锅里夹出来一定要在香油碟里泡一下；

第二，一定要煮熟，尤其是肉食，不要过度追求鲜嫩；

第三，不要过度追求辣，尤其是老人；

第四，火锅汤底，味道鲜美，稍稍尝一点就好。汤里嘌呤很高，有痛风的朋友更要注意。

最后祝大家：吃了火锅发了汗，烦恼忧虑全消散。

### 范例2：麻婆豆腐

麻婆豆腐是川菜里最具代表的一道菜，其实应该叫"陈麻婆豆腐"。清朝同治年间（1862年），在成都外北万福桥边，有个小酒店"陈兴盛饭铺"，店主叫陈春富，去世得比较早，小酒店便由老板娘独自经营，女老板脸上有些小麻点，人称陈麻婆。当年的万福桥是一道横跨府河、很宽的木桥，两旁是高栏杆，上面有绘着金碧彩画的桥亭。桥上常有贩夫走辛，推车抬轿下苦力之人在此歇脚、打尖。光顾陈兴盛饭铺的主要是挑油的脚夫，这些人经常是买点豆腐、牛肉让老板娘代为加工，再从油篓子里舀些菜油当作酬劳。日子一长陈氏对烹制豆腐有了一套独特的技巧，烧出来的豆腐色香味俱全，深得人们喜爱，引来各路食客纷纷品尝。清末就有诗为证："麻婆陈氏尚传名，豆腐烘来味最精。万福桥边帘影动，合沽春酒醉先生。"

"陈麻婆豆腐"从此扬名。据《成都通览》记载，陈麻婆豆腐在清朝末年便被列为成都著名食品，经过历代传人的不断努力，至今140余年长盛不衰且扬名海内外。1953年酒店迁至现在的西玉龙街，菜色也做了调整，丰富了许多。如今更是拥有"成都名小吃""四川著名商标""巴蜀名菜""中国名菜""中国国宴"等各种荣誉，2010年入选了成都"非遗"名录。

麻婆豆腐的特色在于麻、辣、烫、香、酥、嫩、鲜、活八字，其中的"麻"是指豆腐在起锅时，要洒上适量的花椒末。花椒最好用汉源贡椒，麻味纯正；"辣"则是指上好的豆瓣酱——"川菜的灵魂"，以前都是选用龙潭寺大红袍油辣椒制作豆瓣，剁细炼熟，加上少量熟油，又辣又香。

要做好一道麻婆豆腐，也是有些小窍门的：

（1）豆腐切块后，用沸腾的淡盐水焯水，可以去除豆腐涩味，保持豆腐口感细嫩，且不易碎；如用白开水煮，会韧劲过大、口感不好；

（2）豆瓣酱里的豆瓣要先切细；

（3）花椒先用锅炒香，碾碎，最后趁热撒在豆腐上，这样更能提升香热麻辣的口感。

## 六、巩固练习

**1. 单项选择题**

（1）某游客没有提前注明饮食禁忌，抵达后才向导游提出，导游正确的做法是（　　）。

A. 尽快联系餐厅不折不扣地兑现

B. 按合同办事，由游客自行解决

C. 尽量联系解决，如有增加费用由游客承担

D. 尽量联系解决，增加费用由组团社承担

（2）游客要求退餐、换餐时，导游处理方式错误的是（　　）。

A. 婉言拒绝　　　　　　　　　　　B. 询问餐厅，如果餐厅同意就可以应允

C. 餐厅不同意应向游客做好解释工作　D. 游客坚持换餐，应告知费用自理

（3）对于游客提出自费品尝风味餐的要求，导游应该（　　）。

A. 婉言拒绝　　　　　　　　　　　B. 协助联系安排

C. 让游客自行解决　　　　　　　　D. 必须请示报告旅行社

## 2.多项选择题

（1）导游小王带团到达餐厅后，某游客告诉他：由于自己肠胃不舒服，午餐想喝粥，吃清淡不油腻的素菜，不想与团队一起享用火锅，导游正确的处理方法有（　　　）。

A. 告诉该游客午餐已经提前定好，不能满足其临时提出的要求

B. 立即与餐厅联系，在可能的情况下尽量安排

C. 如果的确无法安排，应说明情况，协助游客自行解决

D. 该游客未享用的餐费应该退还

E. 该游客因为自身原因产生额外餐费需要自理

（2）午餐结束后，在前往景点参观途中，游客向导游提出把晚上的团餐换成当地风味餐。对此，导游正确的处理方法有（　　　）。

A. 婉言拒绝，按原计划用餐

B. 立即表示可以安排，但需要加收餐费

C. 立即联系餐厅，尽量争取解决

D. 如果的确无法安排，应做好解释工作并说服游客按原计划用餐

E. 若游客坚持换餐，要告知游客，原餐费不退，额外产生的餐费请游客自理

（3）旅游团中因为游客之间产生矛盾，个别游客提出要单独用餐，导游正确的处理方法有（　　　）。

A. 首先了解产生矛盾的原因，尽量化解

B. 游客如坚持单独用餐，可邀请与司机和导游一起用工作餐

C. 导游应将餐费退还游客让其自行就餐

D. 如果游客坚持单独用餐，导游应协助

E. 单独用餐的餐费自理，原餐费不退

（4）临近用餐时间，游客向导游提出因朋友宴请，要求取消用餐，导游正确的做法有（　　　）。

A. 按计划进行，直接拒绝

B. 向餐厅询问是否能退餐

C. 如果餐厅同意退餐，可以应允

D. 如果餐厅不同意退餐，做好解释工作并说服游客按原计划用餐

E. 如果游客在餐厅不退餐的情况下仍然坚持不用餐，可以满足但要告知其原餐费不退

## 3.创作当地风味餐讲解词并进行模拟讲解练习

巩固练习答案

## 第四节 商定日程

**案例导入**

导游小王赴机场接待一个来自以色列的入境旅游团。在机场集合登车后，在旅游车驶往酒店的途中，小王开始致欢迎词。讲完欢迎词和首次沿途导游后，小王在旅游车上向游客介绍了未来几天的行程安排。到达酒店办理完入住手续后，领队找到小王，责怪她在没有和自己商议好行程的情况下，直接向游客公布了后面的安排。小王觉得有些委屈，因为自己完全是按照接待社的既定行程来介绍的。在这起案例中，小王的行为有错吗？她应怎样处理？

【案例分析】商定旅游日程是游客抵达后的重要工作。导游在机场接到团队后，应第一时间和领队、全陪或游客核对当日的行程安排，并对团队提出合理的行程建议；后面几天的具体行程，可在进入酒店后再逐一核对。在本案例中，小王在没有事先与组团社核对好全部旅游活动的情况下向游客公布所有行程的行为欠妥，她应在和领队核对完当天的日程并达成一致后，再向游客公布。

### 一、学习目标

（1）了解导游和领队、全陪、游客商定日程的程序；
（2）熟悉各方商定日程时应把握的原则；
（3）掌握商定日程时出现不同情况的处理方法。

### 二、学习纲要

| 学习要求 | 1. 学习本节相关知识；<br>2. 了解商定日程的时间、地点与对象；<br>3. 熟悉各方（导游、领队、全陪、游客）核对与商定日程的程序；<br>4. 掌握可能出现的不同情况的处理方法 |
|---|---|
| 教学地点 | 模拟导游实训室、多媒体教室等 |
| 教学设施 | 1. 导游证、团队运行计划表等商定日程时需要的物品；<br>2. 其他模拟情境需要的物品 |

第四节 商定日程

| 教学内容与步骤 | 1.学生分别扮演游客、导游、全陪、领队等，准备好模拟情境所需的各种物品和设施；<br>2.确认团队运行计划表，各方先熟悉所有行程内容；<br>3.学生分组扮演角色，模拟完成核对商定日程时的场景；<br>4.学生分组进行角色互换，分别熟悉各方在核对日程过程中应遵循的原则；<br>5.模拟演练商定日程时出现不同情况的处理方法；<br>6.分组讨论并完成模拟案例及巩固练习；<br>7.教学效果考核及教师点评；<br>8.教学结束 |

## 三、相关知识

### （一）核对商定日程的重要性

商定日程是旅游团抵达后的一项重要工作，是保证团队顺利运行的必要程序。因此，导游要给予特别重视。

（1）虽然在团队抵达游览地前，旅游团的整个日程已经明确列在旅游合同或协议书上，并已将具体的行程安排以纸质或电子文档方式分发给了每位游客，而接待社也对该团活动事先进行了部分安排，但在行程开始前和进行中，游客作为旅游产品的购买者有权提出更改意见；同时，团队的领队和全陪人员也可根据实际需求和经验，在发现行程有不完美的地方时，修改行程以弥补漏洞或不足，使旅游团的游览活动更圆满。

（2）导游在行程开始前主动核对并沟通行程，体现了对领队、全陪的尊重和礼遇，也标志着两地（国）之间导游合作的开始。领队是境外组团社的代表，其主要职责是协助导游顺利完成旅行计划、监督各接待单位的计划执行情况和接待质量。因此，在旅游计划实行过程中，领队有权对接待社（地陪导游）的安排提出自己的合理意见，有权对行程提出调整和修改。同时，领队作为旅游团的代言人，商定和宣布活动日程也是其行使职权的表现，是确定其团队中心地位的重要环节。

（3）核对商定日程是导游、领队、全陪三位成员交流和熟悉的过程，有利于彼此沟通，并对行程未尽事宜达成共识，其目的都是围绕"完美实施接待计划"进行。由于旅游计划通常拟定在出发之前，而接待实施在后，具体实施时可能会发生变化。因此，行程开始前导游集体核对商定日程时，可根据实际情况做出必要的调整。

### （二）核对商定日程的时间、地点与对象

在旅游团抵达后、行程开始前，导游应主动和领队、全陪尽早沟通并确认行程。

核对商定日程的时间、地点与对象如下：

（1）如果接到团队后是直接前往游览景点的，核对商定日程的时间、地点一般可在机场进行，也可在机场前往景点途中、导游致欢迎词前进行。

（2）如果团队是抵达后直接前往酒店入住休息的，商定的时间、地点可与前文相同，也

可在酒店入住手续办理完毕后进行，地点宜在公共场合，如酒店大堂等，导游不可前往领队、全陪或游客房间核对商定日程。

（3）核对商定日程的对象应根据旅游团的性质而定。对一般旅游团，导游应与领队、全陪商谈；对重点团、专业团、交流团、政府接待团等，除了领队、全陪外，还应邀请团队重要负责人或领导一起参与商定。如果旅游团属于散客团性质，或旅游团既没有领队、全陪，也没有团长（如小包团），也可与全团游客一起商定。

### （三）导游发现与领队、全陪、游客手中接待计划有部分出入时

（1）导游应该及时报告接待社，查明原因，分清责任。

（2）如果是接待社的责任，导游应实事求是地向领队和全体游客说明情况，并赔礼道歉，按调整后的最新接待计划执行。

（3）若责任不在接待社，而在组团社，应尽快商量出最佳方案，向游客说明情况、提出建议，争取游客的配合。

（4）行程若有调整，应签订《行程变更同意书》，各方要签字确认，以免事后出现争议和纠纷。

### （四）在核对过程中，对方提出修改意见时

（1）在不违背旅游合同的前提下，如对方提出的要求合理而又可以满足，导游应努力协助安排。如果对方提出增加新的游览项目，而新增项目需增收费用，导游应及时向旅行社有关部门反映，并事先向领队和游客讲明，若他们同意，订立书面合同，按规定收费，但新增项目的安排不得影响计划项目的实施；对确有困难而无法满足的要求，导游要耐心做好解释和说服工作。

（2）对方提出的要求与原计划的日程有较大变动，或涉及接待规格时，导游一般应予婉言拒绝，并说明我方不方便调整的原因。如领队和全体游客提出要求，或确有特殊理由，导游必须请示接待社有关领导，按照指示执行。

### （五）团队行程中的变更处理

#### 1. 游客要求更换、取消或增加游览项目

凡是计划内的游览项目，导游都应不折不扣地按计划进行。若是全团统一提出更换游览项目，则需请示接待社计调部门，请其与组团社联系，同意后方可更换；若是个别游客提出更换游览项目，导游应向游客耐心解释，说明不能随意更换；若是游客要求增加游览项目，在时间允许的情况下，导游应请示接待社并积极协助，若涉及收费项目，请接待社有关部门报价，若游客认可，则和游客签订补充协议。如行程变更会影响下一站安排，导游既要通知所在旅行社，又要及时通知下一站，提前做好餐、车、房和行程的调整。

## 2. 因不可抗力因素导致行程变更

如果旅游团遭遇不可抗力，如泥石流、山体滑坡等，首先，导游应实事求是向游客讲清楚情况，争取游客的理解；其次，提出由另一景点代替的方案，与游客进行协商；最后，以精彩的导游讲解、热情的服务激起游客的游兴。必要时，导游可按照有关规定对游客做些补偿，如加菜、加水果、改风味餐、赠送小礼品等。

需要注意的是，无论何种原因，只要涉及旅游团队行程变更，导游都要以保证游客安全为前提。确定变更以后，导游一定要和所有游客签订《行程变更同意书》，并请每位游客签字确认。

## 四、模拟案例

**案例一：** 设计核对商定日程流程图。

**案例二：** 学习以下导游与领队在机场商定日程的情境对话，再分组进行模拟练习。

案例一答案

导游：赵先生，您好！我们先核对一下今天的行程。我们今天没有任何景点的安排，您看现在是下午4点，我们是直接回酒店办理入住然后晚餐，还是需要调整一下行程？

领队：回酒店大概需要多久？你有什么建议吗？还可以怎么安排？

导游：从机场开车进入市区行车只需要20分钟，预计下午4点30分就进入市区了，如果觉得到酒店略早，也可以安排大家先游览一个景点，再到酒店办理入住。

领队：车程和游览时间大概是怎样呢？

导游：明天下午有一个行程，是市中心的步行街游览，可以调整到今天下午，时间上只需要1个小时，大家第一天来我们这里，可以先去逛逛，感受这里和其他城市不同的节奏和元素。游览完步行街，就可以安排游客回酒店，酒店就在附近，预计我们晚上6点就能到酒店。

领队：我们晚上是在哪里用餐呢？

导游：晚餐就为大家安排在今晚入住的酒店里，办理完入住让大家稍作休息，晚上6点30分就可以用晚餐了，您看这样可以吗？

领队：好，大家第一天刚来，应该也不想这么早就进酒店，那就这样定了。

导游：好的，那今天就这样安排，明天的具体行程我们到了酒店再核对，我先为游客做城市介绍和途中导游，谢谢您，赵先生。

【**案例分析**】导游在机场接到团队后，应第一时间和领队、全陪或游客核对当日的行程安排，并对团队做出妥当并合理的行程建议。后面几天的具体行程，可在进入酒店后再进行核对。本案例中，因为接机后进入酒店还较早，所以导游特别询问了领队意见，并建议先安排一个较轻松的景点游览，既合理安排了时间，照顾了游客初到一地的新鲜感和求知欲，又充分尊重了领队的意见。

## 第二章 导游服务规程

**案例三**：学习以下导游与领队在酒店商定日程的情境对话，再分组进行模拟练习。

导游：您好，是领队吴先生吗？我是导游小王，请问房间没问题吧？都安排好了吗？

领队：谢谢！一切 OK，我刚巡完房。

导游：那我在酒店大厅等您？请您喝杯咖啡，我们核对一下团队的行程。

领队：好的，请稍等，我 5 分钟就下来。（注意：导游不要去领队或游客房间商谈）

（5 分钟后，1 楼咖啡厅）

导游：吴先生您辛苦啦，房间还 OK 吗？

领队：非常不错呢，房间很大很新，大家特别喜欢。

导游：那我也放心了。吴先生您想喝点什么吗？

领队：拿铁，谢谢！

导游：吴先生，我们需要先核对一下行程，看是否一致。

领队：好的。

（双方拿出行程核对）

导游：行程完全相同，我们就按照这个来执行，请问您来过我们西安吗？还有没有什么好的建议？

领队：行程设计非常好，应该是你们最有经验的行程定制师安排的。

导游：是啊，这个行程非常经典，而且今年又做了各方面的接待升级，加入了很多创意，是我们老板亲自参与策划设计的。

领队：太感谢了！我可以提两个小小的要求吗？

导游：您别客气啊，请讲。

领队：听说你们这里新开了一处网红打卡地？可以安排去一下吗？还有，听说你们西安有几家特别高档的饺子宴，我们有些客人来之前做了攻略，希望明天的晚餐升级一下，可以吗？

导游：当然可以啊，那一处网红打卡地是今年刚火的，很多人通过网络找去，值得体验。我明天就和司机沟通下行程，看怎么为你们安排合适。

领队：会影响到我们既定的行程吗？大概费用是多少？

导游：行程倒是不会影响，我们第三天有大半天的自由活动，可以安排在那天去，不过稍微有一点绕路，可能会产生额外车费。我问了公司后，等会儿再回复您。

领队：好的，麻烦明晚升级饺子宴也顺便问一下。

导游：好，我马上联系，请稍等。

（导游打电话给接待社和司机，3 分钟后）

导游：吴先生，抱歉久等了。刚才和公司、司机都确定好了。安排没有问题的。费用给您报告一下：网红打卡地需要绕路开车过去，每位客人增加 15 元车费就可以了。另外，如果我们明晚的晚餐升级饺子宴，每位客人只需要再补差价 50 元，一共是 65 元／人，您看可以吗？需要问一下大家的意见吗？

领队：没问题的，大家来之前就做过功课，已经和我沟通过了，费用明天早上就交给你，就这样安排吧！

导游：好的，那我马上打电话更改明晚的晚餐，也和司机再确定一下，我这里有一份行程更改确认书，麻烦您先确认签字，明天还要请其他游客也签字，谢谢。

领队：没问题的，你费心了，谢谢！

【案例分析】导游在机场接到团队后，除了要第一时间和领队、全陪或客人核对当日的行程安排外，进入酒店后还应和领队进一步商定后续行程。在本案例中，导游通过领队得知游客的要求后，首先与旅行社、旅游车司机商议，两方同意并报价后，再与领队沟通，领队同意后还要求领队和游客都签字确认，流程正确，也满足了游客的要求。

## 五、巩固练习

### 1. 单项选择题

（1）只要涉及旅游团队行程变更，导游都要以保证游客的（　　）为第一前提。

A. 利益　　　　B. 感受　　　　C. 安全　　　　D. 需要

（2）确定行程变更以后，导游一定要和所有游客签订（　　），并请每位游客签字确认。

A. 意见表　　　B. 行程变更同意书　　　C. 合同或协议　　　D. 风险告知书

（3）在不违背旅游合同的前提下，若对方提出的要求不涉及增减费用问题，是合理而又可能满足的项目，导游应该（　　）。

A. 婉言拒绝　　　　　　　　　B. 努力协助安排

C. 让游客自行解决　　　　　　D. 请示报告旅行社

### 2. 多项选择题

（1）核对商定日程的对象应根据旅游团的性质而定，对一般旅游团，导游应与（　　）一起商谈。

A. 领队　　　　B. 游客　　　　C. 全陪　　　　D. 司机

E. 接待社

（2）对方提出的要求与原计划的日程有较大变动，或涉及接待规格时，导游应该（　　）。

A. 婉言拒绝

B. 协助联系安排

C. 说明不方便调整的原因

D. 确有特殊理由的，必须请示报告旅行社领导

E. 按领导指示执行

（3）某一旅游团在前往某景点途中，突然传来消息，前方30公里处发生了严重的泥石流，导致道路中断，此时，导游应该（　　）。

A. 实事求是向游客讲清楚情况，求得谅解

B. 提出由另一景点代替的方案，与游客进行协商

C. 以精彩的导游讲解、热情的服务激起游客的游兴

D. 必要时，按照有关规定对游客做些相应的补偿，如加菜、加水果、改风味餐、赠送小礼品等

E. 为了不产生合同纠纷，应该原地等待道路畅通，按原计划执行

巩固练习答案

## 第五节　游览服务

### 案例导入

导游小王是今年刚取得导游证的新导游，旅行社经理说小王缺乏经验，让计调人员先安排她接待一日游团队。小王在接到带团任务后，应怎样去计划线路呢？一日游团队有哪些服务流程与服务原则？在接待过程中有什么技巧？

【案例分析】旅游团有不同的分类，如按停留天数可分为一日游和过夜游；按游览线路长短可分为短线团和长线团；按线路特点可分为常规团和特种团等。针对不同团型、不同线路，导游的服务技巧也有所不同，但按协议内容，提前设计好每天的行程是导游必须具备的带团技能。导游小王在接到带团任务后，应仔细研究该团的游览内容与要求，提前做好讲解准备，同时也要规划好该团的具体行程安排，做好接团前的各项准备工作。

## 一、学习目标

（1）了解一日游线路设计的基本方法；

（2）通过模拟情境训练，熟悉景点游览时导游的服务流程与接待技巧；

（3）熟悉导游词创作与讲解的基本思路与方法；

（4）掌握游览景点时对游客个别要求的处理技巧。

## 二、学习纲要

| | |
|---|---|
| 学习要求 | 1. 设计市内一日游游览路线，合理安排旅游行程；<br>2. 撰写学校所在地某旅游景区导游词；<br>3. 分组进行导游讲解练习；<br>4. 分组进行一日游景点游览情境练习 |
| 教学地点 | 学校所在地某旅游景区、模拟导游实训室或多媒体教室 |
| 教学设施 | 1. 导游证、导游旗、麦克风；<br>2. 模拟景点、3D景点软件、VR 等；<br>3. 其他模拟情境需要的物品 |
| 教学内容与步骤 | 1. 学生分组；<br>2. 学习本节相关知识；<br>3. 搜集并整理当地旅游景区相关资料；<br>4. 分析景区特色，撰写导游词；<br>5. 根据已有资料，设计一日游游览线路、安排旅游行程；<br>6. 完成线路设计、导游词创作的书面作业；<br>7. 分组进行导游讲解、游览练习；<br>8. 教学效果考核及教师点评；<br>9. 教学结束 |

## 三、相关知识

### （一）一日游导游服务流程

#### 1. 提前设计旅游行程

（1）了解旅游团队详细信息，包括航班抵离时间、游客人数、司陪人数、团队游览性质、客源地及游客的特点、有无特殊要求、接待标准、有无自由活动、有无购物需求、是否有代订业务或费用自理项目等。

（2）根据以上信息，设计整体行程方案，设计时应考虑旅游车类型和数量、游览线路和时间、用餐地点、餐费标准、游客人数、司陪人数等。

（3）制订出团计划和出团通知书，并以邮件形式抄送至组团社、接待社、车队等相关接待人员。

#### 2. 导游服务流程

（1）接机并致欢迎词：包含欢迎词、自我介绍、行程安排、到达下一站的车程距离和时间、安全和文明旅游注意事项、告知游客导游联系方式、预祝旅途愉快等。

（2）途中讲解。

①本地概况：本省及本市（县、州）地理位置、面积、人口、地理及气候特征、名称由来、旅游资源、特产、民族民俗特色、发展现状等。

②景点概况：景点名称及由来、地理位置、景点类型、抵达时间、游览方式及时间、注意事项。

③赴景点途中：根据沿途的人、物、景做同步介绍，并对主要景物做重点介绍；穿插本地风土人情、历史典故，进一步提起游客兴趣，加深游客印象，及时回答游客提问，同时观察游客反应和兴趣点，进行有针对性的讲解。

（3）景点讲解。

①抵达景点前：提醒游客带好随身物品及贵重物品、参观游览时间、旅游车停车地点、安全提醒及文明旅游提示等。

②景点内：该景点历史沿革、名称由来、历史典故、特色及特殊荣誉、在同类景点中的地位；根据景点类型、游客类型、团队类型和要求设计与调整讲解词；再次强调安全和文明注意事项、集合时间地点、卫生间位置等。

③参观结束后：对景点进行简单总结和补充，预告下一景点及行车时间。

④致欢送词：回顾并总结行程，向游客致谢，预祝旅途愉快，欢迎游客再次光临。

## （二）游览景点时对游客个别要求的处理

### 1. 游客要求自由活动

游览过程中，如有游客提出要自由活动，导游应视具体情况处理。

（1）应劝阻游客自由活动的几种情况。

① 旅游团即将离开本地时，导游应劝阻游客进行自由活动（如游客想去人多热闹的商场购物等），以防止误机（车、船）。

② 如游客要去的地方有安全隐患，导游应劝阻其外出，并如实说明理由。

③ 游览河流（湖泊、海）时，导游不得同意游客划小船或到非游泳区游泳的要求。

④ 不得带游客前往未对外开放的地区或机构。

（2）允许游客自由活动时的处理程序。

如果团队中有个别游客已经到过本地，不想重复游览，或因个人原因不能参加某日的游览，其要求又不会影响团队的整体安排，导游可同意其不随团活动，但要按照以下程序处理：

①向游客说明如果不随团游览，所有费用不退，增加的费用自理。

②告诉游客当天用餐的时间与地点，方便游客归队用餐。

③提醒游客外出时带上酒店名片，注意人身和财物安全。

④为海外游客提前写好中英文便条，注明游客要去的地点名称和地址，告知游客自己的联系方式，如游客愿意，请游客留下联系方式，防止发生意外。

（3）游客到达景点后要求自由活动。

到达景点后，如有游客不想随队游览，想自行在景区内游览，如条件允许，导游可同意其要求，但要向其讲清游览结束后集合时间和地点，必要时写便条，注明导游联系方式、酒店名称和地址等信息。

（4）自由活动时间。

如行程中游客有自由活动时间，或游客想晚上自行外出游玩，导游应提醒其注意安全、外出时不要携带贵重物品、不要前往有安全隐患的地点、不要太晚回酒店、外出时应结伴出行等。

### 2. 游客要求亲友随团活动

如有游客要求亲友随团活动，在旅游车上有空位、领队和团队其他成员同意的情况下，可同意其要求。在旅行社办理完相关手续、签订书面协议、缴费后可随团活动。如果是外籍亲友想随团活动，导游应了解对方姓名、身份等信息，如果对方以记者身份参团，一般不同意；如果是外交官员参团，应给予外交礼遇。

### 3. 游客要求中途退（离）团

如游客因患病、忽遇急事要求中途退团，经接待社与组团社同意后可同意其要求，剩余的费用按协议约定处理。如游客没有特殊原因要求退团，导游应首先劝其继续随团游览，并说明如退团，剩余的旅游费用不退；如游客坚持，可同意其要求。游客退团时应与旅行社签订书面说明，写明退团原因、退团后一切后果自负、剩余费用的处理等信息，双方签字确认后方可离团。

### 4. 游客要求延长停留时间

无论出于何种原因，如游客要求延长在当地停留的时间，导游应帮助其办理相关手续，对因生病而延长停留时间的游客，导游还应前往医院探望，协助患者解决生活上的问题。

对因特殊原因而需延长签证的入境游客，导游在请示旅行社后，可为其提供必要的帮助；对无特殊原因而要求延长签证的，原则上应婉拒；如游客需要，旅行社可协助其预订机票、酒店等，因此产生的费用由游客自理。

## 四、模拟案例

根据以下某旅行社行程信息，设计一条一日游线路，并注明导游服务流程与内容。

| 团号 | CTS0809-2 | 游览景点 | 武侯祠、锦里、杜甫草堂 | 抵 | 8月8日：CA4512；6:35—9:20（地窝堡T3—双流T2） |
|---|---|---|---|---|---|
| 人数 | 19 | 陪同 | 1个全陪 | 离 | 8月18日：SC6057；19:55—21:14（双流T2—咸阳T2） |
| 备注 | 团队游客均为老人，其中有6位是回族；该团无购物、无代订、含一顿午餐（餐标50元/人） | | | | |

## 五、范例展示

### （一）景点游览讲解词

**范例1：武侯祠游览讲解词**

好了，现在大家对四川以及成都有了一个简单的了解，是不是跟您之前的印象有点不一样？接下来，我们还有十来分钟就要到达今天参观的第一个景点——武侯祠了。

1. 到达景区前

武侯祠博物馆，位于成都市中心一环内，正南门武侯祠大街上，是纪念三国时期蜀汉君臣将吏的一处胜迹，也是三国遗迹中最负盛名、影响最大的一处。1961年被国务院列为第一批全国重点文物保护单位，1984年成立博物馆，2008年被评为首批国家一级博物馆，也是国家4A级旅游景区、成都十景之一。博物馆由三国历史遗迹区（文物区）、西区（三国文化体验区）以及锦里民俗区（锦里）三部分组成，享有"三国圣地"的美誉。

杜甫的《蜀相》诗有云：

"丞相祠堂何处寻？锦官城外柏森森。

映阶碧草自春色，隔叶黄鹂空好音。"

当年刘备兵败夷陵，于公元223年病逝于白帝城（今重庆奉节，三峡起点瞿塘峡口），临终托孤于诸葛亮，其灵柩由诸葛亮亲自迎回成都，安葬于此地，史称惠陵，然后才有了"昭烈庙"（刘备谥号"昭烈皇帝"）。十一年以后，至公元234年，诸葛亮于北伐途中，星落五丈原（今陕西宝鸡岐山县城南约20公里处）。诸葛亮生前被封为"武乡侯"，身后谥号"忠武侯"，因此纪念诸葛亮的祠堂称为"武侯祠"。最初的刘备墓、昭烈庙、武侯祠，其实是三个独立的存在。历经千年兴废，直至明代，朱元璋第十一子朱椿，被封为蜀王后，来到成都，将当时业已破败的武侯祠废止，陪祀于刘备殿东侧，形成了君臣合祀的格局。我们知道，中国古代讲究"君君臣臣、父父子子"，这样的做法，显然于礼法不合，这是因为朱椿有感于君臣之间"如鱼和水"的情谊，故而全国仅此一处。

我们今天看到的武侯祠，现存主体建筑为清康熙十一年（1672年）修复，再经近现代多次修葺，改造扩建而成。虽是君臣合祀，但毕竟是先有刘备的墓和庙，更何况君臣毕竟尊卑有别，那此处应该叫"昭烈庙"才对吧？没错，所以各位请看，这大门上不写着吗？"汉昭烈庙"［刘成勋（1883—1944年）所书，字禹九，大邑县人，民国四川省省长兼川军总司令］，可为什么景点名称叫"武侯祠"呢？成都人从来不说我们去参观"汉昭烈庙"。如果您在成都街头问：武侯祠在哪里？几乎无人不知，可您要是说：请问汉昭烈庙怎么走？估计没人能反应得过来。这是因为在百姓心里，诸葛亮的功劳和政绩比刘备重得多。民间有谚语说：刘备得江山——全凭诸葛亮。民国年间的邹鲁在一首诗中说得中肯："门额大书昭烈庙，世人却道武侯祠。由来名位输勋业，丞相功高百代思。"一处祠堂两个名称，一是官意，一是民意。

（注：此段讲解词约1000字，正常讲解语速需要六七分钟，但考虑到老年团的性质，语速要比平时慢，重点部分还要重复，加重语气，所以实际需要10～12分钟，在设计途中导游词的时候要注意掌控时间，太短则内容贫乏，太长则内容缺少完整性，这样不仅使游客体验感差，还会因需要在景点补充讲解而减少游览时间。讲解时长与语速应灵活掌握，应做到：对同一景点，导游要根据实际情况对讲解做适度的增减，但不能影响游客的理解和体验。）

2. 到达停车场

好了，各位，我们现在已经到达武侯祠停车场，我们在这里的参观时间约一个半小时，请大家带好随身物品，现在景区实行实名制登记，请一定带上身份证原件。景区全程平地，走路并不多，手机、水杯请带好，贵重物品也请随身携带，不要留在车上。下车的时候请注意脚下，我们团几乎都是老年团友，所以我会把时间安排得尽量充裕，节奏也会比较舒缓，大家放心跟着我走。

3. 景区门口

（注：景区入口处一般会有导览图，导览图前空间开阔，不会影响其他游客。游览前，导游可以先在导览图前向游客简要介绍参观流程、路线、洗手间位置等。导游应提前熟悉景点的每个细节，这样才能做出科学合理的安排。）

我们来看一下武侯祠的全景导览图：武侯祠共分为三个区域，黄线以内是文物区，右边狭长的部分是锦里古街，左边是园林区，覆盖范围约210亩[①]。我们先参观文物区，从大门进去，这里有唐代和明代的两通碑刻，穿过二门进入昭烈庙、刘备殿、关羽张飞偏殿和文臣武将廊，然后去往武侯祠供奉诸葛武侯的地方，接下来是三义庙和后面的一小片桃园。这里我会给大家15分钟时间去自由参观三义庙和上洗手间，之后穿过这个红墙夹道到刘备墓，从刘备墓出来我会再给大家10分钟时间参观陈列馆，然后我们去锦里，最后我们从园林区出门。参观结束后，我会带大家步行5分钟去餐厅吃午饭。

（注：导览图前的全景介绍应简洁明了、条理清晰，不用追求辞藻华丽，把行程路线和时间交代清楚即可。）

各位，我们先在门口稍作停留，这里有几样比较特别的地方，我给大家做个介绍……

（注：现在的游客都去过多处地方旅游，而且很多景区都有二维码语音导览系统，所以对导游讲解的要求比过去更高，导游要善于探究，善于发现细节的趣味和知识点，以小见大，

---

① 1亩≈666.67平方米。

## 第二章 导游服务规程

为游客带来新奇的体验,同时也要向游客展示一位优秀导游的素质,如以下三个小景点的导游词。这三个小景点既立足于知识点的正确性,又有趣味性,语言上深入浅出,言简意赅。)

其一:三国圣地石

这里有一块巨大的石头,上面写着"三国圣地",每一位来到武侯祠的朋友都应该在这里拍张照。可能有朋友要说了,哎呀,有什么好照的,我们去了那么多地方,到哪儿都是找几个字拍个照,没意思。这几个字可是大有讲究。全国的三国遗迹,多到数也数不清,山东、河北、河南、湖北、陕西、浙江等,那些都可以叫作"三国名胜",但那是"胜利"的"胜"。能够被称为"三国圣地"的,只有这里。什么是圣地?首先它是神圣之地,您看:这里是蜀汉都城,这里有帝王陵寝、皇家宗庙,这里还是全国唯一的君臣合祀庙、武圣关公、智圣孔明,能够同时拥有这么多光环的,只有成都武侯祠;再者,它还是全世界众多三国迷的朝圣之地,每年几百万游客争相到这里一睹武侯风采。我们从小到大,听过多少三国故事,学过多少三国的成语、俗语?又从中明白了多少道理?所以不管您是喜欢《三国志》的真实,还是喜欢《三国演义》的精彩,又或是喜欢野史传奇的神秘,每个人的心中都有一个属于自己的三国,今天就让我们一起享受这场三国的盛宴吧。

(注:小景点讲出新意,能引发游客的兴趣,调动游客情绪,但不宜铺开介绍,点到即止,否则会压缩后面的主线参观和讲解时间。)

其二:启功

"圣地石"上这四个字是启功先生所书,西泠印社第六任社长。启功(1912—2005年)先生,其实本姓"爱新觉罗",是雍正的第九世孙,但他自称姓启名功,字元白,不吃祖宗饭,不当八旗子弟。他老人家的头衔太多,我就说两个:第一,人称"当代王羲之";第二,他的字被称为"启功体"。厉害吧?启功先生也很喜欢三国。据说以前有人和启功有过过节,后来见面时,心里觉得很忐忑,哪知启功主动说,"那时候就好比唱戏,你演诸葛亮,我演了马谡。戏演完了就过去了"。您看,先生多么豁达。作为北师大的教授,"学为人师,行为世范",既是校训,更是先生为人的写照。这是真正的大师,他的故事三天三夜也说不完。而先生最广为传颂的,是他和夫人的爱情故事。在他20岁时,有一天,老母亲对他说:给你介绍的对象来了,你去巷口接一下。姑娘撑了一把油纸伞,各位是不是觉得好有画面感?可惜这位撑着油纸伞的姑娘,却不是那个丁香一样的女子。她叫章宝琛,说起来家世平平,相貌平平,文化也不高,还比启功大两岁。可就是这么一桩看起来并不般配的包办婚姻,却演绎出了一段感人的爱情故事。婚后二人相敬如宾,章宝琛包揽了所有的家务,把家庭照顾得妥妥帖帖,而启功就在家中写字作画,但上街叫卖的活儿,从来都是老婆去。后来启功人生不顺,母亲和姑姑病重,都是在妻子默默的陪伴下熬过来的。1975年妻子在病重弥留之际,让他去后院的墙角挖出来一个大缸,大缸里有四个大麻袋,打开一看,全是启功的手稿!保存了1930年以来的所有作品,无一遗漏!这对于一位书画家来说,无异于劫后重生。这在当年是要冒很大风险的,但在她眼里,她所崇拜的、深爱的这个男人,他的每一笔画,都值

得用生命保护。妻子走后,启功写了一首诗,里面有这么两句:

"相依四十年,半贫半多病;

虽然两个人,只有一条命。"

之后的30年,他拒绝了所有的追求者和热心人。那时候他总爱念叨这两句:"曾经沧海难为水,除却巫山不是云",2005年先生百年之后,两人合葬一处。终于可以永远相伴了。

两位前辈完美诠释了:相濡以沫,就是爱情;质朴平淡,才是浪漫。

(注:本段讲解词800多字,正常语速5分钟左右,把启功先生的品格高洁、学问高深、性格豁达,用几个鲜活的小故事予以表现,游客听了既有趣味又印象深刻,而不是堆叠一些书面语言,那样会让人觉得枯燥乏味。)

其三:照壁

武侯祠门口还有这样一方照壁,叫"影壁",也叫"萧蔷",所以有"祸起萧墙"之说,意思是祸端往往是发生在"萧蔷以内",也就是自己内部。照壁在商周时就有了,但是到明清才开始盛行。按照风水上的说法,是用来挡煞气、挡小鬼的。我们现在看到的武侯祠的主体建筑,都是清康熙十一年(1672年)重建,整体格局是四合院的形式,而照壁几乎是四合院的必备元素。武侯祠的照壁以前一直有,但是当年在扩建川藏公路的时候被拆毁了。武侯祠门前这条大街,就是最早从成都市中心天府广场出发,前往西藏的川藏公路的起始段,后来在20世纪80年代得以重建。照壁上的图案,一般要么全是龙,要么全是凤,要么龙凤呈祥,而这块照壁阳面飞凤,阴面雕龙,比较少见。这照壁像一扇传送门,把我们从车马喧嚣的尘世,穿越回1800年前三国的硝烟。接下来,就让我们一起进入武侯祠去感受那远古的沧桑。

(注:介绍有关建筑的小景点时内容要与生活相关或大家熟知的知识相结合,这样游客才会听得津津有味;枯燥的数字和专业名词,游客既不爱听,也记不住。旅游的目的是享受旅途的快乐,而不是花钱花时间听导游讲专业课。导游需要有广博而专业的知识,也需要有轻松有趣的讲解,这也是实地口语导游区别于二维码语音讲解的优势之一。)

**范例2:杜甫草堂游览讲解词**

1.景点示意图前的讲解

各位游客大家好!请先和我一起浏览一下杜甫草堂的平面图,大家可以看到,我们现在的位置是在正门外,等会儿进入正门,我们会沿着这条中轴线依次参观大廨、诗史堂、柴门、工部祠,然后右拐,参观少陵草堂碑亭及茅屋景区。我会在茅屋景区安排自由活动,也会安排大家上洗手间。停留二十分钟后,我会带领大家参观浣花祠、"草堂"陶瓷影壁和大雅堂。所有景点参观结束后,我们会有第二次自由活动,让大家拍照留影,最后我们从南大门出门集合,全程不走回头路。杜甫草堂景区是典型的园林风格,请大家慢慢享受在成都的下午慢时光,我们全程游览时间大约为两个半小时,请注意安全!谢谢!

(注:以正门进入为例,团队进入参观前,导游先在景点示意图前,向游客讲明游览路线、游览所需时间以及集合地点与时间,然后从门口开始,进行景点讲解。)

## 第二章 导游服务规程

**2. 景点讲解前小知识**

四川文风鼎盛，尤以川西为最。自古这片土地成就了无数大家，不仅有汉赋大家司马相如、扬雄，诗仙李白，宋词苏家，更有对外来文人的兼收并蓄和滋养吸纳，杜甫草堂于成都，早已是一张著名的城市文化名片。

（注：通过对杜甫和"西蜀尚文"的解读，传递杜甫的人格魅力，传播成都厚重的城市文化。）

**3. 正门**

游客朋友们，大家好！现在我们所处的位置就是杜甫草堂的正门，从这个看起来丝毫不气派，甚至有些小巧的正门进入，我就将带各位穿越千年，回到盛唐，准确地讲，是回到那唐朝由盛到衰的时代！

那是在公元759年的冬天，安史之乱爆发，长安失守，踌躇满志的杜甫为了躲避战乱举家入蜀。"蜀道难，难于上青天！"入蜀的艰辛就像杜甫当时仕途的艰难，历时整整三个月，杜甫一家才辗转从陇右来到远离战乱的成都平原。刚到时寄居在这隔壁的草堂寺中，第二年春天，在亲友的帮助下，草堂落成，杜甫才搬了进来。

杜甫一生怀才不遇，但在他客居成都草堂的这段时间里，生活相对安定，心绪也比较宁静。按照杜甫的说法，他当时在成都生活的情形，是"城中十万户，此处三两家"，意思是说，当时成都城里有十万户的繁华，而草堂这个地方却只有三两人家。表面看这是一种离群索居的孤独，其实是暗指他当时生活的宁静；同时，杜甫还把自己的住宅定位为"浣花水西头，百花潭北庄"，大家请看：就是正门上的这一副对联。我想，杜甫很以这两个颇具诗意的地名为荣吧，因为在他的诗文里，"浣花溪"和"百花潭"曾多次出现。而这个区域，从古至今，都是成都的风景区；到了今天，杜甫草堂更成了中国的诗歌和人文胜地。

杜甫一生创作了1200多首诗歌，但在这里居住的仅三年多时间里，却写下了240多首诗歌，绝对属于他生命中的高产年代。

可以说，成都杜甫草堂，在中国的诗歌史上，是一个发着光的地方，这道光，穿越千年。

好的，朋友们，请随我一起走入这座发着光的"草堂"！

（注：景区门口的讲解不宜过多过长，时间控制在五分钟左右，详细的讲解内容应在景点的重点区域展开介绍。人文景点适合在入口处将景点的历史地位推到高处，这样有利于调动游客的游览兴趣。在后面的讲解中，做到一波三起，逐层推高，这样的讲解就与众不同了。）

**4. 柴门**

汉赋、唐诗、宋词、明清小说，如果从中选一种最能代表中国的文化形式，那一定是唐诗。而在唐诗的作者中，杜甫是集大成者，因此他毫无争议地成为诗中圣哲。可以这样说，走进草堂，就走进了杜甫的诗意栖居地，走进了中华文化的一方净土。

各位朋友，我们在参观了大廨、诗史堂之后，现在已来到了杜甫草堂中轴线上第三重建筑——柴门的面前。所谓柴门，就是用树枝干柴堆砌而成的小院门，但今天我们看到的这个柴门，可以说是杜甫当年那个简陋柴门的豪华升级版了。它占地二十多平方米，高近四米，门前清溪碧水潺潺而过，葱茏慈竹郁郁而生，一派小桥流水的景象。

让我们走近来看看"柴门"，这二字匾额，是现代画家潘天寿所书。门前楹柱上悬挂的是明代何宇度所撰写的对联："万丈光芒，信有文章惊海内；千年艳慕，犹劳车马驻江干。"这副对联引用了杜甫自己的诗句"岂有文章惊海内，漫劳车马驻江干"。作者将杜诗中上句的"岂"改为"信"，下句的"漫"改为"犹"，转换间，诗人的自谦就变成了后人的赞誉，十分精巧绝妙！确实，正因为杜甫给我们留下了成就极高、震动海内外的不朽篇章，千百年来，赢得无数后人的敬仰，络绎不绝地到此拜访。而柴门，也敞开胸怀迎接来自五湖四海的朋友。

站在柴门前，就像为我们敞开了一扇历史的大门，眼前仿佛看到杜甫来到成都这三年零九个月的点点滴滴。初到成都，生活艰难，仅两亩薄田，够养家糊口就不错了！而后人专门在此修建了这个主体建筑——柴门，就是为了告诉大家，杜甫在成都的生活，没有锦衣玉食，荣华富贵，而是始终与两个字相伴——贫穷！

国家不幸诗人幸，赋到沧桑句便工！伟大的诗人都是这样，越贫穷，越看得到现实。现实看得越清，头脑反而越发清醒。他的作品，也在这贫穷的生活中迸发出勃勃生机！我们常说出淤泥而不染，而杜甫是入淤泥而不染，这就很难得了。出世固然能够洒脱，而入世却能做到不世故，有多少人能做到？他被尊称为"诗圣"，难道不是当之无愧吗？

世上的门有千万种：有象征胜利的凯旋门，有威严肃穆的天安门，也有带给我们富裕生活的改革开放之门。而今天我们看到的柴门，体量虽小，却胸怀乾坤！它不仅体现了主人"花径不曾缘客扫，蓬门今始为君开"的情趣，更明白了相较于"朱门酒肉臭"中的朱门，天下志士对自己这座不起眼的小柴门却艳慕千年！

今天，我们走进这扇柴门，是走进了对一代诗圣的追忆，也是走进了诗人"安得广厦千万间，大庇天下寒士俱欢颜"的胸怀，更是走进了他"致君尧舜上，再使风俗淳"的崇高理想。

好了朋友们，请随我走入下一重建筑：工部祠。

（注：柴门讲解以小见大，进一步推高杜甫精神，用讲解中的对比法，让柴门达到"陋室铭"的描绘效果。）

5. 茅屋景区

朋友们：这里就是茅屋景区了！

前面讲到，公元759年，杜甫来到远离战乱的成都平原，这里安定的环境也让杜甫终于有了一丝喘息的机会，也带给了他无限的创作灵感；生活的稳定也成就了杜甫的辉煌，并且出现了他生平难得一见的田园之作。成都多雨，而尤其喜欢在夜里悄然而至，极具敏锐洞察力的杜甫就是在这间茅屋里，提笔写下了著名的《春夜喜雨》：

"好雨知时节，当春乃发生。

随风潜入夜，润物细无声。

野径云俱黑，江船火独明。

晓看红湿处，花重锦官城。"

好一个花重锦官城！当时成都的悠闲和锦上繁花令他惬意无比，安定之余，也让他看到了官场上极尽奢华的场景。于是也就在这间茅屋里，他提笔写下了既赞美又无比讽刺的："锦城丝管日纷纷，半入江风半入云。此曲只应天上有，人间能得几回闻。"同时，"朱门酒肉臭，路有冻死骨"，又让他遥想到饱受战火洗礼的中华大地，忧国忧民之心油然而生。他在这间小草屋里用诗歌为穷苦苍生呐喊呼吁，用他那如身形一般消瘦的笔杆儿化作驰骋沙场的有力武器，为我们记录了历史的正义，所以郭沫若评价他"世上疮痍诗中圣哲，民间疾苦笔底波澜"。

公元765年，杜甫因为失去亲友的资助，不得不乘船东下，离开了成都。从此，这间茅屋便因无人居住、年久失修而慢慢荒芜。那么，又是谁最先在这里复原旧址并使它相沿后世呢？这就要说到杜甫离开成都的137年后，也就是公元902年，对杜甫景仰不已的晚唐诗人韦庄"欲思其人而成其处"，于是找到了杜甫草堂遗迹，重新修盖了一座茅屋，便成了成都最初纪念杜甫的草堂。川西人崇尚文化礼敬文人，此后的一千多年里，杜甫草堂虽然多次被毁，但后人为了纪念杜甫，在他的旧居之上一修再修，以此凭吊一代文豪。如果说武侯祠是用来纪念英雄豪杰的殿堂，那么这里就是一位黎民诗人的客堂。而我们眼前看到的茅屋景区，是在1997年重建、有着典型川西民居风格的建筑，可以说是杜甫老先生当年茅屋的升级版，饱含成都人对杜甫的千年敬仰。在这个升级版的茅屋里，客堂、书房、卧室、厨房一应俱全，房前这篱笆小院落和两块小苗圃，依稀能让我们想见杜甫当年生活的轻松和惬意。

朋友们，现在的茅屋，溪水环抱，绿树成荫，有一种归居田园的意境。我们知道，杜甫是一位兼善天下的人，忧国忧民的诗歌，是他当时创作的重要部分，《茅屋为秋风所破歌》感人至深，堪称不朽之作。曾经有人把诗圣杜甫和诗仙李白的出现比作中国历史上的日月同辉，并以诗为赞："李杜文章在，光焰万丈长！"

那么，何谓仙呢？人上之人为仙，飘渺、浪漫、远离凡尘俗世，而李白无疑就是那洒脱的仙人。

而何谓圣呢？人中之人方为圣！想你所想，忧你所忧，急你所急，洞悉世间一切疾苦。与李白相较，杜甫似乎更接地气，也更接近普通民众，所以哪怕穿越时空时隔千年，杜甫也走入了人心。接下来让我们也一起走进杜甫草堂，走进杜甫吧。

（注：此处应对杜甫草堂的历史沿革做出说明，对杜甫当年的居住场景做一个古今对照，把诗圣和诗仙做精神气质对比，将杜甫形象最大化。通常，参观至此，导游需要安排游客进行自由活动与拍照。此时导游应提醒游客注意安全，注意自由活动和集合时间，并主动帮助游客拍照留影，主动引领部分游客前往洗手间。高超的导游讲解不是制式化的讲解，而是逻辑清楚，信手拈来。讲解中思路和逻辑很重要，杜甫草堂的导游讲解词的设计，可从四个方面入手：其中第一、二、三部分应是与景点讲解相匹配的背景的介绍，第四部分为讲解的深度延伸和扩展。）

第一部分：杜甫其人：①杜甫生平；②杜甫精神。

第二部分：杜甫与成都：①杜甫入蜀；②草堂落成；③杜甫离蜀。

第三部分：杜甫的诗歌及其影响力：①杜甫的部分诗文作品；②杜甫代表作《茅屋为秋风所破歌》；③杜甫的千年中国梦——居者有其屋。

第四部分：从杜甫延伸到"天府后花园"、成都的安定和人文精神传承：①天下大乱蜀未乱；②文人入蜀均有家；③川东尚武，川西尚文；④天下四川，人文四川。

## 六、巩固练习

（1）导游常用的讲解技巧有哪些？运用常见的讲解技巧，各设计一段导游词。

（2）一日游旅游团队在导游服务上与长线旅游团队有何异同？

巩固练习答案

# 第六节　其他服务

**案例导入**

8月，导游小张接待了一个从内蒙古来杭州旅游的团队，行程是江南纯玩六日游，小张负责团队在杭州两天一夜的接待。团队到来之前，小张仔细阅读了接待计划，并提前做好了各项准备工作。团队抵达当天，小张带领游客游览了西湖和灵隐寺，他精彩的讲解让游客称赞不已。按原定计划，晚上8点，团队还要观看"印象西湖"的演出。团队抵达餐厅用晚餐时，游客中的领导一直夸赞小张的讲解，还自费购买了几瓶绍兴花雕酒，邀请小张和团友们共进晚餐，小张推辞不过就坐下了。饭局交谈甚欢，导游小张也从被动变成了主动并频频举杯。时间过得很快，酒过三巡，司机突然过来提醒小张，晚上还有演出要看，从餐厅开车过去至少需要40分钟，现在已经7点15分了。小张赶紧招呼意犹未尽的游客上车出发，不料团队途中遇到堵车，赶到演出现场时已是晚上8点50分，节目都快结束了。由于小张不胜酒力，便请全陪带领游客入内观看了最后一段节目，自己则在大巴车上休息等候游客。不巧的是，节目散场时，一位游客下台阶时不小心崴了脚，虽然没有大碍，但当该游客一瘸一拐回到车上看到小张还在休息时，便有了不满情绪。第二天离开杭州前，这位游客和团队中部分游客投诉了小张，并要求赔偿。理由是小张没有合理安排好行程，让大家的杭州之行留下了遗憾，同时，小张没有起到照顾和关心游客的作用。

导游小张的做法对吗？导游在工作时可以与游客同桌就餐并饮酒吗？游客进行娱乐活动时，导游有哪些需要注意的事项？

## 第二章　导游服务规程

【**案例分析**】旅游是一项综合性的活动，涉及"食、住、行、游、购、娱"六要素，除了带领团队参观游览、安排吃住行外，导游还要为游客提供购物、娱乐等各种服务。这些服务不仅让旅途丰富多彩，还能给游客带来更多的旅行体验。娱乐服务是旅行中让游客最放松愉快的一环。中国地域广阔，各地文化差异较大，随着国内全域旅游的全面发展，各地工艺展示、非遗体验、地方传统剧目戏曲、大型优秀旅游剧目的相继出现；一些新鲜刺激、新型休闲娱乐活动的开发和推广，都为游客的旅途添光增色。旅行中娱乐活动通常分为计划内和计划外两种，导游应做好游客在娱乐活动时的所有服务，使游客在娱乐体验中有所收获。

本案例中导游小张因讲解能力强获得了游客的赞赏，但在工作中忽略了两个非常重要的细节。

第一，在工作时，导游不宜当众饮酒，更不应饮酒误事。小张饮酒过量导致时间安排上出现严重疏忽，造成游客无法完整欣赏计划内演出剧目。

第二，游客在观看演出的过程中，导游应引领游客入场并全程陪同观看，随时关注游客的动向并照顾其安全。导游小张却因过量饮酒在大巴车内休息，导致游客受伤无人关心，从而引发了游客的不满。小张在饭桌上反客为主频频举杯，在活动时间的掌控安排上以及引领游客观看演出时的照顾失职，都是工作责任心不够的表现。

## 一、学习目标

（1）了解导游在游客娱乐和购物时的作用；
（2）熟悉娱乐服务流程；
（3）熟悉购物时的服务流程与内容；
（4）掌握游客在娱乐和购物前的导游讲解技巧；
（5）掌握导游娱乐服务的工作职责及对游客个别要求的处理技巧；
（6）掌握导游购物服务的工作职责及对游客个别要求的处理技巧。

## 二、学习纲要

| | |
|---|---|
| 学习要求 | 1. 学习本节相关知识；<br>2. 熟悉购物时导游工作流程；<br>3. 熟悉娱乐时导游工作流程；<br>4. 学习游客娱乐和购物前的导游讲解方法；<br>5. 掌握游客娱乐和购物时导游的工作职责及对游客个别要求的处理技巧 |
| 教学地点 | 情景模拟实训室 |
| 教学设施 | 1. 导游旗、导游证等情景模拟时需要的物品；<br>2. 模拟游客购物或娱乐情境时，需要的其他必备物品 |

| 教学内容与步骤 | 1. 学生分组，分别扮演游客、导游、全陪、领队、商店销售、司机等，准备好模拟情境所需的物品和设施；<br>2. 模拟团队前往购物中心时大巴车上的导游讲解；<br>3. 模拟团队前往演出剧场时大巴车上的导游讲解；<br>4. 学生分组扮演角色，模拟完成导游带领团队观看节目的全过程；<br>5. 学生分组扮演角色，模拟完成导游带领团队购物的全过程；<br>6. 学生分组扮演角色，模拟完成团队进行体验式娱乐前的安全说明；<br>7. 分组讨论并完成模拟案例及巩固练习；<br>8. 教学效果考核及教师点评；<br>9. 教学结束 |
|---|---|

## 三、相关知识

### （一）团队娱乐时的导游服务

没有娱乐的旅游是单调的旅游，娱乐活动是旅行六要素中重要的一环。娱乐活动可以让旅游活动更丰富，导游在安排好景点游览的同时，也应做好娱乐活动时的服务。娱乐活动通常分为两种，即欣赏性娱乐活动和参与性娱乐活动。无论安排哪种娱乐活动，导游都应尽职尽责。

#### 1. 欣赏性娱乐活动时的导游服务

欣赏性娱乐活动主要包括观赏传统地方剧目（如京剧、黄梅戏、川剧等）、历史文化类的大型歌舞情景剧（如大唐芙蓉园、又见敦煌等）、民间娱乐表演（如武术、杂技、摔跤）等。如娱乐活动属于团队计划内安排，导游应坚守岗位，自始至终陪同，要与司机商定好出发时间和停车位置，还应做好以下工作：

（1）组织安排。

导游要根据旅行社计划，在约定时间组织游客前往演出场所，要熟悉剧场情况与设施，准确引导游客对号入座。

（2）讲解介绍。

导游是"杂家"，导游，尤其是地陪，应提前详细了解本地的表演剧目、内容和特色，以便事先在恰当时机向游客介绍，提起游客的好奇心和兴趣点，让游客在观看表演前，对节目有基本的认识。

（3）注意事项。

在游客欣赏和参与娱乐活动的过程中，导游可以选择在场地内陪伴游客，也可以选择在旁边专设的导游休息室休息。无论怎样选择，导游都应在游客附近自始至终陪伴，并提供必要的协助，不得私自离开。活动开始前，导游应提醒游客文明观赏或参与体验，不可随意走动和调换座位；提醒适时送出礼貌和尊重的掌声；导游还应提醒游客紧急疏散通道的位置、洗手间位置；提醒游客注意人身和财物安全。大型剧场往往面积大，游客多，导游还应和司机提前商定好出发时间和停车位置，确定一个显著地点作为活动结束后集合的地点。散场时导游应及时引导游客离场，避免人多走散。领队或全陪通常会陪同游客观看节目，散场时请他们一起协助做好团队的集合工作。

### 2. 参与性娱乐活动时的导游服务

很多游客的出行目的之一就是放松和消遣，部分年轻游客还希望参与一些新鲜刺激的活动，希望用这种方式丰富自己的旅行体验，所以导游在组织这类娱乐活动时尤其要注重活动中的联络协调和安全保障。

（1）联络协调。

①导游要帮助游客提前做好预约和安排，尽量满足游客的愿望。

②如果参与过程中出现问题，导游不可坐视旁观，应积极协调，力争解决问题。

③项目体验要求游客按序排队，导游应积极引领游客文明有序开展活动。

（2）安全保障。

①提前提醒或预警。

导游要有安全保障意识，多次提醒游客，再三强调安全。对潜在的危险，要做出有预见性的判断，并对游客做出真实说明和明确警示，既不含糊其辞，也不夸大其词，最大程度避免意外发生。

②强调活动规则。

进行娱乐活动前，导游应要求游客按照该活动标准或规则进行操作，听从专业人员指挥。

③签订免责声明。

如活动有潜在风险，导游应了解游客健康状况，在参与活动前，与游客签订相关免责责任书，避免后续麻烦。

### 3. 娱乐活动时对游客个别要求的处理

（1）要求调换计划内娱乐节目。

如旅游计划内包含娱乐节目，导游应按计划安排游客观看演出。如游客提出调换节目，导游应视情况处理。若全体游客提出调换，导游应与旅行社联系，尽量调换；如无法调换，导游应耐心解释，向游客说明票已经订好，不能退换。如果部分游客提出调换，处理方法同上。如分头外出看演出，顺路时导游可为另一路线游客提供便利，不顺路时可为游客安排接运车辆，但要事先说明费用，告知游客车费自理。

（2）要求自费观看文艺节目。

游客要求自费观看的文艺节目，往往不属于计划内，但是在时间允许的情况下，导游可协助安排。如节目的主办方是旅行社定点接待单位，导游在与旅行社联系好的情况下，向游客报价，如游客同意，导游应提前预订并陪同前往；如不是定点接待单位，导游可协助游客购票，请游客自行前往，提醒游客外出时带上酒店名片，注意安全，还可告知自己的联系方式，以防万一。

（3）要求前往不健康娱乐场所。

如游客提出要前往不健康娱乐场所，导游应断然拒绝，指出其不当之处，告知游客违法会受到相应惩处。

### （二）团队购物时的导游服务

旅游是一项综合性的社会活动，在旅游过程中，游客的需求充分地表现在食、住、行、游、购、娱等各个方面。因此，为游客提供购物等方面的服务，是导游的分内之事，也是职责所在。

购物，是旅游行程中的一项重要活动，也是游客在旅行中的重要需求之一。游客每到一处，都希望可购买一些旅游纪念品以及当地的土特产品，或馈赠亲友，或自己留存。游客如果买到满意的物品，会成为旅行中快乐的体验。导游是游客在购物过程中最直接的咨询和依赖对象，因此，导游在游客购物方面起着十分重要的协助作用。

#### 1. 导游在游客购物活动中的作用

游客往往对旅游目的地的情况缺乏了解，购物时对当地的特产、值得购买的物品之类，常常知之甚少，有了导游的协助，游客购物时会更明确，因此导游在购物活动中的作用是非常明显的。

（1）主导作用。

导游适时介绍当地的旅游纪念品及土特产品，可加深游客对本地商品的了解并激发其购买欲望；导游根据游客的需要，安排一定的时间带领游客到商店购物，体现了导游在游客购物中的主导作用。

（2）参谋作用。

游客在购物前一般会向导游征询意见，了解情况，在购买中也会向导游详细了解商品的性能、特色及售后服务的有关规定；部分游客还会在充分信任导游的情况下，请其帮助挑选商品。因此，导游在游客购物中起着不可替代的参谋作用。

（3）维权作用。

导游应带领旅游团到定点商店和价格公道、商品品质有保证的商店去购物。在购物中，导游应提醒游客仔细甄别商品质量、理性购物。对商店不按质论价、抛售伪劣商品、以次充好的行为，导游有责任向商店负责人反映、交涉。在游客购买了伪劣商品后，导游有义务积极协助游客退换。总之，导游应自始至终维护游客的合法权益。

需要注意的是，游客在旅游活动中的购物形态，通常分为三种情况：计划内购物、计划外购物、自由活动时购物。前两者通常是在团队活动中进行，导游应严格按照法律规定和业务操守来安排并协助游客购物。而后者，常常是游客自由活动时的自主行为，其行为虽然基本上与导游无关，但导游也有义务在安排自由活动前提醒游客牢记集合时间与地点，讲明注意事项，提醒游客注意保护自己的人身和财产安全，注意甄选商品留意品质，以免造成不必要的麻烦。一旦出现纠纷，导游有义务协助游客维权，帮助其解决问题，不能不管不顾，将自己置身事外。

### 2. 购物时的导游服务程序

导游在购物服务中，要严格按照导游服务程序执行，做到既满足游客的需求，又保障游客的利益。

（1）介绍商品。

介绍当地有特色、有知名度的旅游商品，是导游服务中的一项内容。导游可在介绍当地文化和城市概况时，有意识地向游客介绍当地有民族特色和地方特色的旅游产品，使游客有所了解，为安排购物进行必要的铺垫。据统计，旅游购物收入占旅游总收入的一半左右。通过导游的努力，不但能使游客买到称心如意的商品，还可促进当地经济发展，获取旅游综合效益。

导游在向游客介绍当地产品时，首先要具有一定的商品知识，熟悉商品的性能及工艺特点，讲解中重点突出其特色及价值。旅游商品讲解是导游讲解中的重要组成部分，在讲解中要做到以下两点：

①突出文化内涵。许多地方特色产品是多年文化传承的结果，在历史的发展过程中，融入了很多人文思想和艺术元素。导游在商品讲解中，要注意突出其文化内涵，满足游客的审美需要，而不是孤立地讲解商品本身，更不能直接推销和兜售商品。

②客观真实。导游在介绍商品时，对其功效的介绍要努力做到实事求是、客观公正，评价要恰如其分，赞美要有根有据，杜绝不负责任、无限夸大的讲解，以免误导游客，更不能怀着自私的目的进行欺骗性的宣传。

（2）合理安排。

导游要满足游客的购物需要，合理安排，使游客能买到称心如意的商品。导游合理安排购物，主要体现在两个方面：购物时间安排与购物店的选择。

首先，导游应合理安排购物次数。购物不能过于频繁，如购物次数太多，有可能影响正常游览行程，也会使游客产生厌烦情绪。同时，购物的时间应安排合理，时间太长会使游客在商店里无事可做，而太短会让游客没时间认真挑选。

其次，导游要慎重选择购物店。一般来说，旅游团在出发前，就已经在协议里约定好购物的场所、次数和停留时间，导游要不折不扣按照协议进行，不可擅自增加、延长购物次数和时间。

最后，对于不购物的游客，导游应妥善安排，不可区别对待，也不可置之不理。

### 3. 购物时对游客个别要求的处理

（1）如游客在自由活动时间要求单独外出购物，导游应尽力帮助并当好购物参谋，如建议去哪家商场、告知游客交通方式等。但在离开本地当天，导游应劝阻游客外出购物，以防误机（车、船）。

（2）如游客发现商品存在质量、价格等问题，要求退换商品，导游应积极协助其退换，必要时陪同前往。

（3）如游客要求再次前往某商店购物，导游应热情帮助，有时间可陪同前往，车费由游客自理；如不能陪同前往，应写明地址，请其自行前往。

（4）如游客要求购买古玩或仿古艺术品，导游应带其到古玩商店购买，购买后要提醒游客保存发票，如有火漆印应保留，以便出关时海关查验；如游客要在地摊上购买古玩，导游应劝阻并告知我国相关规定；如发现个别游客有走私文物的可疑行为，导游必须报告有关部门。

（5）如海外游客要求购买中药材，导游应告知我国海关有关中药材的规定。

## 四、模拟案例

**案例：** 设计游客购物时导游服务流程图并注明具体服务内容。

## 五、范例展示

### （一）欣赏性娱乐活动介绍

**范例：舞狮子**

各位嘉宾，在我们的行程即将结束之时，正好赶上我国传统的元宵佳节，而今晚给大家安排的活动是观看民间的庆祝活动之一——舞狮子。舞狮和舞龙是我国优秀的民间艺术，每逢元宵节或集会庆典，民间都会以舞狮和舞龙来助兴、来招祥纳瑞。在海外华人集中的地区，如唐人街，舞狮更是怀念家乡、凝聚华夏民族精神的重要活动。据传这一习俗，源于三国时期，南北朝时开始流行，至今已有一千多年的历史了。

因为中国南北文化差异，舞狮表演风格差异很大。就像中国功夫一样，舞狮在中国也分了很多流派，但总结起来，可以用两大派别来概括，那么大家知道中国都有哪两大舞狮派别吗？（停顿，环顾四周，等待游客回应）其实中国的舞狮可以分为北派和南派两大派别（如果没有游客回答，可用"自问自答法"继续讲解），中国北派的舞狮表演以"武狮"为主，武术的"武"，也就是魏武帝钦定的北魏"瑞狮"。这种舞法是：小狮子一人舞，大狮子双人舞，一人站立舞狮头，一人弯腰舞狮身和狮尾，而引狮人打扮成古代武士的模样，手握旋转绣球，配上京锣、窜桌子、踩滚球等高难度动作。南派舞狮的表演则以"文狮"为主，舞动时讲究表演搔痒、抖毛、舔毛这些动作，还有难度极大的吐球技巧，舞起来惟妙惟肖，十分惹人喜爱。不过，无论是北派还是南派，都有一个共同点——舞狮人不停地翻滚跳跃，能把一个道具狮子舞动得活灵活现，精彩极了。今天，我要带大家去观看的是北派舞狮，希望大家能够喜欢。

（注：民俗表演类的讲解介绍要求导游平时多积累和总结，讲解词要形象活泼，充满乐趣，适当的时候，吊吊胃口，故意卖个关子，引而不发，使游客乐于听，更乐于看。）

## （二）体验性娱乐活动介绍

### 范例1：海钓

各位游客，想必有很多朋友是第一次体验海上垂钓吧？大家平时的海上活动，多数是玩水、戏水、潜水和游泳这些项目，今天，我们会用另一种方式来感受海洋的乐趣。相信大家在面对这波光粼粼、一望无际的大海时，会收获一份与自然相融的超然感受，而这份心情，不正是各位在百忙之中所追求的吗？这种放松和悠闲，将会令您的身心愉悦，而这份体验，也将会令您久久难忘。今天的这项休闲娱乐项目——海上垂钓，希望可以看到大家大显身手，看看哪位出手不凡、硕果累累。在此，我需要特别报告大家：我还专门为我们今天的优胜者准备了一份神秘惊喜的大礼，让我先卖个关子，惊喜稍后揭晓。但是，大家一定要注意，这茫茫大海里，会有大力量，如果您遇到了鱼竿沉重，要分辨一下，是不是一不小心把东海龙王给钓到了？哈哈，开玩笑了，也许您是钓到了一条超级大鱼，记得拉不动时，要寻求我们的帮助，还要记得该放手时一定要放手，切记，我们的海钓活动安全第一哦。

（注：在休闲娱乐活动中，导游的讲解要让游客放松心情，渐入佳境，并用轻松诙谐的语言来引领游客进行娱乐体验和活动。）

### 范例2：滑翔伞

各位尊敬的挑战者和探险家们，我们的探险之旅即将开始。长久以来，人类有一个发自心底的渴求，那就是像鸟儿一样在天空翱翔，在这种愿望的催生下，滑翔伞出现了。它的出现使我们获得了一种简单的、全新的飞行感受。滑翔伞也叫"飞行伞"，最初出现在欧洲的阿尔卑斯山区，它的起源可以说是来自登山者的突发奇想。而如今，这个星球上的每分钟，都有人在飞行伞的羽翼下，自在地翱翔于天地之间，享受"暂时脱离"地心引力的奇妙体验。我非常钦佩各位的勇气，但作为工作人员，我要特别提醒大家：所有动作都一定要在教练的专业指导下进行，不可擅自操作。今天，我是你们忠实的粉丝，为你们鼓掌，大家飞起来吧。

（注：探险之旅不比休闲体验，它让人刺激又兴奋，导游要时刻保持冷静清醒的头脑，要再三提醒游客注意安全，只有这样才能让游客既尽兴，又感受到导游的安全责任心和专业度。）

## 六、巩固练习

**1. 单项选择题**

（1）一河北旅游团在湖南凤凰古城游览结束后，安排了2个小时的河谷漂流体验，漂流前，导游应明确游客的身体状况并提醒相关注意事项，之后还必须提前和游客（　　）。

A. 确认活动费用　　　　　　　　B. 签订免责协议书

C. 确认活动时长　　　　　　　　D. 确认集合时间与地点

（2）游客李先生在行程中的旅游定点购物商店购买了一些土特产食品。离开前突然发现部分食品已临近保质期，于是要求更换商品，导游小郑出面协助，帮助李先生顺利解决了问题，这体现了导游在购物环节的（　　）。

A. 主导作用　　B. 参谋作用　　C. 维权作用　　D. 安全作用

（3）某旅游团定于当日15点30分乘国际航班离境，午餐后有游客提出去购物，导游应该（　　）。

A. 告知其机场位置和集合时间，以便其及时到达机场

B. 与其一同前往

C. 同意其前往，但如果误机，后果自负

D. 劝阻其前往购物

（4）如果游客要去不健康的娱乐场所过不正常的夜生活，导游应（　　）。

A. 欣然同意　　　　　　　　　　B. 听之任之

C. 不鼓励但也不反对　　　　　　D. 断然拒绝

**2. 多项选择题**

（1）在一次团队旅行中，因为都是年轻游客，行程中特别安排了较为刺激的海上降落伞娱乐活动，导游在组织这类娱乐活动时，要尤其注重活动中的（　　）。

A. 情绪调整　　B. 联络协调　　C. 安全保障　　D. 鼓励冒险

E. 精彩讲解

（2）导游小张带领团队在完成了集体活动后，安排游客在市中心步行街自由活动1个小时，此时突然接到电话，游客王先生在步行街某商店自由购物后，因为对货品品质产生了质疑要求退货被拒绝，于是要求导游小张帮忙协调。对于这种情况，导游小张正确的做法是（　　）。

A. 自由活动时游客的个人行为和导游无关，导游可不出面

B. 在游客自由活动前，导游应提醒游客保护人身财物安全

C. 提醒游客购物时应注意甄选商品留意品质，以免出现不必要的麻烦

D. 游客自由活动时购物出现纠纷，导游应出面协助游客维权

E. 小张应报告公司，请公司派人出面解决

（3）游客在北京旅游期间，前往某古玩市场游览，希望购买古玩或仿古艺术品，导游正确的做法包括（　　）。

A. 带游客到自己熟悉的古玩摊贩处选购
B. 带游客到正规文物商店购买
C. 帮助游客鉴别文物真伪
D. 提醒游客保存发票
E. 提醒游客保留物品上的火漆印

巩固练习答案

3. 结合当地旅游实际情况，创作购物和娱乐活动前的导游讲解词并进行模拟练习。

## 第七节　特殊团队接待技巧

### 案例导入

8月，导游小王即将接待一个来自欧洲各国的夏令营团，该团由当地外侨办组织，接待的是来自欧洲六国200多名中学生，他们的年龄从13岁到18岁不等，将在当地停留5天，其间除了游览当地一些著名的旅游景点外，还会到几个学校进行交流活动。

导游小王在接待前需要做哪些准备工作呢？有什么需要注意的地方？

【案例分析】旅游团有不同的类型，分类标准不同，团型也就不同。根据组团方式分类，可分为散客拼团和独立团队；根据旅游方式分类，可分为常规团与特种团；根据游客人数分类，可分为小型团、中型团与大型团；根据出游目的分类，可分为宗教团、探险团、摄影团等；根据是否购物，可分为购物团与纯玩团。针对不同类型的团队，导游在接待中应使用不同的接待方法和技巧。在本案例中，小王即将接待的是大型团队，对这种类型的团队，小王应提前了解旅行社各环节安排，配合计调人员的统一指挥，确保团队顺利运行。此外，小王还应充分考虑青少年的特点，制定有针对性的接待方式。

### 一、学习目标

（1）掌握大型旅游团特点及导游接待技巧；
（2）掌握探险旅游团特点及导游接待技巧；
（3）掌握老年旅游团特点及导游接待技巧；

（4）掌握商务旅游团特点及导游接待技巧；

（5）掌握宗教旅游团特点及导游接待技巧。

## 二、学习纲要

| 学习要求 | 1. 学习本节相关知识；<br>2. 掌握常见特殊旅游团特点及导游接待技巧 |
|---|---|
| 教学地点 | 情景模拟实训室、多媒体教室 |
| 教学设施 | 1. 导游旗、导游证；<br>2. 其他模拟情境需要的设施与物品 |
| 教学内容与步骤 | 1. 学生分组；<br>2. 学习本任务相关知识；<br>3. 小组讨论并分析模拟案例与范例；<br>4. 完成巩固练习；<br>5. 教学效果考核及教师点评；<br>6. 教学结束 |

## 三、相关知识

### （一）大型旅游团

#### 1. 大型旅游团特点

导游接待的旅游团游客人数不定，有时游客人数多，有时人数少。多的时候，游客人数可能多达几百甚至上千人；而少的时候，只有几名游客，甚至会出现只接待一两名游客的情况。而随着社会经济、交通、住宿的发展，超过百人的大型团队越来越多。接待大型团队前，导游应首先了解这种团队的特点。

（1）人数多。

大型旅游团往往是企业、单位、机构、学校等组织的集体出游，如奖励旅游、培训学习、团建、会展旅游、研学旅行等。接待这些团队时，旅行社往往需要提供3部以上车辆和配备相应人数的导游。如2015年，一中资企业CEO率领麾下6400名员工集体游览法国，成为法国史上接待的最大规模中国旅行团。2019年，武陵源接待了由张家界某国际旅行社组织接待的新年首个4000人大型旅游团队等。大型团队游客人数多，涉及的工作人员也多，如导游、司机、医务人员、安全保障人员、后勤保障人员等，需要旅行社和主办方进行统一协调和指挥。

（2）出行目的相同。

大型旅游团虽然游客人数多，但游客往往因同一目的或原因聚集在一起，如某专业领域会议、论坛、主题夏令营、主题明确的研学旅行、团建等，导游应提前知晓团队出行原因与目标，积极与主办方配合，共同完成接待工作。

（3）接待难度大。

大型旅游团游客人数众多，接待服务难度高，接待时涉及吃住行游等环节的安排，接待时间长、涉及面广、影响力大，程序复杂且烦琐，需要旅行社提前安排妥当，导游应配合旅行社各项安排，做好导游服务工作。

### 2. 大型旅游团接待技巧

（1）化整为零，分而不散。

接待大型旅游团前，旅行社应与主办方提前联系好，把团队分为若干个小团。如旅游线路不定，可在游客选定旅游线路后，根据线路进行分组，按实际人数安排相应车辆与导游；如线路确定，在游客抵达前先分组并告知游客组别，旅行社提前给旅游车编号，确定各车导游；游客抵达后，再按组别集合登车，有序开展各项活动。

（2）统一指挥，分工合作。

大型旅游团人多、车多、导游多，虽然是分车、分组行动，但应有专人统一协调指挥。主办方与旅行社可先行成立工作组微信群，通过微信群统一指挥和调度，应做到分工明确、有序接待。旅游团到达前，旅行社可先派工作人员办理吃住行游等事务，如提前安排好就餐餐厅，到酒店提前准备好装有房卡的信封，信封上写明组别及入住游客姓名，到景区提前购票并安排好进入景区的专门通道等。导游在团队总指挥的调度下，加强与领队、全陪的合作，在安全保障的前提下，做到人多不乱，有序开展各项活动。

（3）错峰出行。

大型旅游团容易出现人流、车流"撞车"现象，旅行社应提前安排各组活动时间、停留地点、上车地点等，注意控制活动节奏，分散各组活动，避免现场发生混乱。

（4）规范化与个性化服务相结合。

大型旅游团游客众多，导游很难照顾到每位游客，但在完成基本的导游服务前提下，应适时关注每位游客的情况，尽量照顾到每位游客的需要。接待时不能因为某位游客不是自己车上的游客而放任不管，要从大局出发；各导游之间要相互配合，相互帮助，遇到问题时不推诿，对所有游客一视同仁、平等对待，确保团队活动顺利进行。

## （二）探险旅游团

### 1. 探险旅游团特点

（1）风险较高。

探险旅游团前往的地点往往是人少偏僻甚至人迹罕至的山区，旅行过程中可能会遇到各种问题，导游应牢记安全第一的原则，遇到问题或困难时，应及时向旅行社请示汇报，按旅行社指示办理。

（2）专业性强。

探险团队前往的地点多为常规团队不会去的偏僻地区，因此要求游客具有一定的户外专业知识、能适应野外活动时的特殊食宿等。导游应提前学习相关知识，做好相应的准备。

（3）导游服务要求高。

探险团不仅对导游的专业知识、体力等有特殊要求，在导游服务的具体内容上还与常规团队有所不同。导游在探险活动的整个过程中应密切关注游客，不仅要带游客完成全程活动，还要为游客的旅行生活服务好。导游应与领队、向导、全陪密切配合，在户外特殊环境中照顾好游客。

### 2. 探险旅游团接待技巧

（1）做好充分的准备。

探险团队出行前需要各种装备，导游应按照旅行社的要求，提前准备好途中所需物资，如帐篷、餐具、饮用水、食品、急救包等；旅行社应提前告知游客需要准备的详细物品清单，做好人员、车辆等安排。

（2）灵活果断处理问题。

探险团队活动过程中可能会遇到各种问题和突发状况，极其考验导游的应变能力与带团能力。导游应本着安全第一的原则，灵活处理；遇到突发状况时，应保持冷静；不知道如何解决时，应立即联系旅行社，按旅行社指示处理。

（3）生活照料要周到。

探险团队与常规团队的操作有很大不同，吃住行方式特殊。导游应充分考虑游客的需要，为游客提供细致、周到的服务，确保游客顺利完成行程，争取给游客留下美好的户外体验。

## （三）老年旅游团

### 1. 老年旅游团特点

（1）旅游行为偏好。

与中青年游客不同，老年人更有闲暇时间出门旅行，因此旅游团中的老年团比例也越来越高。老年人喜欢结伴而行，尤其是刚退休的老年人，在身体条件允许的情况下，喜欢与其他老年人一起出行，既热闹又没有与年轻人在一起时格格不入、追不上潮流的压力。

老年人一般喜欢游览名胜古迹，并不热衷于登山、徒步等体力消耗较大的旅游方式，出游时间一般选择人少且价格相对便宜的旅游淡季；旅游时老年人携带的行李物品较多，喜欢喝热茶、热水，会随身携带保温杯、水果零食等；旅游消费较谨慎，比较节俭。

（2）身心特点。

老年团的游客平均年龄在60岁以上，身体状况远不如年轻游客。他们记忆力、体力、视力、听力等都比较差；有些游客还患有老年病，如高血压、心脏病、糖尿病等；老年人一般肠胃、牙齿不好，安排餐食时应多选择清淡、软、易消化的食物；老年人一般起得早睡得晚，比较守时。

老年人人生经历长、生活经验丰富，有包容心，乐于分享；但也有些老年人心理有落差，比较敏感，希望得到尊重；还有些老年人缺乏对新生事物的了解，如不会使用景区的人脸识别系统、二维码等，导游应多协助。

### 2. 老年旅游团接待技巧

（1）多提醒。

导游应不厌其烦做好各项提醒工作，出团前提醒老年人带上常用药品，有些药品乘机时需携带医生证明；游览前反复提醒注意事项，如上下坡注意防滑、集合的时间与地点等；行车时提醒喝热水注意车身颠簸造成的烫伤、不要削水果，集体活动时不要在车上站立或走动等；入住酒店前提醒老年人在房间注意防滑，使用电器注意安全；提醒第二天的天气状况，如温度等。

（2）合理安排行程。

旅游行程安排要合理，节奏不宜太快，要充分考虑到团员之间的体质差异，尽量早出早回，少安排晚间娱乐活动。

游览过程中导游应注意控制游览速度与节奏，要适当放慢行走速度；游览步行较多的景点时，要注意停下休息；游览过程中多留些时间上洗手间；说话声音洪亮，语速比平时慢；语气柔和，每次讲解时间不宜太长，讲到重要事项时应多重复，注意劳逸结合。

（3）防止走失。

游览前反复强调集合时间与地点；游览中导游应高举醒目的导游旗，身穿色彩鲜艳的衣服以便老年人识别；外出时导游应留意老年人动向，不时清点人数；提醒老年人找不到导游时应在原地等待，不要乱走。

（4）耐心热情、多倾听。

老年人偶尔会固执，导游应对要有策略，不能生硬对待。在旅行过程中，导游要特别有耐心，态度要热情；多关心个别单独出行的老年人；也可不时组织一些集体活动，如唱老歌、跳广场舞等活跃气氛；要善于倾听，多向老年人学习；发动团里身体素质较好、热心的老年人协助导游做一些简单工作，这样做不是为了偷懒，对老年人而言，"还能帮助别人"，有时候比接受帮助更快乐。与中国老年人不同，西方人不愿直接接受他人的搀扶或帮助，凡事都尽量自己完成，导游应注意关心、表达的方法与技巧。

## (四)商务旅游团

### 1. 商务旅游团特点

商务旅游团是指以商务考察、商务会谈或会议为主要目的,穿插短途旅游项目的旅游团。旅游不是商务团最主要的目的,旅行社需要根据活动目的,配合主办方安排,如会议、晚宴、参观考察等进行各项活动。商务旅游团具有以下几个特点:

(1)游客素质高。

参加商务旅游的游客不同于一般游客,往往来自同一行业、同一企业或集团,整体素质较高。他们对行业规范、企业目标及价值观等认同感强,会自觉遵守组织中共同价值观和行为准则,一般是统一行动,随意性较小。

(2)有鲜明的行业文化或特征。

行业文化是指行业内成员共同遵守的行业道德规范。商务旅游团成员往往来自同一行业或企业,通常具有共同的目标、价值标准等,如企业组织的奖励旅游,其目的常常是弘扬企业文化、提高经营业绩等,各项活动会围绕某一主题或目标展开。因此,商务旅游活动的安排要与其主题、行(企)业文化相适应。

(3)对价格不敏感。

商务旅游团往往由主办方负责组织,消费档次较高,季节差异小,对价格不敏感,旅行社的经济效益较好。

### 2. 商务旅游团接待技巧

(1)严谨。

由于商务旅游团的特殊性,旅行社的接待工作应非常严谨。导游需提前反复确认各环节的预订情况与活动内容,如酒店、餐厅、会议室、活动场地、参会各方、对象等,与各接待人员协调配合,分工明确,力争万无一失。另外,如有些商务活动涉及商业机密,要做好保密工作。

(2)注重礼仪。

接待商务旅游团时,导游应特别注意礼仪礼节和个人形象。接站时应手持按对方要求专门制作的接站牌,配合主办方准备好签到名册、礼品袋、活动手册等,穿着主办方要求的服装;重要场合应着正装;整个活动中导游应保持旺盛精力和良好精神状态。

(3)高效。

接待商务旅游团要特别注意效率,应事先做好各项安排、分工明确。如酒店、会场、餐厅等应有专人接待、引导;提前安排座位,调试会场音响、投影仪等设备;提前做好旅游车分车名册;每天结束后开会总结当天问题及讨论第二天的工作等。

## （五）宗教旅游团

### 1. 宗教旅游团特点

（1）出行目的相同。

宗教旅游团成员拥有共同的宗教信仰，旅行的目的多为宗教交流、朝拜或朝圣。

（2）纪律性很强。

宗教旅游团往往纪律性强，行动一致，导游要先与领队商定好行程安排之后，再请领队向全体成员宣布行程安排。

（3）游客性格温和。

宗教旅游团成员大多谦恭温和，对食宿等不太挑剔，但注重精神上的收获。导游应提前做好各种准备，如了解其所信仰教派的基本教义和特点，该教派在本地的发展传播历史和发展现状、著名建筑、著名人物等。宗教旅游团成员往往乐于分享他们对自己信仰的了解和理解。每种宗教都有其自身特色与智慧，对导游而言，带宗教旅游团也是学习的机会，但要注意思考和甄别，取其精华，去其糟粕。

### 2. 宗教旅游团接待技巧

（1）尊重其宗教信仰。

接待前，导游应提前准备相关宗教知识，特别是游客的禁忌，讲解、安排食宿以及游览过程中要注意细节，避免触碰其禁忌。有时即使是同一宗教，也会存在地域差异。在宗教活动场所，如寺庙、教堂等，要提前向管理方了解本地和本单位的规章与禁忌，提前告知团队领队和成员，以免引起不必要的误会。宗教旅游团一般由一位或几位地位较高的教派领导人带队，在日程安排和宗教交流或活动安排上，导游要多与其沟通，也可主动向其请教有关的宗教知识，以便更好地开展工作。有些宗教旅游团会有固定时间的"课"或某些仪式性活动，时常会在旅游车行进途中进行，导游要提醒游客注意安全，以不干扰司机安全驾驶为原则。

（2）坚持原则。

如宗教旅游团要开展一些宗教活动，应按照我国相关规定执行。如团队有违反我国法律法规或借宗教之名行欺诈之实的行为，导游应指出其错误，对不听劝告并有明显破坏活动者，应及时向旅行社或公安机关汇报。

## 四、模拟案例

**案例**：设计大型团队接待流程图并注明具体内容。

模拟案例答案

## 五、范例展示

### 范例1：大型团队接待方案

| 团号 | CITS20201012-1 | 入住酒店 | 假日酒店 | 入住日期 | 12月12—14日（共3天） |
|---|---|---|---|---|---|
| 游客人数 | 300 | 陪同 | 3全陪<br>（2男1女） | 房间数 | 团队用房：标准间140间、单人间20间；<br>陪同房：标准间2间 |
| 航班抵离时间 | 12月12日 CZ6161 大兴国际机场—双流机场T2 10点55分抵<br>12月14日 KN5208 双流机场T2—大兴国际机场 14点55分离 | | | | |
| 用餐地点 | 12月12日 午餐：酒店自助餐；晚餐：巴国布衣<br>12月13日 早餐：酒店；午餐：乐山金海棠大酒店；晚餐：酒店自助餐<br>12月14日 早餐：酒店；午餐：老房子 | | | | |
| 游览景点 | 12月12日 接机、午餐后游览金沙遗址博物馆、宽窄巷子<br>12月13日 全天游览峨眉山（万年寺）、乐山大佛<br>12月14日 游览成都大熊猫基地、送机 | | | | |

300人团队分配8辆车、8位导游。

1. 制定与各相关单位的联络事项、要求、时间

（1）住宿。

预订酒店：标准间140间+单人间20间+2间全陪房。

（2）餐饮。

12月12日 巴国布衣18点30分左右31桌，50元/人（含酒水）；

12月13日 乐山金海棠大酒店12点左右，50元/人（含酒水）；

12月14日 成都老房子餐厅12点左右，50元/人（含酒水）。

（3）景点门票。

12月12日 金沙遗址博物馆70元×300人；

12月13日（峨眉山门票110元+缆车票120元+观光车70元+乐山大佛80元）×300人；

12月14日 成都大熊猫基地门票58元×300人。

（4）团队行程。

12月12日行程

| 时间 | 行程 |
|---|---|
| 10：20 | 双流机场T2接团 |
| 12：30—13：30 | 酒店西餐厅自助餐 |
| 13：40—14：10 | 前往金沙遗址 |
| 14：20—16：00 | 参观金沙遗址 |
| 16：10—16：30 | 前往宽窄巷子 |
| 16：40—17：30 | 参观宽窄巷子 |
| 17：40—18：20 | 返回酒店 |
| 18：30 | 酒店西餐厅自助晚餐 |

12月13日行程

| 时间 | 行程 |
| --- | --- |
| 6:30 | 早餐 |
| 7:30—9:40 | 前往乐山大佛 |
| 9:50—11:40 | 参观乐山大佛 |
| 12:10—13:00 | 午餐 |
| 13:10—13:40 | 前往峨眉山 |
| 13:50—16:40 | 游览峨眉山万年寺（双缆） |
| 16:50—19:30 | 返回酒店 |
| 19:40 | 酒店西餐厅自助晚餐 |

12月14日行程

| 时间 | 行程 |
| --- | --- |
| 7:00 | 酒店用早餐 |
| 8:00—8:40 | 前往大熊猫基地 |
| 8:50—10:30 | 参观大熊猫基地 |
| 11:20—12:10 | 午餐 |
| 12:20—12:50 | 前往双流机场，送机 |

2.召开动员大会

（1）建立工作群、分组并指定组长：导游组、司机组、后勤保障组、安全组、机动组等；

（2）分配好导游、司机、随车医生；

（3）分发工作手册，交代接待流程及每日活动细节；

（4）提前交代各组接送机流程、入住流程、行车线路、各组游览线路、停留时间、就餐地点及时间、集合时间及地点等信息；

（5）要求统一服装、胸卡、接机牌、导游旗、话筒、对讲机、不干胶贴纸等物品；

（6）后勤保障组提前到各点位安排吃住行游等事宜，司机组确认各点位行车所需时间、统一指挥调度等事项，安全组确认全程安全保障细节。

3.团队抵达前准备工作

（1）后勤组与酒店、餐厅再次确认住宿与用餐细节，包括房间数量、房型、分房表、房费、菜单、餐标、用餐用房时间等；

（2）检查机场接机人员准备情况：接机牌、接待点、行李摆放位置等；

（3）检查酒店接待人员准备情况：接待台、房卡、分房表、礼品袋等；

（4）检查旅游车车辆卫生、车号粘贴、饮用水装车等情况；

（5）后勤组提前联系有关景点，预订门票，金沙博物馆预约好讲解员，提前半小时到达各景点，协助团队入内游览；

（6）后勤组提前半小时到达餐厅安排餐位、桌号、酒水与菜品。

**范例2：游客旅途中死亡谁之过**

2016年2月，某老年游客和妻子报名参加了某旅行社组织的针对中老年人定制的"精品夕阳红"旅游团，签订了旅游合同并支付了全部旅游费用。中途旅游团入住峨眉山上一宾馆时，该游客深夜突感不适，其配偶两次拨打导游电话寻求帮助。宾馆监控显示，导游在游客家属向其电话求助后的一个多小时才出现，未能及时赶到现场。之后游客家属自行拨打120急救电话，但急救人员到达现场时游客已经死亡。为此，游客家属将旅行社、保险公司诉至法院，要求支付死亡赔偿金、丧葬费。在这起事件中，旅行社有过错吗？导游应如何处理类似事件？

**分析**：该游客与旅行社签订了旅游合同，双方之间形成了旅游服务合同关系。急救人员到达现场时游客已死亡，其死亡系其自身身体原因所致，并非旅行社所能控制。因此，旅行社提供的旅游服务本身与游客死亡之间不存在法律上的因果关系。但是，旅行社在组织中老年人出游时应尽到更为谨慎的注意义务。当晚游客所住的宾馆地处峨眉山上，位置偏僻，山路崎岖，作为第一次在此居住的游客，尤其是老年人，很难在身体不适时自行联系120急救中心进行救治。事发时游客家属两次拨打导游电话寻求帮助，即使导游不能及时赶到现场，也应在第一时间为游客提供必要的救助。而120急救电话系游客亲属自行拨打，导游在电话求助后一个多小时才出现，未能给予及时、充分的救助和安排。旅行社作为旅游经营者，对该游客的死亡负有一定责任。带团时遇到游客突发重病，导游应第一时间采取行动，救助游客并及时送医。

## 六、巩固练习

**1. 单项选择题**

（1）下列关于老年旅游团特点的表述，错误的是（　　）。

A. 反应迟缓　　　B. 记忆力差　　　C. 行动缓慢　　　D. 追新求异

（2）接待宗教界游客时，导游错误的做法是（　　）。

A. 注意把握宗教政策　　　　　　B. 不向他们宣传无神论

C. 提前做好接待准备　　　　　　D. 协助其散发宗教宣传品

（3）接待宗教界游客时，导游错误的做法是（　　）。

A. 了解接待对象的宗教信仰、教义、禁忌等

B. 尊重游客宗教信仰和习惯，尽量满足其诵经、祷告等方面的要求

C. 和游客对某些宗教问题有争议时，明确自己的立场和观点

D. 尽量满足游客在餐饮方面的特殊要求

（4）导游接待老年游客时，错误的做法是（　　）。

A. 事先准备一些老年人常用的药品　　　B. 日程安排不能太紧

C. 活动量不宜过大、项目不宜过多　　　D. 多做提醒工作

（5）导游为老年游客安排餐食时，应多准备（　　）的食品。

　A. 辛辣口味　　　　B. 高热量、高脂　　　C. 低热量、低脂　　　D. 清淡可口、易消化

## 2. 多项选择题

（1）导游在老年人团队接待中应把握的要点包括（　　）。

　A. 安排旅游车辆时尽量做到宽松、舒适

　B. 安排日程时要注意节奏宜慢，就算是次要景点也要面面俱到

　C. 安排餐食时应以清淡软烂为主

　D. 虚心听取老年游客的意见

　E. 购买门票时，离休证、老年证等证件是有优惠的，应按门票票面价减去相应优惠价退还游客差价

（2）导游接待宗教界游客时，应提前做的准备有（　　）。

　A. 了解"无神论"内容

　B. 学习和了解我国的宗教政策

　C. 通知餐厅游客的特殊餐饮要求

　D. 了解当地宗教场所的位置和开放时间

　E. 了解对方的宗教信仰和主要教义，方便讲解时评论

（3）探险旅游团的特点是（　　）。

　A. 风险高、安全要求高　　　　　　　B. 对导游讲解要求不高

　C. 专业性强　　　　　　　　　　　　D. 旅游活动安排较随意

　E. 行程较宽松

（4）下列符合商务游客特点和导游接待要求的是（　　）。

　A. 导游接待商务游客时应对商务活动的专业知识和专业术语有较好的了解

　B. 商务游客消费能力强，重质重价

　C. 商务游客日程安排紧凑，强调效率，导游应合理统筹安排

　D. 与其他类型游客相比，商务游客更关注服务质量

　E. 为商务游客安排的酒店不仅食宿条件要好，还应具备能开展商务活动的设施与设备，如完善的会议场所、完备的通信设施等

（5）下列关于接待大型团队的表述，错误的是（　　）。

　A. 接待大型团队时，导游可自行带队分头行动

　B. 接待大型团队时，导游只需要管好自己所带的游客即可，可以不用关照其他导游组里的游客

　C. 大型团队应统一指挥，分工合作

　D. 大型团队应尽量错峰出行，避免在同一地点聚集

　E. 大型团队游客众多，导游很难照顾到每位游客，只需按要求提供规范服务即可

巩固练习答案

## 第八节 突发事件的处理

> **案例导入**
>
> 某年夏天，北京导游小李接待一个高龄旅游团。在游览完北京故宫博物院集合登车时，小李发现一位老年游客没有归队。小李赶紧打电话联系，但对方电话处于关机状态。在停车场等待几分钟后，那位游客仍未出现，于是导游小李请领队和全陪留在车上陪伴游客，自己前去寻找丢失的游客。可是故宫实在太大，找了一个小时都没有找到。小李正准备放弃时，突然接到全陪电话，说游客已经自行返回到车上。小李回到大巴车上时，看到其他游客正埋怨那位老年游客耽误了大家时间，影响了下一站的行程，而那位游客却解释说自己不知道几点集合，手机又没电了。跑得满头大汗的导游小李来不及喘口气，又开始了团队的矛盾调停和安抚工作。
>
> 这是一起什么事件？导游应怎样处理？导游应如何防止类似事件的发生？

【案例分析】导游在接待旅游团的过程中，有时会发生一些意料之外的事情，也就是突发事件或事故。本案例是一起典型的游客走失事件。在本案例中，针对高龄旅游团，导游应在游览中反复提醒游客游览路线、集合（开车）时间、大巴车停放位置等重要信息，把预防工作做到前面。同时，导游、全陪、领队应在团队游览过程中做到分工配合，导游负责在前面带队游览，领队和全陪则负责提醒落后的游客跟上队伍；每次景点转换或空间移动之前，导游要确定游客到齐后再进行；如果在游览过程中发生游客走失事件，全陪负责寻找游客，导游继续带队游览。导游还可在游览前提前告诉游客走失时的小技巧：一旦发现自己找不到团队，不要着急，更不要到处乱走，就在团队活动过的地方，原地等待导游的到来。

就本案例而言，如导游在一定时间内找不到游客，可请全陪留在原地继续寻找，而自己则带领其他游客前往下一站，以免耽误行程。当全陪找到丢失游客后，再搭乘其他交通工具前来汇合。产生的交通费用，可根据事故责任的认定，决定是由游客支付还是导游支付。

导游可提前为每位游客准备写有导游姓名、电话号码、酒店名字和地址的小卡片，接到团队时分发给游客，方便游客在迷路、掉队或手机没电时求助。

## 一、学习目标

（1）了解旅游事故的类型和特点；
（2）了解错接、漏接和误机（车、船）事故的原因；
（3）熟悉并掌握错接、漏接、航班延误、误机（车、船）的预防和处理程序；
（4）掌握交通事故的预防和处理程序；
（5）掌握游客生病、走失的预防和处理程序；
（6）掌握行李、证件丢失的预防和处理程序。

## 二、学习纲要

| | |
|---|---|
| 学习要求 | 1. 学习本节相关知识；<br>2. 了解旅游事故的类型和特点；<br>3. 了解造成错接、漏接、航班延误和误机（车、船）事故的原因；<br>4. 掌握漏接、错接、航班延误、误机（车、船）的预防和处理技巧；<br>5. 掌握交通事故处理程序；<br>6. 掌握游客生病、走失后的处理程序；<br>7. 掌握游客钱物、证件和财物丢失后的处理程序 |
| 教学地点 | 模拟导游实训室、多媒体教室 |
| 教学设施 | 1. 导游旗、导游证、钱包、身份证、医疗急救包等；<br>2. 其他模拟情境需要的物品 |
| 教学内容与步骤 | 1. 学生分组，分别扮演游客、导游、全陪、领队、司机、医疗人员、警察、公司计调人员等，准备好模拟情境所需的各种物品和设施；<br>2. 学生分组扮演角色，模拟游客行李或钱包丢失时，导游处理的场景；<br>3. 学生分组扮演角色，模拟游客突发疾病时，导游处理的场景；<br>4. 学生分组扮演角色，模拟团队发生交通事故时，导游处理的场景；<br>5. 学生分组扮演角色，模拟团队发生误机（车、船）和航班延误时，导游处理的场景；<br>6. 学生分组扮演角色，模拟发生团队漏接和错接时，导游处理的场景；<br>7. 其他突发状况处理的情景模拟，如食物中毒、火灾事故、溺水事件等；<br>8. 分组讨论并完成模拟案例及巩固练习；<br>9. 教学效果考核及教师点评；<br>10. 教学结束 |

## 三、相关知识

### （一）旅游事故的分类及特点

旅游事故一般分为责任事故和自然事故两种。

#### 1. 责任事故

由于接待方（接待社、导游、司机）的疏忽、计划不周等原因而造成的事故称为责任事故。如果事先有预防措施，能最大限度减少事故的发生。

#### 2. 自然事故

自然事故也称非责任事故，是指由于天气变化、自然灾害或非接待方（接待社、导游、司机）的原因造成的事故。这类事故虽然可部分预防，但通常事发突然。事故发生后，导游应按事故处理程序处理，同时安抚游客，做好善后工作，尽量减少损失。

## （二）错接的原因、预防和处理

错接是指导游接了不该由他接的旅游团（者），属于责任事故。

### 1. 错接的原因

错接主要是由导游的责任心不强，接团时没有仔细核对对方旅行社名称、团号等造成，导致自己的团队可能滞留机场、车站，或被其他导游接走。

### 2. 错接的预防

（1）导游应认真阅读团队接待计划，提前（半小时）抵达接站地点迎接旅游团。

（2）导游接团时认真核实团队信息：团名、人数、行程、领队、全陪姓名等。

（3）导游应提高警惕，严防其他人员非法接走旅游团。

### 3. 错接的处理

（1）报告领导。

如发现错接，导游应立即向接待社领导和有关人员报告，查明两个错接团队的情况，再做具体处理。

（2）将错就错。

如错接发生在同一家接待社接待的两个旅游团之间，导游应立即报告旅行社，如旅行社同意，可将错就错。两名导游交换接待计划，之后再继续接待。

（3）必须交换。

如果错接发生于两家不同的接待社，则必须交换；需要注意的是，如果错接的两个团属于同一家旅行社接待，但两名导游中，有一名是地陪兼全陪，也必须交换旅游团。

（4）导游应实事求是向游客说明相关情况并致歉。

## （三）漏接的原因、预防和处理

### 1. 漏接的原因

（1）主观原因。

因导游过错而造成的漏接。主要有以下几种可能：导游没有认真阅读接待计划，搞错旅游团（者）抵达的日期、时间、地点；航班新旧时刻表发生变化，导游没有核对时间，仍按旧时刻表接团；导游举牌接站的地方选择不当等。

（2）客观原因。

因客观原因导致的漏接。主要有以下几种可能：上一站接待社漏发变更通知；接待社计调人员没有及时通知导游变更通知；司机接团时迟到；交通堵塞或其他意外情况；航班提前抵达或在境外中转时临时发生航班变更等。

## 2. 漏接的预防

（1）认真阅读计划；

（2）认真核实交通工具抵达的准确时间；

（3）提前30分钟抵达接站地点。

## 3. 漏接的处理

（1）发生漏接后，导游应实事求是向游客说明情况，诚恳赔礼道歉。如不是自身原因，也要立即与接待社联系，告知相关情况，立即查明原因，并耐心向游客做好解释工作，消除游客误解。

（2）导游应尽快采取弥补措施，尽量降低游客损失。如涉及费用问题（游客乘坐其他交通工具到酒店的车费等），应将费用赔付给游客。

（3）发生漏接后，导游应以更加热情周到的服务，高质量地完成计划内的全部活动，争取消除因漏接而给游客造成的不愉快情绪。

（4）如有必要，请接待社领导出面赔礼道歉，或酌情给游客一定程度上的物质补偿。

导游只要做好相关预防工作，就能最大程度避免错接、漏接事件的发生。但百密一疏，一旦发生了错接漏接，导游应积极面对，及时处理。

### （四）航班延误的原因和处理

## 1. 航班延误的原因

航班延误通常有很多原因，目的地天气异常、机场流控、飞机临时故障等都容易造成延误。

## 2. 航班延误的处理

（1）延误时间不长。

导游可在原地等待，或自行前往机场休息区（咖啡厅、快餐厅）等候，但应随时关注航班动向，确保不漏接团队。

（2）延误时间较长。

导游应报告接待社，听从领导意见，决定原地等待或暂时返回。即便返回市区，也要随时关注航班抵达时间，确认航班抵达时间后，提前30分钟和司机抵达接站地点。

（3）航班延误至取消。

导游应及时报告接待社，以便及时取消当日用餐、用房，减少团队损失；通知公司与车队（司机）更改用车安排。导游可返回市区听从接待社领导安排，并随时与全陪保持联系。

### （五）误机（车、船）的预防和处理

误机（车、船）事故是指旅游团没有赶上原定的航班（车、船），导致暂时的滞留。一

旦发生误机（车、船），会给游客带来诸多不便，影响整个行程的安排，还会给旅行社带来巨大经济损失，导游应认识到误机（车、船）的严重后果，要杜绝此类事故的发生。

### 1. 误机（车、船）的预防

（1）导游应认真核实并提前确认票据的日期、班次、时间、地点等；

（2）旅游团离开当天不安排游客到地域复杂、偏远的景点参观游览，不安排自由活动；

（3）导游应充分考虑交通堵塞或突发事件，留出充足的时间去机场、车站、码头；

（4）导游应保证按规定时间抵达机场、车站、码头（乘坐国际航班，提前3小时；乘坐国内航班，提前2小时；乘坐火车或轮船，提前1小时）。

### 2. 误机（车、船）的处理

（1）将成事故的处理。

①如果团队可能误机（车、船），导游应立即与机场（车站、码头）联系，请求等候，讲明误机（车、船）原因，告知团队情况（名称、人数等）；

②立即组织游客赶赴机场（车站、码头），向旅行社汇报，请求帮助协调；

③向相关部门、有关人员讲清游客误机（车、船）情况和补救办法，并说明请求协助的事项。

（2）已成事故的处理。

①在团队已经误机（车、船）的情况下，导游应立即向旅行社领导及有关部门报告并请求协助。

②与机场（车站、码头）联系，争取安排最近班次的交通工具或采取包机（车、船）、改乘其他交通工具前往下一站。

③稳定游客情绪，安排好游客在滞留期间的食宿等；及时通知下一站，对日程做出相应的调整；向旅游团（者）赔礼道歉；写出事故报告，查清事故原因和责任。

## （六）交通事故的预防和处理

交通事故通常发生在一瞬间，导游无法预料和控制。导游在带团过程中，应随时提醒司机安全驾驶，做好预防。一旦出现交通事故，只要导游没受重伤，神志清楚，应立即采取措施，冷静果断地处理，做好善后工作。

### 1. 交通事故的预防

（1）司机开车时，导游不应与司机聊天，以免分散其注意力。

（2）安排游览日程时，在时间上应留有余地，避免造成司机为抢时间、赶行程而违章超速行驶；不催促司机开快车，保证行车安全。

（3）如遇天气不好（下雨、下雪、有雾）、交通堵塞、路况不好，尤其是在狭窄道路、山区行车时，导游应主动提醒司机注意安全，谨慎驾驶。

（4）如果天气恶劣，导游可灵活调整日程安排；如遇道路不安全的情况，可调整或更改甚至取消行程，必须把团队安全放在第一位。

（5）导游应阻止非本车司机开车，提醒司机在工作期间不饮酒。如遇司机酒后开车，绝不能迁就，导游应立即阻止，并向领导汇报，请求改派其他车辆或更换司机。

（6）提醒司机经常检查车辆，发现事故隐患时，及时更换车辆。

### 2. 交通事故的处理

（1）立即组织抢救（立即拨打122和120）；

（2）立即报案，保护现场；

（3）将伤者及时送到医院，同时向接待社报告；

（4）做好全团游客的安抚工作，稳定游客情绪；

（5）处理好善后事宜并写出书面报告。

## （七）游客生病的预防和处理

### 1. 游客生病的预防

为预防游客患病，导游应在安排行程时做好合理规划，并及时做好以下工作：

（1）熟悉接待计划，了解团队成员身体和基本情况；

（2）根据每日行程和天气预报，提醒游客选择合适的衣物；

（3）由于环境的变化，游客容易因水土不服而不适应，导游应提醒游客注意饮食差异，尤其在食用油腻、辛辣、冷热等食品时；

（4）行程安排注意劳逸结合，快慢相宜，以防个别游客体力不支；

（5）导游应及时了解并关注特殊游客（老年人、幼儿、残疾人、孕妇等）的身体状况；

（6）注意观察，如有游客不适，及时了解情况，采取相应措施。

### 2. 游客生病的处理

（1）游客患一般疾病的处理。

一般疾病是指在行程中游客出现如感冒发烧、晕车晕船、肠胃不适、中暑等，这些症状通常是旅途疲劳、气候变化、水土不服或饮食起居不当等导致的身体不适，可通过自身机体、饮食调节或服用随身药物逐渐消除。但导游也应询问游客是否随身携带着药物，并劝其及早就医，注意休息。

①对晕车（机、船）的游客，可把他们安排在车、船前面或中间较平稳的座位。出发前，提醒游客不要吃得太饱，上车后要束紧裤带以减少内脏震荡，容易晕车的游客出发前服

用防晕车药物。但导游在任何情况下，都不能擅自给游客用药。

②对中暑的游客，应将他们抬到阴凉处，宽衣解带，让其全身放松，轻者可服用十滴水、人丹或其他解暑药物。

③若游客身体不适的情况较为严重，导游应及时建议并协助游客就近就医，不可拖延。

（2）游客患重病的处理。

如在旅途中游客突患重病，导游应及时设法送医，导游可采用拦车、租车或暂时中断团队旅行让旅游车送至医院等方式。送医及抢救过程中，导游应做到：

①在送往医院的途中，必须有患者亲属陪同；如亲属不在，领队必须陪同前往。

②如患者是散客独自参团旅游，团队无领队和全陪，则及时向旅行社汇报，请求指示和派人协助，并立即通知患者家属。

③如需动手术，须征得患者亲属同意；如其亲属同意但不在患者身边，须由领队签字同意。

④有关诊治、抢救及动手术的书面材料，由主治医生出具证明并签字，导游应妥善保存备查。

⑤患者转危为安后，如要住院治疗，旅行社和导游应抽出时间前往医院探望，询问其需求并提供帮助，协助办理有关手续及善后事宜。

⑥与游客、游客家属、旅行社相关部门及时联系，沟通并处理游客就医的保险事宜。

### （八）游客伤亡事故的预防和处理

#### 1. 游客伤亡事故的预防

游客在旅游过程中，不论是什么原因造成伤亡，都是不幸的。为避免这类事故的发生，导游应做的预防工作如下：

首先，导游应有极强的安全意识，要充分熟悉接待计划中行程的安排，能够预见危及游客安全的环节。

其次，对于景区景点中涉及游客人身安全的注意事项，一定要做出真实说明和明确警示，既不危言耸听，也不含糊其词。

最后，导游在带领游客参观游览的过程中，要随时注意游客动向，必要时采取有效的防范措施。

#### 2. 游客伤亡事故的处理

（1）游客受伤的处理。

①立即组织抢救，保护现场；

②若属治安事故，应立即报警；

③报告旅行社并及时送医；

④安抚团队其他游客，稳定游客情绪；

⑤听从旅行社指示，安排团队后续游览事宜。

（2）游客死亡的处理。

①立即向接待社报告，在接待社领导指示下按国家有关规定做好相关工作。

②稳定其他游客情绪，和领队、全陪分工合作，导游带领其他游客继续行程。

③如游客因病死亡，需医院开具"抢救工作报告""死亡诊断书"；如尸体要火化，应填写"火化申请书"；遗体运回要办理"装殓证明书"或"外国人运送灵柩（骨灰）许可证"和"尸体灵柩进出境许可证"。

④如游客属非正常死亡，导游应保护好现场并立即向公安局和旅行社报告。如需解剖尸体，应征得死者家属（如为外国游客，还需征得其所在国驻华使馆、领馆人员同意、签字）或领队同意、签字，并写出"尸体解剖报告"。

⑤协助领队清理死者遗物，开列清单（一式两份）及处理善后事宜。

需要特别注意的是，在处理死亡事故时，必须有死者亲属、领队及有关领导在场，导游不得单独行事。事故处理后，导游必须将全部报告、证明文件和清单存档备查。

## （九）游客钱物、证件、行李丢失的预防和处理

### 1. 游客钱物、证件、行李丢失的预防

（1）导游应多做提醒工作，提醒游客随时清点财物，提醒旅行中贵重物品不可炫耀，财不外露；

（2）导游不代为游客保管证件，需要时由领队收取，用完及时归还；

（3）做好每次证件、行李的清点和交接工作；

（4）每次游客下车后，导游应提醒司机清车、关窗并锁好车门。

### 2. 游客钱物、证件、行李丢失的处理

1）游客钱物遗失的处理

（1）外国游客遗失钱物。

①稳定游客情绪，了解遗失情况，判断性质；

②立即向公安局或保安部门以及保险公司报案；

③及时向接待社领导汇报，听取指示；

④接待社出具遗失证明；

⑤若遗失贵重物品，应持证明、本人护照或身份证到公安局出入境管理处填写遗失经过说明，列出遗失物品清单；

⑥若遗失入境时向海关申报的物品，出境时应出示中国海关申报单；

⑦若海关申报单遗失，应在公安局出入境管理处申请办理《中国海关行李申报单报失证明》；

⑧若遗失物品已在外国办理过财产保险，领取保险时需要证明，可向公安局出入境管理处申请办理财物报失证明。

（2）国内游客遗失钱物。

①安抚游客情绪，了解情况，判断遗失的性质；

②请其回忆最后使用的地方，并协助寻找；

③确认遗失后，立即向公安局或保安部门以及保险公司报案；

④及时向接待社领导汇报；

⑤若行程结束后仍未破案，应做好善后工作。

2）游客证件丢失的处理

（1）外国游客丢失护照和签证。

①旅行社出具证明；

②游客准备证件照；

③游客本人持证明前往当地公安机关（出入境管理处）报失，公安局出具遗失证明；

④游客持公安局遗失证明前往所在国驻华使、领馆申请补办新护照及签证；

⑤补办证件的费用自理。

（2）领队丢失团队签证。

①接待社出具遗失公函；

②准备原团体签证复印件（副本）；

③重新打印与原团体签证格式、内容相同的该团人员名单；

④收取该团全体游客的护照；

⑤持以上证明材料到公安局出入境管理处报失，并填写有关申请表（可由领队填写，其他游客附名单）。

（3）华侨丢失护照和签证。

①接待社开具遗失证明；

②游客准备证件照；

③游客持证明、照片到公安局出入境管理处报失并申请办理新护照；

④持新护照到其居住地驻华使、领馆办理入境签证手续。

（4）港澳游客丢失来往内地通行证（回乡证）。

①向公安局报失并取得报失证明，或由接待社开具遗失证明；

②持报失证明或遗失证明到公安局出入境管理处申请领取港澳证件；

③经出入境管理部门核实后，给游客签发一次性中华人民共和国出入境通行证；

④游客持该出入境通行证回港澳地区后，填写港澳居民来往内地通行证件遗失登记表和

申请表，凭本人港澳居民身份证，向通行证受理机关申请补发新的通行证。

（5）台湾游客丢失台湾同胞旅行证明（台胞证）。

游客向遗失地的市、县公安机关报失，经调查属实的可允许重新申请领取相应的旅行证件或发给一次性有效的出境通行证。

（6）中国游客丢失身份证。

①接待社开具遗失证明；

②游客持证明到公安局报失，核实身份后开具身份证明，并按照交通部门的规定办理乘坐交通工具的临时证明；

③游客回到居住地后，凭公安局报失证明和有关材料到当地派出所办理新身份证。

### 3）游客行李丢失的处理

（1）来华途中丢失行李。

①安抚游客情绪，带领游客到机场失物登记处办理行李丢失和认领手续；

②积极询问行李寻找进程，协助游客购置必要的生活用品；

③帮助游客将旅行社名称、全程旅游线路及可能下榻的酒店和联系方式告知有关航空公司；

④若行李确系丢失，可协助游客向航空公司索赔；

⑤若行程结束行李尚未找到，可将游客信息告知有关航空公司，以便联系；

⑥写出书面报告。

（2）在中国境内丢失行李。

①安抚游客情绪，仔细分析，找出可能出现差错的线索或环节；

②协助游客购买相关生活用品，做好善后工作；

③随时与有关方面联系，询问查找进展情况；

④行李找回及时归还，若确系丢失，由责任方出面向游客说明情况，并表示歉意；

⑤协助游客根据有关规定或惯例向有关部门索赔；

⑥写出事故报告。

## （十）游客走失的原因、预防和处理

### 1. 游客走失的原因

（1）导游没有讲清楚车牌号、停车位置或景点的游览路线；

（2）游客对某种现象和事物产生兴趣导致脱队，或在某处长时间拍照导致走失；

（3）自由活动、外出购物时游客没有记清酒店地址和线路而走失。

### 2. 游客走失的预防

（1）导游应随时做好提醒工作；

（2）做好各项活动的行程安排预报；

（3）导游应时刻与游客在一起，经常清点人数；有空间的移动时，必须点清人数再移动；

（4）导游、全陪、领队密切配合，做好带队游览的工作；

（5）导游应以高超的导游技巧和丰富的讲解内容吸引游客。

### 3. 游客走失的处理

（1）游客在旅游景点走失的处理。

①了解情况，迅速寻找；

②寻求景区相关部门的帮助；

③与酒店联系，询问游客是否已自行返回酒店；

④向旅行社报告；

⑤做好善后工作；

⑥写出事故报告。

（2）游客在自由活动时走失的处理。

①立即报告接待社，必要时报告公安部门；

②做好善后工作；

③做好走失后其他情况的处理。

需要注意的是，导游一旦找到走失的游客，应第一时间表示关心和问候，并对游客做出善意提醒，说明旅游中的注意事项，而不是批评斥责，更不可当众指责游客，激化团队矛盾。

### 四、模拟案例

**案例：** 设计游客患病时导游的处理流程。

模拟案例答案

### 五、范例展示

**范例1：** 某团队导游王某带领一来自香港的朝拜团上普陀山朝拜，因团队由一位香港某寺庙的主持带队，所以团队每天都会在车上进行早晚课。也许是因为秋季普陀山温差较大，一天，一位老年游客做过晚课后回到酒店大厅时，突发脑出血倒地，同团的其他游客围着这位老年人开始大声念起"南无观世音菩萨"的名号，期望以这种方式帮助这位老人。王某当机立断，先请酒店联系附近医院；同时，又拨打了急救电话120，以最快的速度将患者转至最近的舟山市第一人民医院，并联系旅行社派人前来协助，同步通知其家属尽快赶来内地照顾患者。团队游览结束后，导游王某又主动前往医院探视，并且帮助患者及其家属解决了一些生活上的问题。因送医及时，这位老人最终转危为安，与家属一起返回了香港。

**分析：** 游客患重病的紧急关头，导游应当机立断，立即向有关方面求助，用最快的交通工具将患者送医；在患者住院期间，旅行社应为患者提供必要的协助；导游应在行程结束后，前往医院探视，并提供适当帮助。

**范例2**：上海某国旅的导游小王接待了一个来自重庆的旅游团，该旅游团已经完成了华东五省市的游览，这是该团在上海的最后一天活动。按原计划，团队将于当天下午1点30分从上海浦东国际机场返回重庆，当天上午10点，导游小王带队游览完城隍庙准备送团前往机场，而从城隍庙到浦东国际机场预计需要一个半小时，小王预计团队抵达浦东机场的时间是上午11点30分，刚好提前2小时送站。不巧的是，当天上海正在举办两个大型国际展会，交通极其堵塞，团队从城隍庙到机场开车整整用了3小时。抵达机场后，虽然小王快速带领游客赶往值机柜台，但被告知该航班已停止办理值机。此时，游客开始抱怨导游小王的时间安排不当，虽然小王一边向游客解释，一边请求航空公司改签机票，但由于当天航班爆满，团队游客只能拆分成5个航班飞回重庆，其中三名客人还要留到第二天才能飞回。于是游客抱怨更加强烈，并对导游小王提出了赔偿要求。

**分析**：在本案例中，导游小王虽然计算了车程，也知道国内航班应提前2小时送站，却忽略了在送机途中可能出现的交通堵塞等未知因素，因此在送机出发的时间上，未做出合理安排。同时，在前往机场的途中，如果发现将成误机事故，导游小王应及时联系机场航空公司，请求等候；并联系旅行社，请旅行社出面协调，如果沟通及时，航空公司可对团队游客做出短时间等候的决定，不至于造成全团改签并拆分的严重后果。

## 六、巩固练习

### 1. 单项选择题

（1）某团队将于上午10点30分抵达上海虹桥国际机场，导游小王应通知旅游车司机在（　　）抵达机场等候迎接。

A. 10点30分　　　B. 10点15分　　　C. 10点10分　　　D. 10点

（2）一个美国团队完成了在中国最后一站杭州的游览，即将前往杭州萧山国际机场乘机回国，航班时间是下午4点45分，导游小吴应该在（　　）之前送该团队到达机场搭乘国际航班。

A. 14点45分　　　B. 14点30分　　　C. 14点　　　D. 13点45分

（3）由于行车时间过长，导游小王发现司机有些疲劳，有打瞌睡的迹象，这时小王应该（　　）。

A. 和司机聊天，转移司机注意力

B. 提醒司机寻找休息区，适当休息

C. 和游客一起唱歌做活动，让气氛热烈起来，缓解司机疲劳

D. 提醒司机如果身体不适，可以安排另一位司机第二天来开车

## 第八节　突发事件的处理

### 2.多项选择题

（1）导游小王上午10点去机场接团，到达机场后得知该团队航班晚点了6个小时，导游小王应该（　　）。

A. 立即向机场询问处确认该航班延误的原因，确认延误信息和新的抵达时间

B. 立即报告旅行社，进行餐饮、酒店入住时间的变更，并听领导指示是否留在原地等待

C. 告知司机接待时间发生变化，请司机等候通知并随时保持沟通

D. 由于飞机晚点，必须调整当天的游览计划，导游小王应衔接计调人员做好行程调整等事宜，并和全陪保持沟通

E. 因为飞机晚点而导致的行程延误，可取消不做安排

（2）某团队搭乘飞机从A市飞往B市，飞机抵达B市机场的时间是下午1点30分，导游小李在前往机场接机的途中遇到了大塞车，抵达机场时已是下午2点30分，游客已经在机场等了他接近1个小时。对此，导游正确的处理是（　　）。

A. 这是一起典型的漏接事故，导游应诚恳道歉

B. 实事求是说明交通情况，表明将热情主动做好后续工作，希望游客谅解

C. 如有必要，应为游客提供如加菜、买水果、升级风味餐等物质补偿

D. 对游客提出的抱怨和指责，导游可以不理会，以免矛盾升级

E. 导游可以巧妙找借口，将迟到的责任转嫁到司机身上

（3）导游小王正在带领一个外籍旅游团在景点游览，一名团员突然说他的护照丢失了，此时，导游小王正确的处理方法是（　　）。

A. 首先安慰游客，请他回忆可能丢失的时间和地点，协助寻找

B. 确认丢失后，第一时间报告旅行社，请旅行社出具遗失证明，再由工作人员配合游客到相关部门按流程补办

C. 为表示关怀，导游可代付游客办理证件的费用

D. 办理新证件之前，导游应提醒游客准备证件照片

E. 办理证件的费用，应由游客自理

（4）导游小张带领团队正在游览曲阜孔庙，突然，一名游客跑过来对小张说自己头疼，感觉有点发烧，小张一摸，这名游客的额头果然很烫。此时，导游小张应该（　　）。

A. 因为团队正在游览，为不影响团体行程，小张可告知游客结束游览后再处理

B. 关心游客病情，并请他暂时休息，不要强行随团游览

C. 必要时，导游可将自己的随身感冒药拿给游客服用，缓解症状

D. 若有必要，应劝游客及早就医，并和全陪分工合作，请全陪陪同前往就医

E. 向游客说明，就医费用自理

巩固练习答案

## 第九节　突发公共卫生事件的应对

> **案例导入**
>
> 某旅行社领队小张带领一个由30多位游客组成的中国旅游团前往泰国进行为期一周的旅游。一天，该团队在品尝当地特色餐时，与游客同桌就餐的小张吃了一口鱼后，感觉鱼不太对，似乎有臭味。小张立即叫周围的游客不要再吃鱼，又赶紧去提醒了另几桌游客。接着小张就向当地导游反映了情况，请出餐厅负责人，要求餐厅解释原因。由于小张的及时提醒，该团队绝大多数游客没有碰过桌上的鱼。
>
> 在餐后返回酒店途中，小张向游客道歉，说旅行社已经和餐厅达成协议，如大家有任何不适，餐厅会承担责任，旅行社也会负责到底。幸运的是，几天之后，游客没有出现问题。送机当天，小张再次向游客致歉，说为了表示歉意，旅行社会全额退回那晚的餐费，希望"臭鱼"事件没有影响大家的游兴。游客听到小张的话后纷纷表示，感谢小张为大家维权，虽然发生了不愉快的事情，但是旅行社和小张处理得非常及时，以后还会选择该旅行社旅游。
>
> 领队小张的做法是否妥当？如果游客在跟团旅游时遇到食物中毒，导游应如何处理？导游应怎样避免类似情况的发生？

**【案例分析】**领队小张带领团队用餐时，发现食物可能变质后，立即提醒游客停止食用，马上联系餐厅负责人，在游客还在用餐时，未雨绸缪，及时联系旅行社，为可能出现的问题给出了解决方案。由于小张的及时提醒，游客没有出现身体不适等状况。小张不仅积极联系相关各方解决问题，还对游客进行了适当补偿，维护了游客的合法权益。在带团过程中，如游客出现食物中毒等症状，导游应立即让游客停止食用可疑食物，联系医疗机构并报告旅行社。如发生重大食物中毒事件，导游还应报告旅游行政管理部门。同时，导游应保留导致中毒的食物样本以提供给相关机构进行检测，也可保留患者呕吐物和排泄物方便医生确诊。为防止食物中毒的发生，导游应安排游客在卫生条件有保障的餐厅就餐，提醒游客不要在小摊小贩处购买食品。将游客送医后，导游应妥善保存相关诊断证明、医疗费票据和其他损失有关的证明。

## 一、学习目标

（1）了解突发公共卫生事件的内涵；
（2）熟悉突发公共卫生事件的类型和特性；
（3）了解突发公共卫生事件时政府的应对措施；
（4）掌握突发公共卫生事件时导游的应对措施。

## 二、学习纲要

| | |
|---|---|
| 学习要求 | 1. 学习本节相关知识；<br>2. 了解突发公共卫生事件的定义、类型与特性；<br>3. 掌握突发公共卫生事件时导游的应对措施 |
| 教学地点 | 导游情景模拟实训室 |
| 教学设施 | 1. 电话、导游旗、导游证等团队接待中需要的物品；<br>2. 口罩、湿纸巾、消毒液等卫生防护物资；<br>3. 模拟突发公共卫生事件爆发的情境时，其他必备物品 |
| 教学内容与步骤 | 1. 学生分组，分别扮演游客、导游、全陪、领队、司机、公司计调人员、酒店工作人员、卫生防疫人员等，准备好模拟情境所需的物品和设施；<br>2. 学生分组学习并讨论本任务相关知识；<br>3. 学生分组扮演不同角色，模拟出现突发公共卫生事件时的应急处理场景；<br>4. 分组学习并讨论拓展阅读；<br>5. 完成巩固练习；<br>6. 教学效果考核及教师点评；<br>7. 教学结束 |

## 三、相关知识

### （一）突发公共卫生事件的内涵及类型

根据我国《突发公共卫生事件应急条例》的规定，突发公共卫生事件指的是"突然发生，造成或者可能造成社会公众健康严重损害的重大传染病疫情、群体性不明原因疾病、重大食物和职业中毒以及其他严重影响公众健康的事件"。

根据突发公共卫生事件性质、危害程度、涉及范围，《国家突发公共卫生事件应急预案》把突发公共卫生事件划分为特别重大（一级）、重大（二级）、较大（三级）和一般（四级）。

其中，特别重大突发公共卫生事件主要包括：

（1）肺鼠疫、肺炭疽在大、中城市发生并有扩散趋势，或肺鼠疫、肺炭疽疫情波及2个以上的省份，并有进一步扩散趋势。

（2）发生传染性非典型肺炎、人感染高致病性禽流感病例，并有扩散趋势。

（3）涉及多个省份的群体性不明原因疾病，并有扩散趋势。

（4）发生新传染病或我国尚未发现的传染病发生或传入，并有扩散趋势，或发现中国已消灭的传染病重新流行。

（5）发生烈性病菌株、毒株、致病因子等丢失事件。

（6）周边以及与中国通航的国家和地区发生特大传染病疫情，并出现输入性病例，严重危及我国公共卫生安全的事件。

（7）国务院卫生行政部门认定的其他特别重大突发公共卫生事件。

## （二）突发公共卫生事件的特性

### 1. 成因的多样性

突发公共卫生事件成因多样，一是与病毒有关，如严重急性呼吸综合征（SARS）和中东呼吸综合征（MERS）等烈性传染病。二是与自然灾害有关，如地震、水灾、火灾等大灾之后容易出现的大疫。三是与事故灾害相关，如环境污染、生态破坏、交通事故等。四是与社会安全事件有关，如生物恐怖、恶性投毒等。

### 2. 分布的差异性

分布的差异性首先表现在时间分布差异上。不同的季节，传染病的发病率也会不同，如严重急性呼吸综合征往往发生在冬、春两季，肠道传染病则大多发生于夏季。其次，传染病在空间分布上也有差异体现，如我国南方和北方的传染病就不一样。此外，还有人群的分布差异等。

### 3. 传播的广泛性

在全球化时代的今天，疾病（病毒）很容易因为人和物通过现代交通工具的跨国流动而迅速传播，甚至会迅速造成全球性的传播。此外，传染病一旦具备了三个基本流通环节，即传染源、传播途径以及易感人群，就可能在无国界的情况下广泛传播，如2014年波及范围极广的埃博拉病毒疫情。

### 4. 危害的复杂性

重大公共卫生事件影响的绝不只是人类健康，更是会对人居环境、国内国际经济乃至全球政治都造成极大影响。比如2003年的"非典"（SARS）就曾对我国经济造成了巨大损失，而2014年埃博拉病毒更是造成了全球性的影响，其损失之大，不可估量。

### 5. 治理的综合性

突发公共卫生事件的治理难度很大，需要各方面同步进行综合治理。首先是技术和价值层面的结合，该事件治理不但要有一定的先进技术，还要有国家和社会的大力投入。其次是国内国际相结合。只有通过综合治理，才能快速有效地应对公共事件。另外，在治理公共卫生事件过程中，还要综合考量社会和民生问题，如社会体制、经济机制、工作效能以及国民素质等。而事实证明，国家的体制、社会和民众的配合都决定了治理的难易程度。所以，通过综合性的治理来应对突发公共卫生事件很重要。

## （三）突发公共卫生事件时政府的应对措施

我国《突发公共卫生事件应急条例》中规定：突发公共卫生事件时，国务院立即设立全国突发事件应急处理指挥部，由国务院有关部门和军队有关部门组成，国务院主管领导人担任总指挥，负责对全国突发事件应急处理的统一领导、统一指挥。国务院卫生行政主管部门和其他有关部门，在各自的职责范围内做好突发事件应急处理的有关工作。各省、自治区、直辖市人民政府成立地方突发事件应急处理指挥部，各地主要领导人担任总指挥，负责领导、指挥本行政区域内突发事件的应急处理工作。县级以上地方人民政府卫生行政主管部门，具体负责组织突发事件的调查、控制和医疗救治工作。县级以上地方人民政府有关部门，在各自的职责范围内做好突发公共卫生事件应急处理的有关工作。

## （四）突发重大传染病疫情应急救援处置程序

根据我国《旅游突发公共事件应急预案》的规定，发生重大传染病疫情时，救援处置程序如下：

（1）旅游团队在行程中发现疑似重大传染病疫情时，随团导游应立即向当地卫生防疫部门报告，服从卫生防疫部门做出的安排。同时向当地旅游行政管理部门报告，并提供团队的详细情况。

（2）旅游团队所在地旅游行政管理部门接到疫情报告后，要积极主动配合当地卫生防疫部门做好旅游团队入住酒店的消毒防疫工作，以及游客的安抚、宣传工作。如果卫生防疫部门做出就地隔离观察的决定，旅游团队所在地旅游行政管理部门要积极安排好游客的食宿等后勤保障工作；同时向上一级旅游行政管理部门报告情况，并及时将有关情况通报组团社所在地旅游行政管理部门。

（3）经卫生防疫部门正式确诊为传染病病例后，旅游团队所在地旅游行政管理部门要积极配合卫生防疫部门做好消毒防疫工作，并监督相关旅游经营单位按照国家有关规定采取消毒防疫措施；同时团队需向地区旅游行政管理部门通报有关情况，以便及时采取相应防疫措施。

（4）发生疫情所在地旅游行政管理部门接到疫情确诊报告后，要立即向上一级旅游行政管理部门报告。省级旅游行政管理部门接到报告后，应按照团队的行程路线，在本省范围内督促该团队所经过地区的旅游行政管理部门做好相关的消毒防疫工作；同时，应及时上报国家旅游局。国家旅游局应协调相关地区和部门做好应急救援工作。

## （五）重大食物中毒事件应急救援处置程序

根据我国《旅游突发公共事件应急预案》的规定，发生重大食物中毒事件时，救援处置程序如下：

（1）旅游团队在行程中发生重大食物中毒事件时，随团导游应立即与卫生医疗部门取得联系争取救助，同时向所在地旅游行政管理部门报告。

### 第二章 导游服务规程

（2）事发地旅游行政管理部门接到报告后，应立即协助卫生、检验检疫等部门认真检查团队用餐场所，找出毒源，采取相应措施。

（3）事发地旅游行政管理部门在向上级旅游行政管理部门报告的同时，应向组团旅行社所在地旅游行政管理部门通报有关情况，并积极协助处理有关事宜。国家旅游局在接到相关报告后，应及时协调相关地区和部门做好应急救援工作。

## （六）突发公共卫生事件时导游的应对措施

### 1. 保持高度的敏感

在带团的过程中，如果出现突发重大公共卫生事件，尤其是类似 2003 年的非典等，导游必须要有极高的敏感度，应迅速了解相关公共卫生事件发生的进度，分析团队可能面临的健康风险，并做出相应判断，积极采取应对举措。

### 2. 积极主动地配合

当突发重大公共卫生事件进一步扩大，导游应不信谣，更不传谣，在及时核实信息的准确性后（核实应以"人民日报""央视新闻"等官媒报道为准），迅速与游客沟通，做好宣传工作，提醒游客不要惊慌，注意自身健康和科学防护，依法协助、配合和服从相关政府部门组织开展的防控工作，配合勤洗手、戴口罩、检测体温，并依法接受相关机构关于传染病的调查、样本采集、检测、隔离治疗等预防控制措施。如果团队活动区域升级为中高风险区，团队应听从政府安排暂停行程。期间，导游应提醒游客主动配合防控工作，不要将"个人得失"放在第一位，一切安排应以"大局为重"。

### 3. 细致温暖地关心

当突发重大公共卫生事件时，导游需要更加关注游客的身体状况，如团队中游客发生发热、乏力、干咳、腹泻等疑似症状，应及时联系附近医院，按指导就医，按要求协助医生和游客沟通，请疑似病例配合临时隔离，并立即报告旅行社，就地停止旅游活动。一旦团队中疑似病例确诊，全团游客包括导游均需要接受隔离观察。其间，导游应通过短信和微信等与游客随时保持沟通，沟通内容应积极正面，向游客表达温暖和关心。

### 4. 尽力完成带团工作

如果突发公共卫生事件，导游带领的团队活动不在疫情影响的地区，导游则应在提醒团队做好防护的前提下，尽量协助大家完成旅游行程。当游客回到客源地，也要与游客保持联系，并提醒游客注意卫生防控。

## 四、巩固练习

**1. 单项选择题**

（1）下列关于突发公共卫生事件的描述，错误的是（　　）。

A. 突发公共卫生事件指的是突然发生，造成或者可能造成社会公众健康严重损害的重大传染病疫情、群体性不明原因疾病、重大食物和职业中毒以及其他严重影响公众健康的事件

B.《国家突发公共卫生事件应急预案》中，根据突发公共卫生事件性质、危害程度、涉及范围，把突发公共卫生事件分为四级

C. 突发公共卫生事件只对人的健康有影响

D. 突发公共卫生事件具有时间分布差异。不同季节，传染病的发病率会不同

（2）特别重大突发公共卫生事件不包括（　　）。

A. 发生传染性非典型肺炎、人感染高致病性禽流感病例，并有扩散趋势

B. 本地群体性不明原因疾病，并有扩散趋势

C. 发生烈性病菌株、毒株、致病因子等丢失事件

D. 周边以及与中国通航的国家和地区发生特大传染病疫情，并出现输入性病例，严重危及我国公共卫生安全的事件

**2. 多项选择题**

（1）突发公共卫生事件的特性包括（　　）。

A. 成因的多样性　　B. 分布的差异性　　C. 传播的广泛性　　D. 危害的复杂性

E. 治理的综合性

（2）在带团过程中，游客如遇到突发公共卫生事件，导游的应对措施包括（　　）。

A. 保持高度的敏感

B. 积极主动地配合

C. 细致温暖地关心

D. 如旅游活动不在疫区中心，导游在团队做好防护的前提下，应尽力完成带团工作

E. 如旅游团队中疑似病例确诊，全团游客需要接受隔离观察。导游可以不用隔离，应配合相关政府部门，组织开展团队的防控工作

（3）根据我国《旅游突发公共事件应急预案》的规定，发生重大食物中毒事件时，救援处置程序包括（　　）。

A. 旅游团在行程中发生重大食物中毒事件时，随团导游应立即向所在地旅游行政管理部门报告

B. 旅游团在行程中发生重大食物中毒事件时，随团导游应立即与卫生医疗部门取得联系

C. 事发地旅游行政管理部门接到报告后，应立即协助卫生、检验检疫等部门认真检查团队用餐场所

D. 事发地旅游行政管理部门在向上级旅游行政管理部门报告的同时，应向组团旅行社所在地旅游行政管理部门通报有关情况

E. 国家旅游行政管理部门在接到相关报告后，应及时协调相关地区和部门做好应急救援工作

### 3. 思考题

在旅游过程中，如有突发公共卫生事件发生，导游应如何进行应急救援处置？

巩固练习答案

## 第十节 送站服务

### 案例导入

导游小林即将把旅游团送往机场。按原定计划，飞机上午10点从成都起飞，到达黄龙机场后，当天下午游览黄龙，次日游览九寨沟，旅行社也提前定好了各景点门票。因为要赶早班机，小林头天晚上提前定好了闹钟，一大早就赶到酒店，不料游客不准时，酒店行李员还忘记收行李，小林赶紧跑上跑下帮游客把行李搬上车，好不容易旅游车出发前往机场了，早上8点又遇到了大堵车。到达机场后，焦急的小林一路飞奔到值机柜台，游客行李又超重，小林忙活了好一阵终于办好了托运，这时值机人员告诉小林，飞机下午1点30分才起飞，上个月已改了春季时刻，旅行社的票是1月买的，所以没有通知。小林赶紧向游客解释，好不容易把游客安抚好，又接到航空公司短信，航班晚点到下午5点30分起飞。

导游小林该如何处理？原定的行程还能按计划进行吗？导游应如何避免类似情况的发生？

【案例分析】导游在送机（车、船）前，应再次核对送站地点、班次、起飞时间等信息。由于旅行社预订期长，航班时间有可能发生变化，导游应提前核对相关信息。此外，导游应留出充分的送机时间，防止因突然状况、堵车等造成误机（车、船）。如航班延误时间较长，导游应立即报告旅行社，按旅行社指示办理。就本案例而言，旅行社可改签机票，让游客尽早离开以免影响其后的行程；如改签不成，也可改乘其他交通工具前往下一站。导游在送站之前，应严格按照送站流程执行，不能有丝毫失误，误机（车、船）会给旅行社带来巨大损失，导游应高度重视。

第十节　送站服务

## 一、学习目标

（1）了解导游送站前的准备工作；

（2）熟悉导游送站服务流程；

（3）掌握不同风格欢送词讲解方法和技巧；

（4）掌握送站后的导游后续工作内容。

## 二、学习纲要

| | |
|---|---|
| 学习要求 | 1. 学习本节相关知识；<br>2. 熟悉送站前的各项准备工作；<br>3. 学习不同风格欢送词并分析其创作技巧；<br>4. 掌握导游送国内航班（火车、轮船）和国际航班时不同的工作细节 |
| 教学地点 | 导游情景模拟实训室 |
| 教学设施 | 1. 导游旗、导游证等送站时需要的物品；<br>2. 游客意见调查表、交通票据和各类票据等送站前的工作交接物品；<br>3. 模拟情境过程中需要的其他物品 |
| 教学内容与步骤 | 1. 学生分组，分别扮演游客、导游、全陪、领队、司机、酒店前台人员、机场柜台人员等，准备好模拟情境所需的各种物品和设施；<br>2. 学生分组扮演角色，模拟送团前的准备工作，确认交通票据；<br>3. 学生分组扮演角色，模拟和司机商定出发时间，通知游客做好出发准备，告知酒店柜台准备；<br>4. 学生分组扮演角色，模拟团队离开酒店时的各项服务；<br>5. 学生分组扮演角色，模拟完成送团时的场景；<br>6. 学生分组完成欢送词的创作和模拟讲解；<br>7. 学生分组扮演角色，模拟机场办理离站手续时的场景；<br>8. 学生分组扮演角色，模拟完成工作总结和回公司办理报账等结算手续<br>9. 分组讨论并完成模拟案例及巩固练习；<br>10. 教学效果考核及教师点评；<br>11. 教学结束 |

## 三、相关知识

导游送团前的服务，包括以下几个方面：送行前的准备工作、离店服务、送行服务、离站服务和总结工作。

### （一）送行前的准备工作

#### 1. 核实交通票据

旅游团离开本地的前一天，导游应再核实该团队离开的交通票据，核实内容主要包括机场

（车站、码头）名称、人数、航班号（车次、航次）、起飞（开车、起航）时间、舱位等级。

若是离境的国际航班，导游还应提醒领队和游客提前整理好行李、准备好海关申报单，以备海关查验。

### 2. 商定时间

商定出发时间包括叫早时间、出行李时间、早餐时间、出发时间四部分。因为司机熟悉路况和车程，导游应先与司机确定出发时间，再根据商定好的出发时间反推其他时间。另外，导游可在晚餐时或返回酒店途中，和领队、全陪确认叫早、出行李和早餐时间，要确保时间充裕。

### 3. 通知游客

导游应在合适的时候，将次日的各项时间安排报告游客，如有必要，要重复一遍甚至多遍，也可请领队再次强调，确认每位游客都知晓相关信息。返回酒店前，导游还应提醒游客将托运行李和手提行李提前准备好，提醒证件、现金和贵重物品随身携带；告知游客乘坐航班注意事项。若游客在酒店有个人消费，提醒游客主动前往柜台结账（洗衣费、长途电话费、饮料费和其他费用）。

### 4. 通知酒店

导游应把叫早、用餐及出行李时间通知酒店有关部门，并尽量提前确认团队账目、发票或签单，以免第二天由于自己结账时间过长耽误团队出发。如该团乘坐早班飞机或火车离开，需要改变用餐方式（如打包早餐），导游应提前安排。

## （二）离店服务

### 1. 交接行李

团队离开酒店前，导游应按照约定的时间与全陪、领队和行李员做好四方交接行李，共同确认托运行李总件数，检查行李是否上锁、有无破损等，有问题及时处理，在行李装车前，提醒游客确认好行李后再上车，做到万无一失。

### 2. 办理退房

通常情况下，酒店的退房时间在中午12点以前（如无特殊原因），导游应协助游客主动交还房卡，结清账目，提醒房间不要有遗留物；若游客损坏了房间物品，导游也应协调赔偿事宜。

### 3. 集合登车

引领游客登车，开车前，导游应再次询问游客是否遗漏物品、是否结清个人账目、是否交还房卡；提醒游客再次检查证件、钱物、贵重物品，确认无误后，导游应礼貌清点人数，确认无误后方可通知司机开车。

### (三) 送行服务

送行服务是导游留给游客的最终印象，也是导游借此表达情感的重要环节。无论是感恩、致歉、祝福，都可一一实现。因此，导游应真挚对待并用心传递。

一名优秀的导游，可在送行环节通过高超的语言能力，让游客去理解和原谅行程中不尽人意的地方，更会用真情实感去打动游客，让游客依依不舍。

#### 1. 总结回顾

旅行的时光总是短暂的，游客的欢乐需要被导游提炼和总结。在这一环节，导游应用简短时间，对行程做快速的回顾和升华，以加深游客的印象，增强认识。在总结回顾的讲解中，导游应突出"有特色、有代表性的景点"和"旅游团趣事"两方面的内容，引发共鸣，使游客在美好的回忆中结束本次旅行。

#### 2. 致欢送词

欢送词和欢迎词首尾相接，遥相呼应，是旅游活动的"句号"。如果说导游的第一次亮相成功且精彩，那么导游在送别游客的时候，留下的印象则会长久而深刻。一段精彩的欢送词，能将团队之间的情感推向高潮。因此，导游应精心设计，使之情真意切；还要注重语言感染力，不可虎头蛇尾，前功尽弃。

就共性而言，欢送词应包括总结、感谢、惜别、征求意见和表达祝愿。

就内容而言，欢送词不可千篇一律，要因团而异，可采用感谢式、道歉式、抒情式等多种风格。

#### 3. 征询意见

通常在致完欢迎词后，导游要发放一份《游客意见表》或《旅游服务质量评价表》请游客填写。导游应请游客认真完成这项内容，这也是旅行社改进产品的最佳参考。由于游客可能此时正沉浸在彼此惜别的感动中，通常会原谅行程中的细小差错，填写和勾选的内容也大都会手下留情。此时，导游应再次对游客的理解和包容表示感谢，并口头征询一些意见和建议，然后把相关建议带回旅行社，以便对行程和产品进行优化改进。

#### 4. 提前抵达送站地点（机场、车站、码头）

导游送团前应随时和司机沟通行程、路线，应考虑交通堵塞等各种因素，确保留出充裕时间将团队送至站点（机场、车站、码头）。具体要求是：出境航班提前3小时或按航空公司规定时间；国内航班提前2小时；乘坐火车、轮船提前1小时。

旅游大巴抵达交通港后，游客下车前，导游应提醒游客带上随身行李物品，下车后，还应与司机一起再检查一遍车上是否有遗漏物品。

### 5. 与司机结账

抵达机场（车站、码头）后，因导游要协助办理票务和托运等事宜，司机也会有其他工作需要离开站点，所以导游应提前和司机确认好结账手续，或按旅行社规定在用车单据上签字，并妥善保留好单据。最后，导游应向司机表达感谢，感谢合作和支持并道别。

## （四）离站服务

### 1. 办理离站手续

送国内航班（火车、轮船）时，导游应协助全陪为团队办理换登机牌和行李托运手续，再次提醒游客手提行李和托运行李的有关规定。

送出境航班（邮轮）时，导游和全陪应协助领队为团队办理登机牌，而国际段的行李托运需要实名制，应提醒游客以家庭为单位来托运，协助其自行完成行李托运手续，必要时还要协助游客办理购物退税手续，并向游客重申出境手续的程序，告知中国海关有关规定。

### 2. 送别游客

导游应提醒游客登机（车、船）闸口号码和时间，并引领游客前往安检区域。此时，导游应热情告别，祝福游客一路平安，期待重逢。最后，导游应等旅游团成员全部顺利通过安检口，直至全部进入隔离区后再离开。

## （五）总结工作

送走旅行团，导游的工作并未结束，还需要做好游客的善后服务（委托事宜），并整理有关记录总结工作，前往旅行社完成报账和最后的交接工作。

### 1. 处理善后和遗留问题

导游下团后，应认真、妥善地处理好团队遗留问题，如游客有托运、转交等托办事宜，应按规定办理，必要时，应请示旅行社领导。

要特别注意的是，转交游客物品时，必须当面打开清点，请游客写好委托证明；转交的物品里不应有食品，以防变质或其他问题。

### 2. 做好带团总结

导游应做好团队的相关记录，将详细接待情况和是非得失详细整理出来，并填写好《导游日志》。对于团队中发生的突发事件和重大事故，导游还应保存好相关单据，写出事故详细报告，以备存档和查验。

总之，对于导游自己而言，总结工作既是一种工作经验的积累，也对以后不断完善导游工作有着特殊作用。上进好学的导游应善于总结，不断更新和补充有关接待技巧和各种知识，只有这样才能百尺竿头，更进一步。

### 3. 前往旅行社报账

导游应在规定时间内前往旅行社报账，如实填写报账单，先请工作人员审核确认，最后提交财务部门审核，完成现金和签单表格的清算工作。

### 4. 与有关部门办理交接

导游应向有关部门提交《导游日志》《游客意见表》或《旅游服务质量评价表》，并及时归还在旅行社里借用的工作物品。

## 四、模拟案例

**案例一**：设计送站服务流程并注明具体服务内容。

**案例二**：学习以下导游送团前情境对话，再分组进行模拟练习。

案例一答案

（送团前一天晚餐后返回酒店途中）

1. 开车前，导游先询问司机意见

导游：李师傅辛苦了，明天上午的送站航班是9点30分飞台北，您觉得我们明天几点从酒店出发比较合适？

司机：从酒店去机场至少需要40分钟，还要多预留些时间，预计5点30分就得从酒店出发。

导游：谢谢李师傅，那我和领队确认一下叫早时间。游客都齐了，我们可以开车回酒店了。

2. 导游转向领队商讨时间

导游：朱先生，我和您确认一下，我们明天的航班号是CA×××，时间应该是上午9点30分起飞前往台北，没错吧？

领队：没错，我们明天怎么安排？

导游：我刚才和司机商量了一下，从酒店开车去机场大约需要1小时，所以早上5点30分就要从酒店出发，您看我们安排几点叫早比较合适？

领队：可以让大家多休息一下吗？我建议叫早时间安排在4点45分，我们洗漱一下就下楼。可是，早上5点酒店有早餐提供吗？

导游：好的，我们酒店的早餐最早开放时间是6点，无法再提前了。不过，我下午已经和酒店沟通，会提前为每位游客准备早餐盒带走。

领队：费心了，那我们就4点45分起床吧，我等下会提醒游客今晚就提前整理好行李。

## 第二章　导游服务规程

导游：好的，那我们先回酒店休息，谢谢您，朱先生！

3. 导游又转向游客

导游：各位贵宾，晚上好。看大家谈笑风生，好开心的样子，看来晚餐用得非常愉快啊？

游客：是啊，这一餐简直太高级了。让我们终于体验到了真正的"满汉全席"，今天中午的"饺子宴"也非常好吃，你这是让我们舍不得离开的节奏啊，安排实在太棒了！

导游：那我也就开心了！希望北京能带给你们一个难忘的旅行记忆。用完这个超级棒的晚餐，我们现在就要返回酒店休息了。回酒店大约需要15分钟，给大家报告一下明天的时间安排。明天大家就要离开北京，我们将乘坐9点30分的航班飞往台北，从酒店去机场的车程大约是1小时，所以明天大家要稍微早起一点。请大家记住明天的时间安排：我们4点45分叫早，5点请大家把大件行李放在房间门口，酒店行李员会来统一收取，小件行李和贵重物品请随身携带；5点20分之前请将房卡退还柜台，大家确认了大件行李都装车后，5点30分准时出发前往机场。由于出发太早，我们特意为大家准备了可以带走的早餐盒，里面配备了面包、牛奶、鸡蛋和水果等，大家可以带上在候机时慢慢享用。特别提醒大家，如果入境有申报的物品请检查好，申报单请随身携带，大家在行程中没有吃完的水果，可以带出境，带上飞机，但是请一定在下飞机前吃完或处理掉，据我所知，台湾不可携带新鲜水果入境。再给大家报告一下托运的注意事项，大件行李请一定要上锁，以免托运损坏或丢失东西；证件（台胞证、护照）、钱包及贵重物品请随身携带，不可以打包在大件行李里面；行李里也不可以有锂电池，比如充电宝之类的物品；每位免费托运行李额是23公斤[①]，请大家适当调整重量。另外，各位如果在酒店内有个人消费，请今晚就主动前往前台结账，以免明早太仓促影响出发时间。我再次强调一下明早时间安排（慢速）：4点45分叫早，5点出大件行李，5点20分退房卡并领取早餐盒，5点30分确认行李后上车准时出发。如果大家有不清楚的地方，可以再向我提问。好的，各位贵宾，我就报告到这里，还有5分钟到酒店，最后请全陪和领队来做一下总结，祝大家晚安！

【案例分析】送团服务从送团前一晚就开始做准备工作了。因为司机最熟悉路况，所以送机导游应和司机先确认出发时间，询问领队（全陪）的意见后再做出安排。同时，和领队（全陪）确认航班号（车次、船次）、时间。由于这个团队出发太早，游客无法在酒店用早餐，但因为预订的房间含早，导游应至少提前一天通知酒店（酒店餐饮部下班前）准备早餐盒打包，太晚通知会导致酒店无法准备。关于离店注意事项（检查贵重物品、退房卡、个人消费结账）、托运（海关）注意事项等都在通知游客的准备工作中。关于时间通知，一定要重复一次甚至多次，确保每位游客都能听清楚。

最后，全陪致欢送词的环节在送站前一夜，可以安排在导游讲完话以后进行，必要时，还可以请领队做总结性发言；同时，再通知一遍叫早时间。

---

① 1公斤=1000克。

## 五、范例展示

范例1：欢送词（感谢式）

感谢式的欢送词是最常见的一种，如团队行程顺利且完美，导游在送团时，将感谢之词赠予客人，会起到锦上添花的效果。

示例如下：

各位游客朋友们，我们的大东北之行在这里就要圆满结束了。东北的黑土和白云记住了你们的欢声笑语，而我和大家的缘分，也要感谢这黑土和白云的见证。在大家即将踏上归途前，我要特别感谢大家，感谢你们的到来，让我们有机会可以一起去看这大山大水，看这山水之美。感谢大家的宽容和随和，让我们的旅途充满了乐趣，也使我的工作变得特别轻松；我还要感谢我们的领队李小姐和全陪张先生，他们是最专业的导游和合作者，正因为有他们的协助和配合，我们的行程才如此圆满和顺利；最后，我还要感谢我的同事司机师傅，是他安稳的双手，带给我们一路的平安，是他的细致和准时，让我们的旅行项目得到最好的保障，让我们记住了这段难忘的旅行。

我会永远记住大家的笑脸。这次有机会陪伴你们、为你们服务是我的荣幸，大家回到台北，一定要想念大东北，要想念我哦。正如你们所言，八千里路云和月，大陆实在太大。我也期待你们再来，再一起去聆听华夏故事，去感受五千年的传承。感谢遇见，感谢缘分，我们永远永远是一家人！

范例2：欢送词（道歉式）

道歉式的欢送词常常用于导游安排有误或行程不完美的情形，是不得已而为之。新导游因为经验不足，如再遇到旅游旺季，难免会出现接待差错，导游应本着诚恳的态度，在送团时再次说明情况，说明真诚为大家服务的意愿，以消除游客的不愉快，这样既表达了诚意，又可使游客明白导游的态度。但注意致歉言语不可过多，不要把过错反复强调，要适可而止，情感真挚。

示例如下：

各位游客，完成了我们五台山的朝圣之行，本次的"大美山西环游记"就要结束了。回顾我们在山西这十二天的行程，虽有辛苦，但快乐和欢笑一直伴随着大家。谢谢大家在旅行中创造出的记忆和感动，最让我感动的就是各位的包容和理解。如果要说有美中不足的地方，就是我们大巴车坏在高速公路上，让大家在酷热难耐中等待了几小时。虽然这不是我和司机师傅能预料到的，也尽最快的速度为大家解决了问题，基本上没有影响到游览，但也给大家带来了一些不完美的感受和体验。在这里，再次向大家真诚道歉，请求大家的谅解，同时也请大家相信，我虽然不是最好的，但一定是最努力、最真挚的，我的陪伴和用心，相信大家也看在眼里。如果再有机会陪大家同行，我一定用更好的状态来迎接您的到来。最后，祝福各位好人一生平安，各位回程飞行愉快，期待再见！

### 范例3：欢送词（抒情式）

抒情式的欢送词，也是常用的方式之一，但注意情感拿捏，还要注意用词和表达，过分渲染容易给人虚情假意之嫌，导游应做到收放自如，点到即可，真情自然流露。

示例如下：

各位团友，大家好！当我再次拿起这沉甸甸的话筒，心情也变得复杂。有非常多的感慨和感谢，更有太多不舍。愉快的旅行就要结束了，但我们的友情似乎才刚刚开始，我随时等待着大家的再次来访。大家要记得，我说过九寨沟四季都很美，也答应过你们，要等待你们再来，再一起去看九寨沟春的绽放、夏的灵动、秋的绚烂和冬的冰雪。等你们再来，我一定会用更好的礼物来迎接您，相信九寨沟，也会用旧貌换新颜，等待着你们再次拜访。我会记住各位，记住你们的每张笑脸，记住我们共同创造的8天快乐和短暂的同行时光。天下没有不散的宴席，匆匆相聚又匆匆离别，但我相信，我们将会很快重逢。感谢大家的支持与合作，祝大家永远健康，快乐！

### 范例4：欢送词（唱歌式）

音乐无国界，唱歌式的欢送词效果往往很好；同时，音乐也最能让人进入另一种情感境界。如导游比较擅长唱歌，而且能够抓住恰当时机用唱歌来表达自己的惜别情感，适当调动游客情绪，将会把行程推向高潮。但是导游平时要学唱一些本地民歌和健康的流行歌曲。

示例如下：

各位游客，行程到这里就要和大家说再见了！几天来，千年风华的古寺古镇，恰到好处的美景美食，都给大家留下了深刻的印象。我们一路欣赏也一路欢歌，真是回忆满满，氛围好极了。在送别大家之时，我又忍不住想要送出一首歌，一首改编过的《小城故事》来结束本次旅行，希望大家能记住我，也希望能记住我的歌声和我们一起走过的旅程。"西安故事多，充满喜和乐，若是你到西安来，收获特别多……"

### 范例5：带团总结（导游日志）

带团总结（导游日志）是导游对每次团队接待过程中的自我整理和归纳，实际上也是一个工作体会。通常从正反两面写带团总结，以便在日后的工作中扬长避短，做得更好。

示例如下：

2020年10月29日 晴

今天早上7点30分我又送走了一批北京游客，这个团在河南游览了郑州、洛阳、南阳、焦作、开封和安阳，虽然城市多，景点多，线路也长，但是大家玩得非常开心。感觉游客都不累的样子，但我还是有点累，现在看到游客顺利飞回北京，我也可以休息两天了。

这个行程整整10天，总体比较顺利，但对我来说，是得失参半吧。

在每个城市的接待上，总体来说做得不错，郑州和洛阳就不用说了，酒店和餐厅都很好，游客满意度也高。可行程中的美中不足就是某餐厅虽然在当地是最好的酒楼，但完全没有接待旅游团队的经验，配的菜别说游客无法接受，就是我也看不下去。虽然后来又自己花钱，加了两个菜给游客，但总觉得没安排好，以后再去这个地方，一定要提前给游客们说明情况，提前求得理解。如果能有另一个新的餐厅选择，我也一定试着换一家，要在用餐之前，把游客用餐的菜单全部确定下来，并交给全陪确认，这样也许就没问题了。还有一件事儿，必须记录下来。那就是在××博物馆参观的时候，因为是旅游旺季预约不到讲解员，临时预约的讲解员是个新手，竟然讲不出来，看完那么重要的一个博物馆，只花了40分钟的时间，虽然后来我也在旅游大巴上做了一些补充讲解，但相信游客一定觉得有些遗憾。虽然游客们宽容地说："没关系，这里太大了，我们以后要预留三天才能看个够。"当然，这件事情对我的触动也很大，以后我就有经验了，在旅游旺季的时候，一定提前预约讲解员，自己也要多准备一些历史文化知识，以备不时之需。

不过，在这次行程中我也有很多收获。不仅和游客们建立了深厚的友谊，而且在和他们的交流中，学会了几句标准的北京方言，真有趣啊！

总之，要想当一名好导游是需要花很长时间的，我会继续努力，相信只要用心学习和总结，我一定会成为一名更专业、更优秀的导游。加油！

## 六、巩固练习

**1. 单项选择题**

（1）旅游团队离开本地前往机场（车站、码头）的时间一般由导游和（　　）商定。

A. 领队　　　　B. 全陪　　　　C. 游客　　　　D. 司机

（2）导游带团到达机场（车站、码头）必须留出充裕的时间。乘坐出境航班通常提前（　　）小时到达机场。

A. 1　　　　B. 2　　　　C. 2.5　　　　D. 3

（3）某旅游团将乘坐当天15点起飞的航班从广州飞往北京，导游应在（　　）前带领团队到达机场。

A. 12点30分　　B. 13点　　C. 13点30分　　D. 14点

（4）某旅游团乘坐的动车将于早上8点10分出发前往上海，导游应在（　　）前带领团队到达车站。

A. 6点10分　　B. 6点30分　　C. 7点10分　　D. 7点30分

（5）导游带团到达机场（车站、码头）必须留出充裕的时间。乘坐国际航班、国内航班和火车或轮船通常分别需要提前（　　）小时。

A. 3、2、1　　B. 1、2、3　　C. 3、1、2　　D. 3、2.5、0.5

## 2. 多项选择题

（1）旅游团离开前一天，导游应认真核实旅游团离开的机（车、船）票，（起飞、开车、起航）时间要核实（　　）。

A. 计划时间　　　　B. 时刻表时间　　　　C. 票面时间　　　　D. 问询时间

E. 当地时间

（2）欢送词的主要内容是（　　）。

A. 回顾游客在本地的旅游活动

B. 与游客互留联络方式并表达友谊和惜别之情

C. 对领队、全陪和游客的合作表示感谢

D. 征求游客对接待工作的意见和建议

E. 表达美好的祝愿，欢迎再次光临

（3）送走旅游团后，导游的后续工作包括（　　）。

A. 认真、妥善处理好旅游团的遗留问题，如按规定办理游客托办的事宜

B. 上交票据、表单、结算单、门票存根等

C. 做好接团小结，实事求是汇报接团情况

D. 按旅行社要求在规定时间内，填写有关接待和财务结算表格

E. 到财务部门结清账目

（4）导游送站前的工作是（　　）。

A. 核实离开的飞机（车、船）起飞（开车、开航）时间、在哪个机场（车站、码头）离开等事项

B. 与行李员、领队、全陪共同商定出行李时间

C. 与领队、全陪商定出发时间

D. 与领队、全陪商定叫早和早餐时间

E. 提醒游客尽早与酒店结清有关账目

（5）某旅游团结束了当地的游览后，将乘火车前往下一城市继续旅游，在导游的送站服务中，正确的是（　　）。

A. 提前为旅游团准备火车票　　　　B. 与司机商定送站时间

C. 与酒店行李员确认出行李时间　　　　D. 请领队通知叫早和离店时间

E. 提前半小时到达火车站

## 3. 思考题

（1）送团前，导游应提醒游客哪些事项？

（2）离开酒店时，导游应提醒游客注意哪些事项？

（3）谈谈导游下团后进行总结的必要性。

## 4.能力训练

（1）根据拓展阅读的范例创作不同风格欢送词。

（2）在送团去飞机场途中，一位游客突然问导游："前几天我拜托你帮我打听的那个人，有消息了吗？"可是导游虽然当时答应了下来，但过后因为工作太忙而没有去办这件事。请问导游此时应该如何回答这位游客的问题？

巩固练习答案

# 第三章

## 景点游览与途中讲解

> **知识要点**
>
> 通过景点游览与途中讲解实训,掌握途中导游、景点游览时导游服务的内容与技巧、不同类型景点的导游词创作及讲解技巧,通过各种练习提高学生带团技能与讲解技能。

## 第一节 途中导游

**案例导入**

导游小丁是2021年刚取得导游证的新导游。进入旅行社后,她听老导游说,导游讲解分为景点讲解与途中讲解,导游要针对不同景点的类型及特点创作景点导游词;而途中导游涉及面广,内容丰富,相当考验导游的综合能力。小丁打算在正式带团前先自己尝试着写一些途中导游词,但又不知如何下笔。

作为刚入行的导游,要怎样准备与创作途中导游词呢?创作时有哪些需要注意的地方?

【案例分析】途中导游是导游讲解工作中非常重要的一环,是衔接景点与景点之间的关联性内容,也是增加旅途乐趣的重要方式;同时,途中导游也是导游宣传地方旅游文化、普及相关知识的主要手段,是智能导游无法替代的环节。途中讲解的内容,因地而异、因导游而异,也是最考验导游讲解功底的环节,对导游知识面的要求、讲解的要求很高。对新导游来说,创作途中导游词不容易,需要先学习途中导游服务内容与方法、导游讲解与导游词创作技巧,然后在实践中逐渐积累经验,丰富讲解内容。

### 一、学习目标

(1)掌握途中导游服务流程及注意事项;

(2)掌握短途导游词创作原则与技巧;

(3)了解长途导游词创作原则与技巧;

(4)掌握途中导游讲解技巧。

第一节　途中导游

## 二、学习纲要

| | |
|---|---|
| 学习要求 | 1. 模拟途中导游服务流程；<br>2. 撰写途中导游词；<br>3. 模拟途中导游讲解 |
| 教学地点 | 当地景区、模拟导游实训室或多媒体教室 |
| 教学设施 | 1. 导游证、导游旗、麦克风；<br>2. 模拟景点、3D 景点软件、VR 等；<br>3. 其他模拟情境需要的物品 |
| 教学内容与步骤 | 1. 分组：学生分组，分别扮演游客、导游、全陪、领队、团长等，准备好模拟情境所需的各种物品和设施；<br>2. 学习本节相关知识；<br>3. 分组学习并讨论途中导游模拟案例；<br>4. 结合当地旅游资源，选择相应线路并创作途中导游词；<br>5. 分组进行途中导游模拟练习；<br>6. 教学效果考核及教师点评；<br>7. 教学结束 |

## 三、相关知识

### （一）什么是途中导游？

途中导游是指从一个地点到达下一目的地之前，导游在旅游车上、火车或轮船等交通工具行进过程中为游客所做的讲解服务。通常包括总结或回顾刚结束的行程、介绍下一目的地概况、对即将参观的景区做概括性介绍、介绍沿途风光、到达景区前交代到达时间、提醒注意事项、预告游览线路和游览时间等。沿途风光介绍指的是对沿途风光或途中看到的标志性建筑、特色建筑、主要道路的介绍，景点相关知识的普及等。途中导游既可让游客对沿途各地文化和特色等有更多认识，又可让游客对接下来的行程安排做到心中有数；既有效避免某些因游客事先不知道、不了解而带来的麻烦，又能减少导游在嘈杂景区中讲解的内容。途中导游不仅给游客留出更充裕的游览时间，而且能带给游客更好的旅行体验。

### （二）途中导游服务流程

#### 1. 离店前提醒游客清点贵重物品、证件等

每次旅游团离开酒店前，导游应首先清点人数。清点人数时可从车头走到车尾数一遍，再从车尾走回车头数一遍，如发现人数不够，应向领队、全陪或同房游客了解该游客缺席原因。旅游车开车前还应提醒游客清点贵重物品、证件、行李等是否带齐，确认无遗漏后再离

开酒店。在确认人数无误后，告知司机游客已到齐，可以开车了。开车前，导游还应和司机再次确认下个景点名称，防止司机记错。

### 2. 安全提醒

行车前要提醒游客注意安全，讲清注意事项，防止行车途中出现安全问题。

### 3. 介绍当天行程安排及车程

行车后，导游应向游客讲清当天的行程安排，包括即将游览的景点、游览时间、车程、大概的行车时间、全天餐食的安排，让游客做到心中有数。

### 4. 景点概况简介

讲完当天的安排后，导游在到达景点之前，应向游客简要介绍即将参观的景点，让游客提前了解该景点，同时也激发游客的游览兴致，具体讲解内容视时间而定。

### 5. 介绍沿途各地

导游应根据行车线路，了解途中可能经过并看到的标志性建筑、道路，游客可能感兴趣的当地风土人情等知识，提前设计并准备好沿途讲解词。

## （三）途中导游讲解技巧

### 1. 出发前了解相关旅游资源与线路

导游在接到带团任务后，除了要了解即将游览的各景点基本情况，还需要提前了解行车路线、途经地的路程、行车时长、途经地的基本情况、当地旅游资源及特色、当地文化、民俗、少数民族状况等。导游可通过多种途径搜集资料，整理并创作适合自身讲解风格的内容。

### 2. 途中讲解时导游的站位

途中讲解大部分是在行进的旅游车上进行的，讲解时要注意安全，站位或坐位要符合规范。旅游车行进时，尤其是在高速公路上行驶时，导游在确保自身安全的前提下，坐着讲解，座位的位置应是旅游车上的导游专座；旅游车没有行驶时，可站在旅游车前部进行讲解。

### 3. 讲解时长适中

如果是短途旅游，导游可充分利用行车时间介绍沿途景物、交代行程安排和提醒注意事项，以便减少游客在景点集中听导游讲解的时间，给游客留出充分时间游览。但如果是长途旅行，导游则应注意劳逸结合。游客旅行的第一目的是游览，听讲解是其次，要注意避免长篇累牍式讲解。如游客已明显感觉困乏或枯燥，导游还在不停地讲解，会使讲解效果打折扣，所以途中讲解并不是越多越好。据测算，通常人们在连续听讲75分钟以后就很难再集中注意力。不仅游客的耳朵需要休息，司机的耳朵也需要休息，长途驾驶容易疲劳，如果导游在车上一直不停地讲解，对司机也是一种困扰。导游也需要休息，只有休息好，到下一个目的地时才能更好地为游客服务。因此，导游应科学地进行途中讲解，讲解时长应适中。

### 4. 条理清晰，逻辑分明

导游在进行途中讲解时，应注意内容的逻辑性和条理性。首先要让游客清楚了解团队接下来的行程安排与相关内容，如车程、游览时长、注意事项、即将参观的景物、景点性质、相关知识等。介绍沿途风光时，导游要特别注意条理性和逻辑性。在长途旅游中，途中讲解内容避免杂乱无章。每到一地，应围绕当地景物特色，层层递进；或是围绕某一主题，进行条理清晰的讲解。

### 5. 语言生动有趣

虽然导游在讲解时应多用口语化、生活化的语言进行，但讲解中要注意语言的生动性。应避免使用过于抽象的语言，尽量用平实朴素的语言，以轻松愉快的方式来表达。因缺乏经验，新导游在介绍景区概况、当地概况时很容易讲成百科全书式的内容，这样会使游客感觉枯燥乏味。导游应加强自身的讲解及语言能力训练，在讲解方式和内容上多下功夫，学习优秀导游词创作技巧，总结出适合自身特点的讲解方式，创作出生动有趣、有深度、有内涵的讲解词。

## 四、模拟案例

**案例**：某来自北京的旅游团刚结束了成都武侯祠的游览，即将前往望江楼公园游览。从武侯祠到望江楼公园，行车时间约30分钟。根据途经地信息、游客兴趣、爱好等设计途中导游服务流程并创作时长约15分钟的途中讲解词。

模拟案例答案

## 五、范例展示

### 范例1：短途旅游途中讲解

某来自武汉的旅游团将在四川成都停留数日，根据行程信息，其中一天的游览景点为武侯祠，从旅游团下榻酒店出发，前往武侯祠的车程约30分钟。

各位朋友大家好，新的一天很高兴又和优秀的你们见面了。

# 第三章 景点游览与途中讲解

（第一步：离店提醒事项）

首先请大家仔细检查随身物品有没有带齐。来，跟我做：从上到下，先摸摸脸，看看眼镜、耳环、假牙在不在；再摸摸脖子，看看金项链在不在；拍拍胸口，看看钱包带没带；手伸出来，看看戒指在不在；手机一定要拿出来看看，不要把遥控器揣走了。东西都带齐了，我们出发了。

（第二步：安全提醒事项）

请大家系好安全带，出门在外永远记住安全第一。行李架上的物品要放好，不要放太重的东西，防止在大巴车行驶过程中掉落，行车途中不要站起来。

（第三步：行程安排及车程介绍）

今天我们首先要去参观的景点是成都武侯祠博物馆，车程约30分钟，估计中午12点参观结束。午餐是四川风味餐"药膳"，午餐后去往杜甫草堂博物馆，那里是纪念诗圣杜甫的一处园林景观。晚餐为大家安排了四川特色火锅，晚餐后请大家欣赏著名的川剧——变脸。

（第四步：介绍景点概况）

武侯祠位于成都市中心，南面武侯祠大街，是纪念三国时期蜀汉的君臣的一处胜迹，距今已有近1800年的历史了。这里可以看到刘备墓、刘备的汉昭烈庙、纪念诸葛亮的武侯祠、纪念刘关张桃园结义的三义庙和展示汉代出土文物以及三国文化的陈列馆。我们在武侯祠的参观时间约一个半小时，然后有40分钟的自由活动时间，大家可以去旁边的锦里古街逛吃逛吃。锦里古街是2004年打造出来的一条仿古民俗街，里面展示了四川的特色民居建筑、各种四川民间手工艺、名小吃，也有很多现代的创意小店。

（第五步：沿途导游讲解）

我们现在正行驶在成都最早、最宽也是最著名的一条主干道——人民南路。这条路纵贯成都南北，从市中心的天府广场一直延伸到成都的天府新区，沿途的建筑承载了成都浓浓的历史和文化。我们正经过的这座桥叫作天府立交，立交桥跨越的这条路是三环路。成都在20世纪90年代的时候还只有一环路，全长19公里，后来有了二环路，全长25公里，现在二环路全程还修建了高架。2002年成都开通了三环路，全长51公里，再后来又修建了绕城高速，也就是四环，全长85公里，现在更是贯通了第二绕城高速，相当于五环。我们习惯上叫"二绕"，全长223公里。实际上成都还有三条环城路，其中最里面沿着府河、南河修建的一条路，成都人称为内环。二环到三环之间还有2.5环，地铁七号环线就是在2.5环下面。三环到绕城之间当然就叫3.5环啦，附近也有地铁环线。成都目前已经开通了地铁1、2、3、4、5、7、10、18号8条线路，预计到2025年会开通全部18条地铁。成都的地下水资源非常丰富，所以在成都建地铁其实是一件不容易的事情。

说话间我们已经来到了二环。成都人现在主要的居住区域是在二环以外，按东南西北分成四个比较明显的区域。以前我们爱说，东门工，南门富，西门贵，北门杂，而现在成都的发展战略是东进、南拓、西控、北改、中优。东门以前都是国营的厂矿企业，所以有"东门工"的说法。20世纪90年代以前这里是成都人气最旺的地方，随着改革开放和经济转型，这些厂矿大多搬迁去了更远郊的地方，但是大家可以看到，现在的东门发展得很好，建筑很现代。南门一直都是成都人认为的风水宝地，以前是富商聚集之地，而现在的南门，也称高新区，在金融城到天府五街之间，以银行保险金融机构和高科技企业为主，如著名的BAT、京东方，现在还来了字节跳动，这片区域是年轻人的世界、高学历人才云集的地方，都是高收入人群，所以我们也叫它"高薪区"。成都的西门，就是靠近都江堰青城山的那个方向，一直以来成都人认为西门是上风上水的地方，也是古时候衙门、官署以及达官贵人们居住的地方。但是2008年地震后，市政府调整了战略，成都发展的中心移到了南门，不过西门还是吸引了喜欢闲适生活的老成都人，大家熟悉的杜甫草堂、金沙遗址就在西门。

相比东门、西门、南门，过去的北门人流量更大，这是因为那里有火车北站和汽车北站，有很多外来人口。近年来随着火车南站特别是火车东站的开通，北站人流已经少了很多，原有汽车站也搬迁了，再加上这些年的大力整治，北门早已不再是过去的鱼龙混杂之地，我们明天要去参观的大熊猫繁育基地，就在北门外。

（注：以上示例讲解词8~10分钟时长，实际带团过程中，半小时的路途通常需要导游持续讲解，所以还应该准备一些外地游客可能感兴趣的话题，如当地人的生活习惯、美食、地理、气候、旅游资源等方面的介绍，博闻广记是对一名合格导游的基本要求）

**范例2：长途旅游途中讲解**

某来蓉旅游团将前往乐山大佛游览，从成都到乐山全程140公里，行车时间约2小时30分钟。

1. 设计思路

导游应提前搜集资料，搜集途经地涉及知识点，事先准备好途中导游词，讲解时要根据景点涉及的历史、文化等进行深入阐述。本案例中的乐山大佛和峨眉山景区都与佛教文化有关，可以向游客做一些佛教知识的普及以及参观佛教场所需要注意的礼仪和禁忌介绍。介绍宗教文化的时候，要注意原则的把握。不能宣扬封建迷信，同时要尊重宗教信仰自由和宗教教义，确保知识的准确性和观点的中立性，不能带有任何偏见。要做到言出有据，以教科书和官方出版物为准，不可采用网络上未经考证的片面之词，以免带给游客误导性的知识或引发不必要的误会。作为一名导游，对宗教知识或者宗教景点的介绍，应偏向旅游景点、宗教建筑、历史典故、民间传说等方面的内容。对于教义教规的内容应慎重，对自己不确定、没把握的内容，宁可不说，也不能信口开河。

2. 途经地与涉及知识点参考

新津：宝墩文化遗址、四川古蜀文明脉络、现代考古的成果和相关结论。可以结合三星堆遗址和金沙遗址，让游客对四川古蜀文明形成基本概念，让游客了解这里和中原华夏文明的横向关系、江浙良渚文明的关联等。同时借机宣传四川旅游资源，这也是作为导游的工作职责之一——把当地值得一去的旅游景区、美好的自然风光和人文景点客观地介绍给远道而

## 第三章　景点游览与途中讲解

来的游客。

彭山：彭祖、长寿之乡和长寿文化。提倡健康的生活方式，宣传健康的生活理念，结合宣传四川的中药材特产、美食文化进行讲解。

眉山：千佛岩景区、三苏祠和苏洵、苏轼、苏辙三苏父子的生平典故，特别是苏东坡的故事、四川在唐宋两代的文坛盛况；还可以讲解四川的竹文化、川菜文化等，地方特产如眉山特产、青神特产等也可提及。

夹江：川茶文化、四川田园生活、四川民俗、四川独特的茶馆文化、川剧等。

（注：长途旅游的途中讲解和短途、市区的途中讲解有所区别。长途旅游途中讲解原则：注意把握讲解时长，应劳逸结合；适时安排高速公路服务区休息；长途行车，安全第一）

3. 范例

（1）上车提醒，清点人数，和司机确认行程，预计中途停车休息点在夹江服务区，停车休息时间约15分钟。

各位贵宾请坐好，系好安全带。我们现在出发前往乐山大佛，全程大约140公里，行车时间两个半小时左右，我们会在一个半小时左右到达夹江服务区休息15分钟。行车途中如果有特殊需要，比如内急需要停靠服务区的，请务必提前告诉我，我和司机师傅好做安排。到达之后我们先进入乐山大佛景区参观，参观时间大约2小时，午餐后我们再驱车40分钟左右去峨眉山。到达峨眉山后，会先去山脚报国寺景区游览，今晚我们入住的峨眉山大酒店就在报国寺景区里面。位置十分便利。

（2）景区概况介绍。

乐山大佛是全世界最大的弥勒坐佛石刻像，始建于唐代公元813年，历经四代人耗时90年才完工，1996年与峨眉山一起入选世界自然与文化遗产名录。参观大佛有两种方式，一种是走栈道进入景区，这种方式可以让我们感受大佛在身边的宏大威严的感觉。但是栈道很窄，只能容纳一人通过，需要耗费较多的时间，也很耗体力，对老年人更是挑战，而且也不太安全。所以，我们今天为大家安排了第二种游览方式，也就是去大佛对面的码头，乘船欣赏大佛全貌。大佛通高有71米，只有在远处才能看清全貌，而且还可以在江上欣赏到"卧佛"奇观，这种游览方式相对也要轻松一些。

（3）沿途风光介绍（略）。

（注：导游应事先了解长途旅游会经过的各地概况、沿途风光、风情、涉及的文化等。就此案例来说，从成都去往乐山的高速公路，一路会经过新津、彭山、眉山、夹江等地，能看到岷江和岷江大桥，沿途还能看到四川的田园风光、农舍和竹林等，可以介绍的内容很多，由于篇幅所限，这里只列举了一些游客通常会感兴趣的内容的提纲，学生可以自行补充相关的知识）

## 六、巩固练习

### 1. 单项选择题

（1）导游接到旅游团后的首次沿途导游，一般不包括（　　）。

A. 介绍本地概况　　　　　　　　B. 沿途风光导游

C. 介绍下榻酒店　　　　　　　　D. 告诉司机第二天早餐和出发时间

（2）下列关于途中导游服务的阐述，错误的是（　　）。

A. 旅游车行驶在高速公路上时，出于安全的考虑，导游可以不进行沿途讲解

B. 长途行车时，导游可以适当组织一些娱乐活动来活跃气氛

C. 导游可以在途中讲解一些游客感兴趣的话题或内容

D. 导游讲解时如发现游客困乏，可以先讲重要内容，然后暂停讲解，让游客休息

### 2. 多项选择题

（1）首次沿途导游的内容主要包括（　　）。

A. 旅游行程介绍　　　　　　　　B. 本地概况介绍

C. 风光导游　　　　　　　　　　D. 介绍下榻的酒店

E. 宣布集合时间、地点和停车地点

（2）赴景点的途中服务包括（　　）。

A. 交代游览中的注意事项　　　　B. 重申当日活动安排

C. 风光导游　　　　　　　　　　D. 简要介绍旅游景点

E. 视情况活跃气氛

（3）途中讲解服务步骤包括（　　）。

A. 离店前提醒游客清点贵重物品、证件等

B. 安全提醒

C. 介绍当天行程安排及车程

D. 景点概况简介

E. 介绍沿途各地

### 3. 途中导游词创作与讲解

（1）结合当地旅游资源，小组内每位成员创作一段短途旅游途中讲解词并做模拟途中导游练习。

（2）结合当地旅游资源，每个小组共同创作一段长线途中讲解词并进行模拟途中导游练习。

巩固练习答案

# 第三章 景点游览与途中讲解

## 第二节 不同方案的景点游览

**案例导入**

新入行的导游小丁在旅行社进行入职培训时，导管中心主任要求她撰写某景点不同方案的讲解词。小丁认为，一个景点只准备一种讲解方案就够了，为什么还要准备不同方案的讲解词呢？虽然不能完全理解旅行社的要求，小丁还是提笔开始创作讲解词。

小丁应怎样去创作针对同一景点的不同讲解词呢？创作时有什么需要注意的地方？

【案例分析】景点游览是整个旅行中最重要的部分，是游客出行的主要目的。对导游来说，是讲解中内容最丰富、执行最复杂的部分。导游优秀的景点讲解能带给游客难忘的旅行体验，也体现了导游的专业基本功。在实际带团过程中，不同的旅游团队因为需求、兴趣或客观条件的不同，在同一景点安排的游览时间也不尽相同，导游应对目的地景区的性质有全面了解，再结合团队的性质和特点进行相应的线路编排和时间分配，灵活安排讲解内容与时长。不同方案的导游词侧重点、深度等会有区别，但均应包含游览线路、游览时间、景点知识、突发事件的预防与处理等内容。

## 一、学习目标

（1）掌握针对不同游览方案的景点服务技巧；
（2）熟悉不同方案的景点讲解词创作技巧。

## 二、学习纲要

| | |
|---|---|
| 学习要求 | 1. 学习本节相关知识；<br>2. 针对同一景点设计不同的游览方案；<br>3. 根据同一景点不同的游览方案创作讲解词；<br>4. 模拟导游讲解 |
| 教学地点 | 当地景区、模拟导游实训室或多媒体教室 |
| 教学设施 | 1. 导游证、导游旗、麦克风；<br>2. 当地景区、模拟景点、3D景点软件、VR等；<br>3. 其他模拟情境需要的物品 |

| 教学内容与步骤 | 1. 分组：学生分组，分别扮演游客、导游、全陪、领队等，准备好模拟情境所需的物品和设施；<br>2. 学习本节相关知识；<br>3. 分组学习并讨论本节范例，分析其设计思路与创作技巧；<br>4. 分组搜集当地旅游资源相关信息，创作同一景点不同方案游览线路及讲解词；<br>5. 根据已创作的讲解词，分组进行模拟导游练习；<br>6. 教学效果考核及教师点评；<br>7. 教学结束 |
|---|---|

## 三、相关知识

### （一）根据游客群体、性质设计导游服务

导游接待的游客群体多样，应根据不同游客群体的身心特点，科学规划游览线路与讲解内容。如老年游客，行程安排不宜太紧，活动量不宜太大，项目不宜过多。在不减少项目的情况下，尽量选择便捷线路和有代表性的景观，做到少而精，讲解和游览都要放慢速度，以细看、慢讲为宜。还要多安排一些时间让老年游客休息，多留些时间让老年游客上洗手间，不能为赶路、赶时间而疾行疾游，避免老年游客过度疲劳。对活泼好动的青少年游客，应充分考虑其特点，行程安排不宜过于紧凑，要注意安全，还要多留些时间来集合或开展集体活动。对中青年游客，则可讲得快一些，看得多一些，游得快一些，讲解内容也可更详细。

此外，针对旅游团成员的职业及受教育程度，导游服务也应有所区别。如对专家学者、大学生，导游讲解时应更注重内容的深度与广度，要介绍景点所涉及的文化内涵；而对女性为主的游客，则可穿插一些有故事情节的讲解。

### （二）根据不同季节、时间设计导游服务

即使是同一景点，不同季节、不同时间也会有不同的风景。导游应根据景区特色，设计不同季节、不同时间的导游服务方案。季节的变换会带来不同的景致，在有些景点，白天、清晨、夜晚会有不同的风景，这些都需要导游在充分执行既定游览计划的前提下，科学设计游览线路与讲解内容。如峨眉山，冬日游峨眉与夏日游峨眉，提醒注意事项不一样，讲解内容也有区别；白天游览金顶与凌晨观看金顶日出的安排又不一样，这些导游都应充分考虑。

### （三）根据不同游览时长设计导游服务

由于各种原因，游客在景点的游览时长不同。有的游客因赶时间，游览景点的时间较短；而有的游客因时间较充裕，游览的时间较长；还有一些游客，景点停留时间会超出大多数游客，游览时间特别充分。例如同样是游览九寨沟，多数游客的游览时间是一整天，但有时会出现游客只游览半天的情况，还会有在九寨沟游览两天甚至三天的情况。所以，对同一景点，针对不同浏览时长的游客群体，导游应提前准备不同方案的游览线路与讲解词。

### 1. 针对游览时间短的游客

有些游客只能在景区短暂停留，如时间紧、行程安排紧的游客。对这类游客，导游应首先安排游客游览景区的精华和重点景观，让游客在有限的时间内欣赏到景区最值得观赏的地方，尽量不留遗憾；同时，在讲解上应简洁明了，把重点景物讲清楚，让游客在短时间游览后也不觉得仓促，不会因走马观花而毫无收获，而是让游客在经过短时间游览后还能意犹未尽，还愿意找机会再来一次细细品味。

### 2. 针对游览时间较充裕的游客

对游览时间较充裕的游客，导游除安排游客游览主要景点外，还可把顺路或路程较近的景点也安排进来，让行程更丰富。讲解时可讲得更详细，把景区涉及的历史、文化等知识交代清楚，让游客觉得内容丰富又有趣，不虚此行。

### 3. 针对游览时间长、想深度了解景区的游客

对于游览时间长、想深度了解景区的游客，在游览线路编排上应尽量丰富，但要注意劳逸结合，避免为了多而多，尽量避免因过多常规行程之外的步行路线而使游客过于疲惫。讲解过程中可穿插一些相关知识和趣闻轶事，创造出轻松愉快的氛围，给游客带来更好的旅行体验。游览时可多留一些自由活动时间让游客拍照，或自己去欣赏景点。

## 四、范例展示

### 不同季节游览范例

**范例：** 某旅游团即将在杭州西湖参观，预计游览时间为3小时，以下是为该旅游团创作的西湖讲解词。

1. 设计思路

导游词的创作有不同的角度，会运用到不同的写作方法。以下这篇导游词——四季西湖游，是根据四季西湖风情，选取不同的应季风景而创作。作者首先确定了西湖四季皆可游览的景点：飞来峰、灵隐寺（灵隐禅宗），然后根据四季特色选取最适合各个季节游览的景点。

春季：苏堤春晓（苏堤南端）、花港观鱼、雷峰塔（南屏晚钟）、长桥公园、柳浪闻莺；

夏季：苏堤北段、曲院风荷、岳庙（岳庙栖霞）、西泠桥、孤山；

秋季：湖滨公园、乘船到三潭印月岛、平湖秋月、孤山；

冬季：北山寻梦、断桥残雪、孤山。

2. 游览线路示例

以秋季游览线路为例：

## 第二节　不同方案的景点游览

春有百花秋有月，夏有凉风冬有雪，若无闲事挂心头，便是杭州好时节！

亲爱的游客朋友，大家好！欢迎来到西湖观光游览，我是此次西湖之游的导游，今天我将带领大家游览西湖三潭印月岛，希望大家能对西湖有更深的了解。

游客朋友们，现在我们已从岛的最东处上岸，接下来请随我先去三塔处参观游览。

### 三潭印月岛

三潭印月岛最早是五代吴越国第二代国王钱元瓘建的水心寺。苏轼疏浚西湖后，在外湖建三塔做标记，严禁在塔界内种菱荷，三塔与寺院相望，形成"湖中有深潭，明月印水渊，石塔来相照，一十八月圆"的奇异景致。清朝雍正五年（1727年），当时的浙江总督李卫在此苦心经营，大兴土木，建亭台楼阁，植奇花异草，使小瀛洲成为一处多姿多彩的江南水上园林。当时的西湖十八景之一"鱼沼秋蓉"就在此地。所以这座小岛处处都是佛家禅意，景景都是园林意境。湖心亭、阮公墩和它镶嵌在西湖中，如同民间传说的东海仙山。湖心亭岛如同蓬莱，阮公墩好比方丈，三潭印月岛被叫作小瀛洲。今天的它，不仅有环形的堤埂和堤内的放生池，池内又有小岛，环堤东西有堤与小岛相接，南北有桥与小岛相连，整体恰如一个"田"字，形成了湖中有岛、岛中有湖的奇景，为我国江南水乡园林的经典之作。

### 三塔

大家看，湖面上三座瓶形石塔在湖中亭亭玉立，三塔均高2.5米，露出水面2米，每边62米，呈三角形分布。据说人们可以在这里虚虚实实、真真假假地看见33个月亮。园中的工人会乘船到达3个塔，并在每个塔中心点上一支蜡烛，圆形的洞放出了蜡烛的光芒，远看像月亮一样，每个石塔有五个洞，三个石塔总共可映印出15个月亮，加上倒影就是30个，加上还有天上一个，倒影一个，最后一个嘛，是游人的心中月。33个月亮这一奇异景致，只有在月朗天清的中秋之夜才能观赏到，正所谓是天时地利人和之景。2013年7月29日的晚上，南塔被一艘游船撞到。于是对三塔进行了保护升级，在塔的周边增设了防护栏，和湖面持平，晚上安了防护灯，用来保护塔。

### 我心相印亭

我们面前的这座亭子叫我心相印亭，名字取自佛祖释迦牟尼拈花示众的故事，极具禅意，此处不必言说，彼此会意。站在后方的桥上，三塔正好处于一门两窗之间，这种设计让人不禁拍手叫绝！亭子的四方各有一副对联，我们来看下西边这副："曲岸烟笼，正飞花入户；寒潭影息，仍落月窥窗。"这副对联是王其煌撰写，宋涛书。上联写杨柳低垂在曲岸，旁边柳絮纷纷扬扬飞入室内；下联写月亮的倒影映入了清冷的潭中，洒落的月光仍然偷偷看着窗内，意境宁静清空，引人入胜。一个在白天，一个在深夜，一动一静、一明一暗、生动灵活。湖中三塔，远借对岸千年古塔和四周山色，邻借岸边垂柳和随风起伏的湖光，白天仰借蓝天白云和飞鸟，俯借湖中波光和游鱼，夜晚仰借一轮明月在晴空，俯借水中月光之清影，还借四季花树和四时风雪，连对岸的钟声和湖面偶尔经过的船景，形成了一幅优美的风景画。三塔、西湖、群山和亭台楼阁，显示出了天人合一，是园林构景的极致。

### 三潭印月碑

沿亭朝北走,便可到三潭印月碑亭。"西湖十景"最早是南宋宫廷画院里的画师们,为西湖美景所倾倒,画下美景,并一一题名的。后来"西湖十景"美名广为流传,但真正被公认为西湖山水的代表,是在清朝康熙、乾隆年间。这爷孙俩都喜欢游江南,都曾多次到杭州。康熙在1699年来杭州时,曾为"西湖十景"题名,并刻为御碑,分别立在十个景点边。后来,乾隆也来到杭州,每到景点就题诗留念,是他的最大喜好。这回在西湖边看到爷爷留下的御碑,他诗兴大发,给"西湖十景"每个景点各题了一首诗。后来,乾隆这十首诗就刻在了相应的康熙御碑背面。正面都是十景的名字,背面和侧面是乾隆皇帝留下来的诗词。目前十块碑只有两块是原碑,其他的都不复存在。两块原碑中,一块是曲院风荷,另一块御碑便是苏堤春晓。虽然苏堤春晓碑已断,但依旧可见当时康乾二帝的风采。亭子上的柱子有副对联:"明月自来去,空潭无古今!"王成瑞撰,唐云书。洁白的月亮来去自如,明净的潭水不分古今。不以物喜不以己悲!

### 花鸟厅

花鸟厅门前有副对联:"荷风送香气,潭影空人心!"石祖芬集句,吴震启书。这是一副集联诗,上联出自孟浩然的《夏日南亭怀辛大》,意思是清淡细微的荷花香气,时而从风中带来。下联出自常建的《题破山寺后禅院》,意思是在清清的潭水中,只见天空和自己的身影,心中的尘世杂念已荡然无存。此时此景,仿佛已悟到佛门禅说的奥妙,摆脱了一切烦恼。

### 四畅亭

我们面前这座亭子就是四畅亭,是这个岛的中央,来这里先找找方向。四向都有题联:东朗西清南舒北畅。东方是红日升起的方向,寓意着奋斗、胜利。西湖是三面云山一面城,这一面的城指的是东面的杭州城区,东朗除了太阳升起,也寄予对杭州发展的美好祝愿!南方五行属火,西湖的南边是钱塘江,江风徐徐吹来,非常舒心。西方五行属金,西湖的西边是灵隐寺,上中下天竺等寺庙,乃无上清凉之地。北方五行属水,杭州城北有京杭大运河流来,大运河给杭州带来了繁荣和昌盛,让历代文人骚客、帝王将相乘船一路畅通无阻,通过钱塘江来到西湖,也是杭城交通畅通的表现。

### 万字亭

这个岛我们能读到两点,一个是佛教,一个是江南园林。把握住这两点,我们就能更好地理解和欣赏这座岛。我们看,亭子两边都种满了水莲和荷花。莲花是佛教圣物,据说佛祖出生时,脚踩七步,步步生莲,后来他坐在莲花座上讲经说法。左边这座亭子从上空看是万字亭,是目前中国唯一的"卍"字亭,取万方安和之意。右边是"竹径通幽",这四个字是康有为在1920年来三潭印月岛上题写的。苏东坡曾说:"宁可食无肉,不可居无竹。无肉使人瘦,无竹使人俗。"

这里用一堵矮墙把空间进行了分割,里面的翠竹出墙,给大家营造了一个曲折、幽静、深邃的环境。这里的四个漏窗各有不同,但都体现了中国传统文化的美好寄语:松鹤延年、喜上眉梢、荷鹤双全、鸳鸯戏水。透过这四扇漏窗，里面的景色若隐若现，显得更加有趣。

### 亭亭亭

左前方有座亭子，我们走进看，这亭内匾额上的三个字分别读什么？大家一眼能看出左右两个字都叫亭，那么中间的字呢？其实它也读亭！三个字有三种写法，而且是三种意思——停下来欣赏这座亭亭玉立的亭子。动词（通"停"）、形容词（亭亭玉立）、名词（亭子），同字不同义。明代聂大年在《三潭印月》诗中说，"纤云扫迹浪花收，塔影亭亭引碧流。"前面的"亭亭"二字，即亭亭玉立之意，从诗意分析，应当是指北山的保俶塔，也是另一种解读。亭亭亭，这个不是名字的名字，由于别出心裁，让人过目不忘。

### 九狮石

左手边湖中立有一块大石头，名为九狮石。江南园林里有四样东西很重要：筑山、理水、建筑、植物。一路过来我们了解了植物、建筑、水，现在就借着我们眼前的这对石头，来了解下园林。这一堆石头放在一起叫九狮峰。形似神似，从各种角度来看，据说能看到九只，名由此来，大家可以来数数。中国人对石头是很有情节的。天破了，用石头补。悟空是从石头里面出来的，《红楼梦》原名也叫《石头记》。这座石头正对集贤亭的正门，在园林风水中，开门见山，而且有挡煞辟邪的说法。

### 开网亭

和亭亭亭相对的水面上还有座亭子。这个亭子呈三角形突出水面，造型清奇，取名"开网亭"。此亭两边临水有靠栏，一面通桥敞出，因其一面敞开，取佛学中"网开一面"之意，故名"开网亭"。又以《道德经》中有"天网恢恢，疏而不漏"之句，反其意而用之。亭前一片水域，过去曾为放生池，亭名"开网"，又与实景甚为吻合。开网亭上挂有一联："一檐虚待山光补，片席平分潭影清。"开网亭为三角亭，与一般亭子大多呈四边形的相比，缺少一边亭墙，故该联语出句便说：有一边亭檐缺着，等待湖光山色来把它补上。下联则说开网亭这小小之地，竟然把三潭水影的清光，均匀地剖分开了。联语有深刻、高雅的寓意，极具特色。

### 先贤祠

眼前的这幢建筑叫先贤祠，最开始它叫彭公祠。彭公是谁？他可是晚清响当当的人物，和李鸿章、左宗棠并称晚清三杰。他是湘军水师创建者、中国近代海军奠基人。曾官至两江总督兼南洋通商大臣、兵部尚书等，死后赠太子太保，依尚书例赐恤，建专祠立功地，谥刚直。他一生淡泊名利，六番辞官隐梅园。1883年，中法战争时，朝中无大将，年近70岁的他，带着棺材，领兵部尚书，开赴广东主持中法战争，指挥部下冯子材等先后取得镇南关大捷和谅山大捷，赢得了胜利，为清王朝做出了极大贡献。去世前，他将几十年的官俸全部捐为军费，做到了臣已寒士始，愿已寒士归。他去世后，很多人都很伤心，哀道：彭公逝矣！

对于国家，他很忠诚；对于爱情，他也很痴心。彭玉麟于军事之暇，绘画作诗，以画梅闻名。他一生画了上万幅梅花图，在每幅梅花图都题上以梅花寄情的咏梅诗，寄托了彭玉麟一生对一位女子的爱恋和思念，因为这位女子名字带一梅字。两人自幼相知，却不能在一起，后来女子先他离世，他立誓画十万幅梅花来纪念。每画一幅，边上盖章"伤心人别有怀抱，一生知己是梅花"。他的梅花干如铁、枝如钢、花如泪，人称"兵家梅花"，与郑板桥的墨竹合称清代画坛"双绝"。晚年他住在西湖，将梅姑墓迁于西湖，并在周围种满梅花。大学问家俞樾说他是大清最完美的人。门楣上的"湖毓高行"四字，对他来说是最好的诠释。这里原为清末彭玉麟的"彭公祠"，后来改名为先贤祠。

我们眼前这副长联是1920年5月康有为来到这座小岛上撰书、萧娴补书的长联："岛中有岛，湖外有湖，通以卅折画桥。览沿堤老柳，十顷荷花，食莼菜香。如此园林，四洲游遍未尝见；霸业硝烟，禅心止水，阅尽千年陈迹。当朝晖暮霭，春煦秋阴，山青水绿。坐忘人世，万方同慨更何之。"右边有一块毛主席草书的碑，毛泽东曾经对康有为的这副楹联略作改动，并行云流水般地书下了楹联的内容："岛中有岛，湖外有湖，通以卅折画桥，食莼菜香，如此园林，四洲游遍未尝见；霸业销烟，禅心止水，历尽千年陈迹，饮山水绿，坐忘人世，万方同慨欲何之。"毛泽东在原联的基础上，将"阅"改"历"，"更"改成"欲"，去掉了"览沿堤老树、十顷荷花"和"当朝晖暮霭，春煦秋阴"两句，看上去仍是一副完整的佳联。

关于这块石碑，就不得不提到一个人，他叫丁云川。2012年6月，他重游三潭印月时，发现曾经在四方亭上的康有为楹联不见了，于是给市委书记王国平写了一封信，希望能恢复这副楹联。第二天，王书记就对这封信做出批示，几天后，康有为的楹联重新回到了三潭印月。丁先生又建议：三潭印月是西湖十景中湖心的唯一美景，有着很深厚的文化底蕴。当年12月26日是毛泽东同志诞辰111周年纪念日，如果能将毛泽东同志这幅秀丽字体的草书作品镌刻成碑立于此地，必将给三潭印月留下一件难得的墨宝和伟人的轶事佳话。一个细雨如丝的日子，这块石碑终于将永立于西子湖边了，碑高约3.2米，宽约1.5米。建筑内有乾隆年间的西湖全景图，在这里可以感受到西湖在历史岁月中的变化。两侧墙壁上是历代较为闻名的西湖风景，门外就是西湖风情。真可谓：天赐湖上名园，绿野初开，十亩荷花三径竹；人在瀛洲仙境，红尘不到，四围潭水一房山。

亲爱的朋友，今天的小瀛洲之旅到此就结束了，希望大家今后的生活就像这座小岛一样能处处都是美景，万事安和！

（供稿：舒文静）

## 五、巩固练习

结合当地旅游资源，小组内每位成员设计针对同一景点不同方案的游览计划并创作讲解词，然后进行模拟导游练习。

## 第三节 自然景观

**案例导入**

导游小丁创作四川峨眉山讲解词时是这样写的：

各位团友，大家好！迎着第一缕灿烂的阳光，沐浴着清凉的微风，我们的旅行也将在这明媚的阳光中拉开序幕。结束了九黄之旅后，我们今天将踏上朝圣之旅。峨眉山位于四川盆地西南边缘的峨眉山市境内，峨眉山的名字最早见于北魏郦道元的《水经注》："去成都千里，然秋日澄清，望见两山相峙如峨眉焉"。张华的《博物志》："观此山如初月，真如蛾首峨眉，细而长，美而艳也"。峨眉山景区总面积 623 平方千米，她平畴突起，高出五岳，主峰金顶海拔 3077 米，最高峰万佛顶海拔 3099 米。主峰金顶绝壁凌空高插云霄，巍然屹立。登临其间，可西眺皑皑雪峰，东瞰莽莽平川，气势雄而景观奇，有云海、日出、佛光、圣灯四大奇观。山中古木参天，景色清幽。中部群山峰峦叠嶂、飞瀑流泉、鸟语花香、草木茂而风光秀丽。随着季节的变化和山势的不同，景色各异，具有"雄、秀、险、幽"的特色以及"阴、晴、风、雨、云、雾、霜、雪"的渲染，美景变幻多姿，自古就有"峨眉天下秀""秀压九州"的美誉。峨眉山以其秀丽的自然风光和悠久的佛教文化享誉世界，1982 年被国务院公布为第一批国家级风景名胜区，1996 年 12 月同乐山大佛景区一道被联合国教科文组织列入世界自然与文化遗产名录。

【**案例分析**】旅游景观分为两大类型：自然景观和人文景观。不同类型的景观，导游服务与讲解的原则和方法不同。讲解自然景观时，导游要善于调动游客的各种感官，用生动的导游语言启发游客，引导游客欣赏美景。本案例涉及的峨眉山景区属于山地景观，导游可根据景区的性质及特色，运用不同方法、从不同角度进行讲解。

## 一、学习目标

（1）了解自然景观的概念及分类；
（2）熟悉自然景观的审美原则；
（3）掌握自然景观导游服务技巧。

## 二、学习纲要

| 学习要求 | 1. 学习本节相关知识；<br>2. 撰写自然景观景点导游词；<br>3. 模拟导游讲解 |
|---|---|

# 第三章 景点游览与途中讲解

| 教学地点 | 当地景区、模拟导游实训室或多媒体教室 |
|---|---|
| 教学设施 | 1. 导游证、导游旗、麦克风；<br>2. 当地景区、模拟景点、3D景点软件、VR等；<br>3. 其他模拟情境需要的物品 |
| 教学内容与步骤 | 1. 分组：学生分组，分别扮演游客、导游等，准备好模拟情境所需的物品和设施；<br>2. 学习本节相关知识；<br>3. 分组学习并讨论模拟案例；<br>4. 结合当地旅游资源，选择景点并创作导游词；<br>5. 分组进行模拟导游练习；<br>6. 教学效果考核及教师点评；<br>7. 教学结束 |

## 三、相关知识

### （一）自然景观的概念与分类

旅游景观分为自然景观与人文景观两种。自然景观是天然景观和人为景观在自然方面的总称。根据人类对自然景观的影响，自然景观可分为三类：第一类是天然的、未受人类影响的原始景物，如原始森林、热带雨林、沼泽等；第二类是具有人文痕迹的人类劳作场所，如田野风光、草原牧场等；第三类是自然与人文相融合的艺术化的自然景物，如峨眉山的象池月夜、白水秋风等。而根据景观的性质与特点分类，自然景观还可分为地质地貌景观、水域景观、生物景观和气象景观。

### （二）自然景观的审美

自然景观形态丰富，自然景观的美主要表现在以下几个方面：

#### 1. 形态美

（1）自然景观有自己固有的外在形态，人们可从不同的角度和距离去欣赏。导游可通过对景物总体外观形态和综合空间美感的描述，引导游客欣赏美景。导游在进行现场讲解时，可运用不同的讲解技巧，向游客介绍景物。例如，导游可用几句话甚至几个词来概括眼前景象最显著的特征。

例如：（从普陀山看珞珈山的海上卧佛）我们看远处的那几座断断续续的山峰，连在一起，像不像一尊巨大的佛像仰面朝上，躺在海面？最右边的是佛头，往左一点凹下去的是颈部，隆起的是胸部，中间最大的那座山就是佛的肚子，最左边的是佛脚，是不是越看越像？这该是世界上最大的一尊卧佛了吧？

（2）导游还可利用途中讲解的时间，对景物进行更详细的描绘，使景物更有画面感和现场感。

例如：（峨眉山）峨眉山是佛教四大名山之一，普贤菩萨的道场。其实最早峨眉山的"峨"字，是女字旁的"娥"，嫦娥的"娥"，本意是指美貌的女子，因为峨眉山山势延绵起伏，不是一座座突兀的山峰，看上去就像女子的眉毛一样，细细弯弯而秀美，所以有"峨眉天下秀"的美誉。北魏郦道元的《水经注》记载："去成都千里，然秋日澄清，望见两山相对如峨眉焉"；晋代葛洪所著《抱朴子》称之为"峨眉山"。

（3）不只是山景，水景也有其独特的形态美。

例如：（黄果树瀑布）北盘江打邦河的支流可布河从悬崖上飞流而下，跌入犀牛潭中，形成高77.8米、宽101米的雄伟壮阔的巨大瀑布，如银河倾泻，又似万马奔腾。面对层层跌落的飞瀑，徐霞客曾赞叹道："捣珠崩玉，飞沫反涌，如烟雾腾空，势甚雄伟；珠帘钩不卷，匹练挂遥峰"。明末"天末才子"谢三秀的诗句也写出了黄果树的神韵："素影空中飘匹练，寒声天上落银河"。难怪黄果树瀑布有"中华第一瀑"的美誉。

## 2. 色彩美

自然景观不仅形态各样，而且色彩缤纷。季节的更替，天气的变化，会让景物呈现出丰富奇幻的色彩。光线是色彩的摇篮，植物色彩变化、山色之美、水色之美等，各种自然色彩给人们带来了美的享受。

例如：（九寨沟）秋天的九寨沟是彩色的世界：漫山红遍，层林尽染，火红金黄翠绿。大自然的每种色彩，由浅至深的每个层次，跳动在从谷底到山巅的千树万叶间。蓝天、白云、翠海、飞瀑、彩林、倒影、远山近海，各自炫耀着，却又相互映衬着，像是上帝打翻了他的调色板，却又是那么和谐、自然，美得让人窒息。

## 3. 听觉美

自然界中的各种声音，如水声、风声、雨声以及动物发出的声音，在特定环境中，对景观起到对比、反衬、烘托的作用。叽叽喳喳的鸟鸣、沙沙的树叶、叮咚的泉水、滴答的雨声、瀑布飞泻而下的声音等，能给人带来听觉上的享受。

例如：（九寨沟珍珠滩）珍珠滩瀑布宽200米，落差最大可达40米，水流被新月状的岩体分割成数股，喧腾着奔流而下，瀑布卷起千堆浪花，雄伟壮观，而水流撞击岩石的轰鸣，如万马奔腾的喧嚣，让我们闭上眼睛，感受水雾落在脸上，恍若置身于一曲宏大的交响乐里。

## 4. 嗅觉美

自然中令人愉悦的味道，如田野的芬芳、海洋的气息、草木的清香、花香、果香等，令人流连忘返，欲罢不能。

例如：（内蒙古呼伦贝尔大草原）天苍苍，野茫茫，风吹草低见牛羊，草原的美，不只是蓝天白云下一望无际的绿色海洋，还有那沁人心脾的馨香。"微风卷绿浪，草原暗花香"，每朵小花、每棵小草都散发着生机勃勃的味道，风吹过时夹杂着的泥土的芬芳，是草原的味道；悠扬的马头琴声，捎来的是奶茶的喷香。

### 5. 动态美

流动的水、飘动的云雾、山景的季节变化、光线的变化等，会带来动态的美。

例如：（黄山的云雾）"雨后黄山更奇绝"，坐上直通顶峰的缆车，穿梭在群山之间，看云蒸雾绕，仿佛蓬莱仙境。山顶飘过的，山腰缠绕的，窗边掠过的，都是雾；又似一缕缕轻烟荡漾在山谷间，慢慢地，越来越浓的雾气，渐渐淹没了眼前的一切，山不见了，松不见了，石也不见了，只有雾。索性闭上眼，听山风在耳边吹过，把自己也投入这片雾气中。

再如：（九寨沟树正瀑布）恣意放纵的水流从四方汇集到山崖边，奔腾坠落，蔚为壮观。水流撞击在巨石之上，声如猛虎咆哮，上游的老虎海即因此而得名。老虎海顺着峡谷蜿蜒而下，势若蛟龙，在下游又汇入群海，顿时安静下来。而延绵数里的海子，宛如十九块碧绿的翡翠，镶嵌在幽谷之中。潺潺的流水漫过浅滩，在树丛间穿行，形成树在水中生、水在树间流、人在画中游的奇妙美景，演绎着一幅写意山水。

### 6. 象征美

在美学范围内，人们常常用一些具体事物来表现抽象的意义，如思想、情感、精神、寓意等，这样便产生出一种审美属性，称为象征性或象征美。

例如：（雪中的梅花）"天时人事日相催，冬至阳生春又来"，这一片梅园，是此时的主角。一树树的腊梅，傲雪临霜，细弱的枝条在风雪中摇摆，却充满了豪情，倔强挺立着，在漫天的雪白之中为寒冷的冬季增添了一份金黄的色彩，在凛冽的寒风中送来一股淡淡的幽香。难怪古人那么喜欢梅花，赋予她许多的美德，赋予她五福的吉祥。

## （三）游览自然景观时的导游服务

### 1. 看为主，听为辅

到达景区后，多数游客会忙着找各种角度、姿势拍照，这时如果导游还在旁边介绍景点，讲得再好，游客也没心思听。因此，到达景点之前，导游应首先对景点做整体介绍，介绍的内容包括景区概况、范围、景观特色、景点类型、参观时间、参观路线、集合时间与地点、注意事项等，让游客心中有数，下车时再次强调集合时间与地点。参观自然景点时，多给游客留出一些自由活动时间，适当穿插导游讲解，让游客自己去感受自然之美。

### 2. 引导游客欣赏自然美景

自然景观类型复杂多样，地理地貌特征千变万化，但变化再多，也无非"山水"二字，讲解自然景观的时候，要突出它的"美"，帮助游客更好地欣赏和感受景点之美。导游恰到好处的旁白会起到衬托和渲染美景的作用，导游的声音、讲解的内容，要带给游客美的感受，目之所及，手之所指，皆风景。

### 3. 自然景观导游词创作及讲解技巧

自然景观的讲解内容分为两部分：首先，是对景观本身的描述，如有多大范围？山有多高，水有多深？属于什么地貌？主要特色是什么？和同类景点相比有什么特别之处？有哪几个主要组成要素？标志性的景点是什么？在哪些地方拍照更佳？这样做的目的是引导游客从不同的角度、方式去欣赏美景。游览前还要交代清楚景点特色，让游客心中有数。其次，导游在讲解自然景观时，应注意提升讲解词的文化内涵。山水之中必有人文，如果仅仅介绍自然之美，这样的美只会浮于表面，美景的背后，往往有更深的意味。自然景观让人悦目，而相关的文化却能悦心。因此，讲解自然景观时，除了介绍景观本身，还要介绍与景点相关的人文知识，如相关的历史、典故等，这样会起到锦上添花的效果。我国绝大多数名胜景点都因其蕴含人文历史价值而得以经久不衰。例如，提到泰山，人们会想起"会当凌绝顶，一览众山小"，会联想到封禅大典、"孔子登泰山而小天下"等；提起庐山，人们立刻会想到"不识庐山真面目，只缘身在此山中"和"日照香炉生紫烟，遥看瀑布挂前川。飞流直下三千尺，疑是银河落九天"这样的诗句；而提起西湖，会想到"欲把西湖比西子，淡妆浓抹总相宜"，会想到白娘子和许仙、雷峰塔等。几乎每一处名山大川，都在人们心中绑定了一些标志性的诗词名篇、名联名句和传说故事。导游讲解时穿插的相关历史、文化等，特别是与景点相关的诗词名篇，不仅能带给游客更好的审美情趣，还能进一步提升讲解的意境与内涵。另外，现代社会的影视作品，也是游客喜闻乐见的新的文化形式和载体，导游如能指出哪部著名的电影、电视剧的镜头在这里取景或拍摄，也能引起游客的兴趣。

此外，在讲解自然景观时，要注意语速和语气语调。语速宜适中，要舒缓，不宜过快，忌吐字不清；语气语调要有美感，要应景。讲解的内容要有一些优美的词语和诗词，还要对游客的欣赏、拍照起到一定的引导作用。好的讲解和摄影的原理有类似之处，有层次、有远景、有近景、有画面感。文旅融合后，导游作为各地宣传旅游资源的一线先锋，更应注重当地文化的宣传。所以，导游应注意加强自身对文化的理解，拓宽知识面，这样才能更好地把家乡的美景介绍给游客。

## 四、模拟案例

**案例：** 某旅游团即将游览四川峨眉山和乐山，峨眉山游览半山，即万年寺、清音阁景区，预计游览时间4小时。请为该旅游团设计游览线路、导游服务要点及讲解内容。

设计思路如下：

## 第三章 景点游览与途中讲解

1. 游览前，提前计划好参观路线及时间等

参观路线及时间分配：万年寺步行（下坡）——清音阁（约1小时）步行——一线天＋生态猴区（约1小时）步行——回到清音阁（约1小时）步行——五显岗停车场（约30分钟）。（团队里如果有年长的或体力有困难的游客，可以安排其乘车前往五显岗停车场等候，把下车的地点、站名用文字形式告知游客，以免游客坐错车或坐错站。）

安全提醒：游览山景时，往往徒步时间较长，时而上下坡，间或有悬崖峭壁，要特别注意安全。在出发前、行程中，导游要不断提醒游客注意脚下，"走路不看景，拍照不走路"，提醒游客不要为了拍照而忽略了安全。对个别为追求独特拍摄角度而做出危险动作的游客，要反复提醒其不要跨越或过于靠近围栏。由于体力上的个体差异，游客队伍往往拖得很长，小朋友也容易脱离大人的视野，这些都是安全隐患。团队如有全陪或领队，导游要走在队伍最前面，全陪殿后。如没有领队、全陪，可以从团队里找相对年轻又热心的团友协助。导游应走在最前面，看到队伍相隔较远时，要及时停下休整，等待队尾的团友跟上，其间应不时跑前跑后，询问并照应游客。

2. 介绍景区概况

地理位置：位于四川南部，峨眉山市，在成都以南160公里。（游客更熟悉成都这样的省会城市，对它的位置有基本的概念，以成都为参照，给出方位、距离，能让游客对峨眉山有相对准确的地理定位。）

人文定位：峨眉山是"佛教四大名山"之一。（展开阐述佛教四大名山：分别是哪四座名山呢？四川的峨眉山，普贤菩萨的道场；山西的五台山，文殊菩萨的道场；浙江的普陀山，观音菩萨的道场；安徽的九华山，地藏菩萨的道场。近年来又有了贵州的梵净山，那是弥勒菩萨的道场。游客对于这类有共识的"总结性"定位较感兴趣，类似的还有"道教四大名山""三山五岳""四大名楼""江南四大名园"等。峨眉山是普贤菩萨的道场，宗教文化特别是佛教文化构成了峨眉山历史文化的主体，所有的建筑、造像、法器以及礼仪、音乐、绘画等都展示出宗教文化的浓郁气息。山上有众多古迹、寺庙，佛教是我国最普及的宗教信仰之一。有机会应为游客就佛教的产生，佛教在中国的传播、发展以及宗派，全国著名的寺庙等做一些介绍。）

景区特色：俗话说，峨眉天下秀、青城天下幽、剑门天下险、夔门天下雄。（一句话把峨眉山最主要的特色说出来了：景色秀美。这也是让游客加深印象的最好办法。同时把四川有名的山川也做了介绍，让游客对当地的旅游资源多一些了解也多一份憧憬。宣传美好家乡也是导游的光荣使命之一。）

相关数据：最高峰万佛顶，海拔3099米，高出峨眉平原2700多米。金顶海拔3077米。（说到山，人们最感兴趣的当然是主峰和最有名的山峰。相关数据要了然于胸，讲解时有些数字要精确而有些不需要，要灵活掌握。如四川人口大约八千万，如精确到八千零二万三千四百人，既没有必要也未必严谨，因为人口每天都在变化；但有些数字应尽量精确，

如山的海拔高度，湖泊深度，天坑地貌直径、深度等，不仅体现导游严谨的态度，而且这些数字本身也有横向对比用途。）

地质地貌、景区面积：峨眉山为邛崃山南段余脉，自峨眉平原拔地而起，山体南北延伸，绵延23公里，面积约154平方千米，主要由大峨山、二峨山、三峨山、四峨山四座山峰组成。山的中、下部分布着花岗岩、变质岩及石灰岩，山顶部盖有玄武岩。（让游客认识景区全貌，如景区有多大，是一座什么样的山？与游客到过的其他山地景区做比较，有哪些相似点与不同点。）

景区得名：（这是绝大多数游客感兴趣的话题，也是不可或缺的讲解内容）峨眉山的得名有不同的说法。比较公认的是：峨眉山坐落在大渡河边，大渡河古称"涐水"，峨眉山的山形延绵秀美，像女孩子的眉毛一样，所以叫作"涐眉山"，但峨眉是山，不是水，所以渐渐改成了现在的"峨眉山"。早在春秋战国时期，峨眉山就已闻名于世。据晋代常璩撰写的《华阳国志·蜀志》记载："杜宇以褒斜（今陕西汉中）为前门，熊耳（今四川青神县境内）、灵关（今四川雅安芦山县西北）为后户，玉垒（今四川都江堰市境内）、峨眉（今四川峨眉山市境内）为城廓。"

与景区相关的人文历史典故：历代文人诗客吟咏峨眉山的诗文很多，最著名的是李白的《峨眉山月》："峨眉山月半轮秋，影入平羌江水流。夜发清溪向三峡，思君不见下渝州""蜀国多仙山，峨眉邈难匹"。

自然景观特色：峨眉山处于多种自然要素的交汇地区，区系成分复杂，生物种类丰富，特有物种繁多，保存有完整的亚热带植被体系，有植物3200多种，约占中国植物物种总数的1/10。峨眉山还是多种稀有动物的栖居地，动物种类达2300多种。山路沿途有较多猴群，常结队向游人讨食，为该山一大特色。峨眉山是中国四大佛教名山之一，距今已有千年文化史；高出五岳、秀甲天下；山势雄伟、景色秀丽、气象万千。清人谭钟岳曾将峨眉山佳景概为十景："金顶祥光""象池月夜""九老仙府""洪椿晓雨""白水秋风""双桥清音""大坪霁雪""灵岩叠翠""萝峰晴云""圣积晚钟"；在新时期，峨眉山亦有新十景，分别为"金顶金佛""万佛朝宗""小平情缘""清音平湖""幽谷灵猴""第一山亭""摩崖石刻""秀甲瀑布""迎宾石滩""名山起点"，与传统十景构成了峨眉山作为天下名山的风采。类似"峨眉十景""金顶四绝""黄山四奇"这种具有共识、便于记忆的总结，往往受到游客欢迎。（如时间允许，应对"十景"一一介绍，把其中游客会经过且能看到的景点做更详细的介绍。）

讲解示例如下：

"圣积晚钟"原本指的是圣积寺，古名慈福院，位于峨眉城南2.5公里处，原为峨眉山入山第一大寺，环境幽古，寺外有古黄桷树两株，需数人才能合抱。铜钟原悬挂于寺内老宝楼上，又名圣积铜钟。此钟铸于明代嘉靖年间，为别传禅师所募化，钟体铜质坚固，重达12500公斤，是四川最大的铜钟。

根据赵循伯1935年编撰的《峨眉山》一书记载："其钟每于废历（即夏历）晦望二日之

夕敲击……每一击，声可历一分零五十秒。近闻之，声洪壮；远闻之，声韵澈；传静夜时可声闻金顶。"

1959年，圣积寺荒废，大钟搁置于道旁；1978年，铜钟迁到报国寺对面的凤凰堡上，并建亭覆盖维护。凤凰堡上参天蔽日的苍杉翠柏、庄重典雅的八角攒尖钟亭，环绕四周百余通碑刻的古碑林，与古拙凝重的巨钟浑然一体，融和了自然美与人文美，为峨眉一景。如今的报国寺景区，经过几番精心打造，已经融山景、森林、古庙、街道、美食为一体，成为游人来到峨眉山的第一道风景。我们今晚的酒店就在这里，晚上可以出来尽情感受一下。

"白水秋风"指的是万年寺景区。万年寺是峨眉山八大寺庙之一，创建于晋，称普贤寺，唐时改名白水寺，宋朝成为白水普贤寺。

万年寺建在群山之中突起的一座山峰上，一年四季，景色宜人。特别是秋天，山下夏暑尚存，山顶却已瑞雪初降，而位于中山地区的万年古刹，正是最好的季节。寺内有座白水池，池里的青蛙叫声如琴，是峨眉山特有的弹琴蛙。更有几株丹桂飘香，令人神清气爽，因而称之为"白水秋风"。当年诗人李白游历峨眉，长留寺中，与寺里的高僧文浚抚琴和诗，池边原有"唐李白听广浚禅师弹琴处"碑。

"双桥清音"指的是清音阁景区，因架在黑白二水上的两座小桥和周围美妙的水声鸟鸣得名而来。在清音阁，可看到山光水色，闻到花草芬芳，听到流泉清音，触摸到亭台碑石。它集中了视觉美、听觉美、嗅觉美，所以从古至今都被赞为"峨眉山第一风景"。

3. 参观游览时的注意事项

（从万年寺步行下山，游览清音阁、一线天和猴区，最后回到五显岗停车场）

清音阁是一处交叉路口，分别通向万年寺、洪椿坪、伏虎寺和五显岗停车场。往右沿着黑龙江上行是前往一线天方向，过了一线天就是生态猴区，但往返需要约2小时，去程是上坡。如果体力有困难的老年人可以留在清音阁自由活动，一边休息一边观赏美景；体力充沛的老年人可以慢慢走到五显岗停车场，行程约45分钟，中途注意保持通信畅通。如团队要分头行进，导游应注意清点人数，提前了解分头游览的具体人数；出发前做好安全提示，特别是可能会遇到的猴群。告知游客在观赏灵猴的过程中需要特别注意的事项：与猴子保持距离，不要靠太近；尽量不要喂食；如遇猴群拦路索食，不要惊呼、奔跑，可以向管理员求助；如一定要感受喂食的乐趣，切忌抚摸猴子，不能当着猴子的面从包里掏食物；手上不要提口袋；游览途中最好不要打开背包；不要把掉在地上的猴粮再捡起来喂它等。如团队中有孩子，孩子看到猴子更容易兴奋，要交代家长看护好孩子。

从万年寺到清音阁一段，几乎全是下坡，偶尔也有较陡峭的台阶。很多游客会有一个误区，认为上山爬坡很累，而下山则不费体力，特别是年轻的游客，往往一路狂奔。这种情形下，导游要随时提醒游客注意安全，小心滑倒，下坡时注意脚下，速度不要过快，避免对膝盖造成冲击。

导游应举着导游旗走在队伍最前面，注意控制速度和节奏。到风景优美适合拍照的地方，可稍作停留，让体力好、走得快的游客在附近拍照，与游客聊聊天，不要让游客独自前行；待游客到齐，对这个景点做简短的介绍后，再带领队伍继续前行。

遇到特殊情况，如有游客体力不支、摔伤、被虫咬蜂蜇等，要及时提供帮助；同时，寻求团友的帮助，如果伤者没有同行的家人朋友，可以请求团里的热心游客帮忙照顾，也可以向景区求助。为防止团队发生意外，导游除了反复提醒、跑前跑后照应外，还要随时随地观察。导游良好的带团习惯和优秀的组织能力，能让团队避免不必要的麻烦。

4. 远景介绍

各位朋友，前方就是清音阁，也是峨眉十景之一的"双桥清音"。清音阁在牛心岭下，海拔710米，地处黑、白二水的交汇处，在唐朝时叫作"牛心寺"，后来改名为"卧云寺"。明朝时广济禅师改名"清音阁"，取自晋朝诗人左思《招隐诗》中的"何必丝与竹，山水有清音"。

历史上该阁曾三次失火，现在看到的是1917年重修过的建筑。由于受地形的限制，清音阁只有一个殿堂，里面供奉着华严三圣：释迦牟尼佛、文殊菩萨和普贤菩萨。

北宋乾德三年（965年），宋太祖赵匡胤召东京（今河南开封）天寿院僧继业三藏等入天竺求舍利以及《贝叶经》，继业一行从印度带回大量经卷、佛骨舍利敬奉朝廷；宋太宗赵光义即命将这些圣物择名山修持；继业周游了名山大川后，在峨眉山延福院看中了寺前的黑、白二水交汇地，发愿在此新修一座寺院以供养终身，寺院建成后取名牛心寺。

明洪武二年（1369年），安徽凤阳凤凰山龙兴寺（朱元璋曾在此出家，后改名皇觉寺）僧人广济禅师来到峨眉山，驻锡于此；相传广济和明太祖朱元璋交往甚密，朱元璋称帝后，广济不愿接受朱元璋的宣诏，便入峨眉山禅隐于此。

广济禅师根据寺周山水怀抱的天然风貌，又见亭、台、楼、阁与流水潺潺和谐相融，即取晋朝诗人左思《招隐诗》中的"何必丝与竹，山水有清音"中的"清音"二字，改寺名为"清音阁"，后广济禅师圆寂在现在的牛心寺。

阁前有一个"接王亭"。当年海清伍格亲王奉康熙皇帝命朝拜峨眉山，僧人为了迎接他，"拆掉旧亭，重建新亭，取名'接王亭'"。1992年8月新建了三层阁楼的客舍。

5. 近景介绍

（到达清音阁）我们首先进入的是"接王亭"。接王亭建于明初，因朱元璋之子蜀献王朱椿来游峨眉山，山僧在此恭迎，故名接王亭。清康熙四十一年（公元1702年），山僧又在此迎接郭哈奇、海青等四位钦差。原亭年久失修，今天的接王亭，是中华人民共和国成立后重建的，规模比过去大得多。现在的接王亭已不再是王侯将相的专属，成了"接客亭"，也就是游人歇脚观景的好地方，游客就是上帝，它在这里迎接各位远道而来的贵宾。

这里是牛心亭，亭下是黑、白二水的交汇处。左边的是白龙江，从我们刚刚去过的万年寺方向流过来，右边这条是黑水，发源于九老洞下面的黑龙潭，两江在这里交汇，同时冲刷着碧潭中的这块巨石。你们看，这石头像不像一颗硕大的牛心？所以这亭子就叫牛心亭了。

亭前这副对联，原本出自戊戌六君子之一的刘光第的"双桥两虹影，万古一牛心"，后来杨 谯谷改"桥"为"飞"字，更显得灵动了。我们看，黑水白水上这两座小桥，是不是犹如两道飞跨的彩虹？喜欢拍照的朋友，这里是一处绝佳的取景点。

站在这里，一定要闭上眼睛，听惊涛拍石的阵阵轰鸣，声音传向四周的幽谷密林，再和着鸟鸣蝉噪，不正是一曲悠远的古琴曲《高山流水》吗？时而激越、时而深沉、透人心脾、荡涤尘埃，好一处禅意仙境啊，这就是"清音"的由来——"何必丝与竹，山水有清音"。

睁开眼，远山近水，亭台楼阁，云雾缭绕间，好一幅水墨丹青，还是带着香气的画卷。

现在请跟我去往清音阁。清音阁其实是一座寺院，不过因为地形所限，只有一重大殿。里面供奉着华严三圣：中间的是释迦牟尼，左边是文殊菩萨，右边是普贤菩萨。我们看，台阶起始处这副对联很有意思："万物原空何用计，真心本是一如来。"清音阁旁边新建了一座三层阁楼的客舍，是吃斋饭的食堂和香客留宿的地方。想象一下晚上住在这里，听着两江拍石的水声、夜风里的松涛声，该多么享受。清音阁左通洪椿坪、仙峰寺，右达白龙洞、万年寺，过去为上山朝拜、观光必经之地。寺庙虽小，但依险而建，山环水绕，景色宜人，是佛寺园林建筑的典范。

总结：万年寺——清音阁——一线天＋生态猴区——五显岗停车场这一段行程很具代表性，有山，有水，有人文，有野生动物，考验导游对路线的熟悉、时间分配、安全提示，以及讲解能力。

## 五、范例展示

### 范例1：三清山

今天我们要前往的就是位于江西上饶玉山县境内，号称"世界最美的山"的三清山。三清山景区面积756.6平方千米，中心景区229.5平方千米，最高峰玉京峰海拔1819.9米。三清山经历了14亿年的地质变化运动，形成了奇峰参天、幽谷千仞、举世无双的花岗岩峰林地貌。2008年被世界遗产委员会评定为世界自然遗产，这也是中国第七处、江西首处世界自然遗产，被誉为西太平洋边缘最美的花岗岩峰林地貌、最漂亮的地质公园。

三清山景区的特点是东险、西奇、南绝、北秀，奇峰怪石不可胜数，云雾奇光叹为观止，珍树仙葩世所罕见，灵泉飞瀑与丹井玉液相媲美，历代宫观建筑与雄奇险秀的自然景观融为一体，异彩纷呈，钟灵毓秀，因此，三清山也有"江南第一仙峰，世上无双福地"的美誉。1997年，美国国家公园基金会主席保罗先生游完三清山后说，"三清山是世界上极为少数的精品之一，是全人类的瑰宝，是精神的玉境。"我国著名散文家秦牧老先生，把三清山称作"松石的画廊，云雾的故乡"。清华大学教授、我国著名风景专家朱畅中，评价三清山时说，"五岳归来不看山，黄山归来不看岳，看罢三清和黄岳，三清定将胜黄岳。"

到底三清山有何特色呢？我把它概括为"一仙、二最、三绝、四怪、五奇、六多"。

首先来讲讲"一仙",何谓"一仙"呢?"一仙"就是江南第一仙山——三清山。为什么称之为三清山呢?有人说是要看三次才能看清的山,其实不是。称为三清山是因为有三座主峰玉京、玉华、玉虚高凌云汉,拔地擎天,犹如道教的三位教主玉清、上清、太清列坐其巅,又加上有道教古建筑三清宫,因此得名三清山。三清山是历代道家的修炼场所,是道家的洞天福地。相传东晋葛仙葛洪来过三清山结庐炼丹,这里至今还保留了葛洪当年炼丹的炉基石和1600前的古丹井。当你游览其间,无论游到哪个景点,你都会感觉到仙气与灵气伴你而行。

"二最"的第一最指的是目前全国最长、最高、最早的高空栈道,截至2016年,总长度达到40公里;第二最就是全国路程最长的无台阶高空栈道,长度约14公里。

"三绝"指的是三清山的三大绝景。"观音赏曲"海拔1680米,由两个石峰组成,左边像是南海观音,身披袈裟,端坐莲花,双手合十,脸朝东方,正在聆听对面一位老和尚弹奏琵琶,栩栩如生,形象逼真。据说这位老和尚是云游四海、搜集人间疾苦的大善人,特意在此等待观音降临,然后告知人间疾苦。第二绝是"巨蟒出山",高128米,相当于40层楼那么高,被认定为世界最高的天然蟒峰。第三绝是巨蟒对面的"司春女神",大家千万不要想歪了哦,司春女神是司令的司,也就是掌管的意思,掌管春天的女神,被认定为世界最大的天然女神峰。

"四怪"指的是三清山的四大荦景,"金童开泰""玉女开怀""玉女献花"和"仙翁唱歌"。到了景点我再做详细介绍。

"五奇"指的是"奇峰""奇松""奇石""奇云"和"奇光"。这里的峰、松、石、云、光,步移景异,只要您有想象力,保证让您看到天上飞的、地上跑的、水中游的,应有尽有。

"六多"指的是三清山仙境多、神话故事多、道教建筑多、动植物种类多、奇峰怪石多、土特产多,就看您跟我紧不紧了,跟着导游,我保您享受眼福、耳福、口福。现在就请大家跟我一起去感受三清之美吧!

(供稿:九江方诚国旅舒小华)

**范例2:金顶四绝**

金顶是峨眉山的象征,峨眉十景之冠"金顶四绝"则是峨眉山精华所在,由日出、云海、佛光、圣灯四大奇观组成。

日出:在海拔3077米的峨眉山金顶,居高望远,日出景象更加浩瀚壮阔。每座山都可以看到日出,但每座山的日出都是不一样的景观,峨眉山海拔高,山顶天气变化无常,所以能不能看到日出,全凭缘分。

黎明前地平线上天开一线,飘起缕缕红霞,空旷的紫蓝色的天幕上,一刹间,吐出一点紫红,缓慢上升,逐渐变成小弧、半圆、橘红和金红,接着太阳轻轻地一个跳跃,拖着一抹瞬息即逝的尾光,一轮圆圆的红日嵌在天边,瞬间朝霞满天,万道金光射向大地。早起和爬山的辛苦,只为这激动人心的一刻,那一瞬间似乎对人生也有了新的感悟。

云海:能看到日出的时候一般能看到壮观的云海。白云从千山万壑中冉冉升起,苍茫的云海犹如雪白的绒毯一般铺在地平线上，光洁厚润，无边无涯。起风时云海飘散开去，群峰众岭变成一座座云海中的小岛。云海聚拢过来，千山万壑隐藏得无影无踪，而置身其中的感觉如同幻境。

佛光：佛光是一种十分罕见的奇观。当人们站在金顶，背向太阳而立，太阳光从身后射来，前下方又弥漫着雾时，前下方的云雾天幕上会出现一个色序排列为外红内紫的彩色光环，中间会出现人的身影，且人动影随，这就是佛光。即使有成百上千的游人同时观看，每个人看到的都是自己的身影被光环笼罩，非常神奇，所以佛光又被人们称为"峨眉宝光"。

实际上佛光是光的一种自然现象，我们平时看到的彩虹，是空气中细小的水滴对光的折射作用而产生，只能看到半个圆；佛光则是因阳光照射云雾表面的衍射作用而形成，看到的是整个圆环。佛光每年平均出现70余次，在下午2—4点出现较多。佛光的出现需要满足几个条件：头天晚上刚下过雨，空气湿度大，悬浮很多的细小水滴；下午必须出太阳，经过太阳的照射，这些细小的水滴雾化成更细小的水雾才能符合光产生衍射的条件。

圣灯：圣灯又名"佛灯"。在金顶无月的黑夜，舍身岩下常出现飘浮的绿色光团，从一点、两点形成千万点，似繁星闪烁跳跃，在黑暗的山谷中飘忽不定，古时被人们赞为"万盏明灯朝普贤"。

最早咏赞"圣灯"的是唐朝诗人薛能，他在公元866年秋天登临峨眉，夜观圣灯后咏道："莽莽空中稍稍灯，坐看迷浊变清澄。须知火尽烟无益，一夜栏边说向僧。"

圣灯是怎么形成的呢？以前人们一直以为是磷火，是白磷的自燃现象。但是最新的研究发现，这是因为某些树木上有一种密环菌，峨眉山昼夜温差很大，夜晚水汽下沉，空气中湿度偶尔会超过100%，这些蜜环菌就会发光，从山顶俯瞰，好像点点灯光在飘摇。

古人不懂得这么多科学道理，在面对这些神奇的自然现象的时候往往会把它归于玄幻，加之峨眉山是佛教圣地，就更为这些奇观增添了神秘色彩。

### 范例3：武陵源

亲爱的游客朋友们，现在就请随我走进武陵源，一起感受画景天成——黄石寨、风景绝美——金鞭溪、诗画之源——袁家界、峰林之王——天子山的无穷魅力吧。

画景天成——黄石寨：目前武陵源核心景区大门票（包含环保车车票）有效期为四天，分淡、旺季两种。其中每年3月至11月执行旺季普通门票，为225元／人；每年12月至次年2月执行淡季普通门票，为115元／人；年票（包含环保车车票）价格为298元／人，一年内可多次进入景区；在此，优惠票、免票人群我就不一一细说了。

武陵源核心景区分为东门索溪峪标志门、南门森林公园、东南门梓木岗、西门杨家界、北门天子山五个大门。我们今天的行程便是从南门进、东门出。

南门所在的森林公园，前身为1958年成立的国营张家界林场。1982年，国务院委托国家计委批准成立了我国的第一个国家森林公园。1992年12月，以公园为主体的武陵源核心景区被列入世界自然遗产名录。森林公园目前已开发的精品游览线路有黄石寨、金鞭溪、鹞子寨、袁家界等。

黄石寨的"寨",有"防守用的栅栏""旧时驻兵的地方""强盗聚居的地方"等含义。在湘西土匪滋生的年代,黄石寨自然成了当地土匪的山寨。黄石寨是张家界森林公园的王牌景区,素有"不上黄石寨,枉到张家界"之说。黄石寨海拔1100米,从空中俯视,整座山又似一头雄狮,故黄石寨又叫"黄狮寨"。它是由诸多悬崖峭壁共同托起的一块南高北低的台地,面积250余亩,顶部辟有茶园、中草药长廊;四周多是悬崖绝壁,被苍劲虬曲的古松覆盖着,保留了原始森林的风采。

您可能在想,武陵源这些奇特的石英砂岩峰林峡谷地貌(2010年年底,武陵源"石英砂岩峰林峡谷地貌"被国际地质学术组织命名为"张家界地貌")是如何形成的?

大约15亿年前的地槽初期,冲入海槽的以石英砂粒为主的沉积物,为之提供了原料。中期的造山运动使沉积物升露海面形成山脉。6亿年前,山脉被风雨剥蚀成平坦的地面,进入地台阶段。3.8亿年前,地壳沉降,海水侵入,张家界一带地处海滨,大量石英砂粒带着少量泥土侵入,形成厚达千米的砂层,压实固结,成了今天所见的石英砂岩的原型。2.85亿年前,石英砂岩升露地面,上部逐步形成植物繁衍的地层,将下部砂岩层覆盖,而2亿年前的造山作用使平整的地层褶皱成了山脉。300万年以来,山脉逐渐被风化水蚀,上部地层被剥蚀殆尽,下部底层接着受剥蚀,石英砂岩暴露地表。由于砂岩有发育的垂直节理(裂缝)和断层,在地质年代里,雨水顺着节理对岩层的长期冲击下切,开始产生小涧,加之地壳的运动,溪涧落差不断加大,流水下切谷底速度比横切谷壁速度快,变成深而窄的溪涧,逐渐形成了峻深的峡谷。在随后的历史长河中,岁月老人用雷的锤子、雨的凿子、风的锛子、雪的斧子、霜的锯子,一天复一天,一年复一年,不遗余力精雕细刻、打磨抛光,才造就了今日之旷世美景——张家界武陵源……

走进黄石寨,您会发现"这里的秀色不让桂林,但峰峦比桂林神秘,更集中、更挺拔、更野!""石峰石壁直线林立,横断线曲折有致,相互交错成文章。""为了探求绘画之美,我辛辛苦苦踏过不少名山。觉得雁荡、武夷、青城、石林……都比不上这无名的张家界美。"(吴冠中《养在深闺人味识——失落的风景明珠》)从峰体造型看,张家界的石峰或浑厚粗犷,险峻高大,或怡秀清丽,小巧玲珑。阳刚之气与阴柔之姿并具,给人以赏心悦目之感。再从峰体的色彩来看,由于石英砂岩的特殊岩质,使其峰体色彩既无苍白之容,亦无暮年之态,似潇洒倜傥鲜活红润的少男少女,朝气勃勃,魅力无穷。有的如金鞭倚天耸立,直入云端;有的似铜墙铁壁,威武雄壮,坚不可摧;有的如宝塔倾斜,摇摇欲坠,似断实坚;有的若盆景精制,玲珑剔透,耐人寻味……

据航测所知,武陵源有三千余座尖细的砂岩柱和砂岩峰,垂直四百米以上的石峰有一千余个。武陵源三千奇峰从谷底拔地而起,"根""根"林立,形成了绝世无双的地球盆景。这地球上,恐怕只有这里的山打破了传统"山"的概念,不是一座一座的,而是一根一根的。有人如此赞道:武陵源的山,美得不可思议,奇得岂有此理,神得莫名其妙!

亲爱的游客朋友，因为大家选择的是黄石寨索道上山，前山步行下山，因此本次黄石寨游览时间大约为 3 小时（山顶环寨游览约 1.5 小时），沿途可欣赏大小景点数十处，精华景点有金龟探海、天桥遗墩、黑枞垴、玉屏峰、前花园、回音壁、五指峰、双门迎宾、摘星台、六奇阁、天然壁画、南天一柱、南天门、天书高挂、定海神针、天书宝匣、海外来客、大岩屋、老鹰喂子、杉林幽径等。

（供稿：李玉兵）

## 六、巩固练习

结合本地旅游资源，小组内每位成员创作一篇自然景观讲解词并做模拟导游练习。

## 第四节 人文景观

### 案例导入

导游小丁创作兵马俑讲解词时，是这样写的：

我坚定地认为"盖棺定论"这句话只能用来形容平民百姓，而对于帝王，盖棺后只会让后世子孙众说纷纭，甚至争议不断，尤其对于伟大的帝王。在中国历史上，堪称"伟大"的帝王并不多，唐宗宋祖和汉武帝可算其一，但他们开创的"盛世之治"，也都抵不过秦王嬴政留给华夏大地的宝贵遗产。讲到秦始皇，您的耳边是否响起了当下最红的一句网络词：额滴额滴，都是额滴（陕西话）！ 没错，欢迎大家来到秦始皇的地下宫殿——兵马俑博物馆。

从 1、2、3 号坑一路走来，我们检阅了秦王巨大的地下方队——兵马俑，有没有被他的无敌威严深深震撼？请大家随我转个弯儿，真正的亮点还在后面。大家请看，两架飞驰而来的铜车马直接就奔进了您的视线。在过去的 2000 多年里，谁也不知道，就在这片毫不起眼的黄土之下，竟然封印着一座偌大的秦王帝国。直到 1974 年，当地村民在打水井时，一不小心揪出来了一个陶俑脑袋，再一拉，又一个冒了出来，就这样，秦始皇的地下部队被成功解除了封印。他们的出现震惊了世界，考古界称秦始皇兵马俑为"世界第八大奇迹"。又过了 6 年，眼前这两架精美绝伦的铜车马也成功跑出了地面，而它们的发现，被称作"奇中之奇，宝中之宝"，也被誉为"青铜之冠"，堪称秦朝时期的"劳斯莱斯"。所以，自从它们重见天日，就被禁足于深宫，是为数不多的、绝对不能出国展览的"国之重器"。

大家请看：秦铜车马一组两乘，一为高车，一为安车，都是单辕双轮车。它们用青铜铸造，有 3500 余个零件，采用了镶、嵌、焊、卯多种工艺拼装而成。请您上前两步。您瞧，这一号高车的车夫是不是"巴适得很"（四川话）。敞篷跑车还自带遮阳伞，开着这个去 857，那必须是这条街上最靓的仔了。但是，他就是个高级打工仔，是专门负责开道警卫的御官，说白了，也就是司机和保镖的集合体。彩釉是其亮点，大家请看：釉色两层，内粉外白，这人物肌肤的质感绝对是拍了三个黄瓜的效果，吹弹可破啊。其实，这辆车实质上是辆兵车，它两侧有车栏，后面留门以备上下，右侧放置一面盾牌，车前挂有一件铜弩，通体都是彩绘和云纹的图案，色调以蓝绿白三色为主，体现了秦王的天家威仪。

请您移步，这就是被誉为"第一安车"的二号车，它类似现代的小轿车。车主既可坐又可卧，内部宽敞舒适豪华精美，完全是当代软卧的体验。请留意铜马的笼头，铜丝粗细均匀，用拔丝的方法制成。尤其是链环，是由铜线两端对接焊成，对接面缝合非常严密。这无与伦比的精美工艺，也证明了秦时的冶金技术的高超水平，放到现在也令人叹为观止，可谓是全人类的宝贵遗产。

秦王嬴政，创造了太多的辉煌，而关于他的是非功过，绝对无法"盖棺定论"。有人骂他，说他"焚书坑儒"，太过残暴；但也有更多的人赞他！赞他，让"书同文、车同轨"；赞他，"平战乱、定六国"。因为有他，我们才天下一统，我们才始称中华。让我们一起对他说："额滴额滴，都是额滴（陕西话）。"

【案例分析】该导游词以一种出乎意料的方式开篇，随即进入讲解重点——铜车马，简洁明了地说清了文物的发现过程、意义、构造和制作工艺。比喻、类比、引用、方言和时代新词的运用，让讲解变得生动有趣，而其中的引经据典，则让内容有了深度。本案例涉及的是人文景观的讲解。人文景观与自然景观在讲解上有所不同，如导游不注意讲解内容与技巧，游客很容易感觉枯燥乏味。因此，导游在讲解人文景观时，要特别注意方法和技巧。

## 一、学习目标

（1）了解人文类型景观的概念、分类及审美特征；
（2）熟悉人文景观导游词创作技巧；
（3）掌握人文景观的讲解技巧。

## 二、学习纲要

| 学习要求 | 1. 学习本节相关知识；<br>2. 撰写人文景观景点导游词；<br>3. 模拟导游讲解 |
|---|---|
| 教学地点 | 当地景区、模拟导游实训室或多媒体教室 |
| 教学设施 | 1. 导游证、导游旗、麦克风；<br>2. 当地景区、模拟景点、3D景点软件、VR等；<br>3. 其他模拟情境需要的物品 |

| | |
|---|---|
| 教学内容与步骤 | 1. 分组：学生分组，分别扮演游客、导游等，准备好模拟情境所需的各种物品和设施；<br>2. 学习本节相关知识；<br>3. 分组学习并讨论模拟案例；<br>4. 结合当地旅游资源，选择景点并创作导游词；<br>5. 分组进行模拟练习；<br>6. 教学效果考核及教师点评；<br>7. 教学结束 |

## 三、相关知识

### （一）人文景观的概念及分类

人文景观是指历史形成的、与人的社会性活动有关的景物构成的风景画面，它包括建筑、道路、摩崖石刻、神话传说、人文掌故等。与自然景观不同，人文景观是社会、艺术和历史的产物，带有其形成时期的历史环境、艺术思想和审美标准的烙印，是自然与人类创造力的共同结晶。我国常见的人文景观包括：古代建筑及建筑群，如礼制性建筑（坛、庙、陵寝、宫殿）、宗教建筑（塔、石窟、寺庙）、城防（如长城）、交通建筑（如桥梁）等；古代园林，如皇家园林、私家花园、寺庙园林；古典雕塑，如圆雕、浮雕；现代建筑，如北京奥运会建筑群、上海东方明珠电视塔等。不同的人文景观，审美角度与方式不同，导游在讲解中应注意运用不同的技巧。

### （二）人文景观审美特征

#### 1. 工艺美

人文景观，各有特色。一些人文景观，如古代建筑、园林、雕刻等，往往工艺精湛。导游可从旅游美学的角度，如向游客分析其制作工艺、造型、比例、结构等，为游客传递美的信息。中国传统建筑往往千姿百态、工艺精巧，如屋顶的装饰、彩绘、斗拱等，给游客带来肉眼可见的美；而我国古代园林，则讲究布局的对称和艺术效果，叠山、理水、植物、建筑四要素合为一体，精湛工艺让人过目难忘。

#### 2. 文化美

没有文化的人文景观是苍白的。而文化之美不同于自然之美，是人类创造出来的美。中国历史悠久，地大物博，各地人文景观独具特色，不仅外在美，同时蕴含了深厚的文化内涵和底蕴。我国传统文化博大精深，源远流长，向游客介绍中华文化之美，也是导游的责任与义务。

### 3. 意境美

意境美指的是艺术形象中意与境、情与景、心与物交融契合的审美境界，是艺术美的基本要素，也是中国传统美学的基本范畴之一。意境是无形的，依赖现实事物才能表现出来。情景交融、寄物言情，意境美能带来别具一格的情趣。

我国人文景观具有独特的意境，往往以有形表现无形，以物质表现精神，以实境表现虚境，能引发人们的联想与共鸣。参观人文景观时，不同的人文景观会带给人们不同的意境。例如，游览故宫时感受到的是厚重的历史，参观小平故里时感受到的是伟人的智慧与人格魅力。而我国古典园林景观，注重诗情画意，常常实景与虚景并用，还借助山、水、植物和建筑所构成的画面来传达意境，有时还用匾额、楹联等直接表达，形成了独特的意境美。

## （三）游览人文景观时的导游服务

### 1. 导游讲解内容涉及面广

人文景观覆盖面极广，如遗址遗迹、重要史迹、建筑设施、地方特产、民俗风情、节庆等，对导游知识面的广度与深度都有一定要求。导游应加强自身的知识修养，广泛阅读历史、文化、美学等书籍来拓宽知识面。

### 2. 讲解方法灵活多样

讲解人文景观时，尤其是博物馆、石窟等，常见的问题是游客容易感到枯燥。

导游在游览前应首先站在游客的角度，从游客的角度思考问题，如游客希望通过这次参观有怎样的收获？游客会对哪些问题感兴趣？怎样讲解会让枯燥的景点变得有趣？根据这些问题来思考导游词的内容和具体讲解的方法。导游要善于运用各种讲解技巧，激发游客对景观的兴趣，引导其欣赏人文之美，让游客真正有所收获。

### 3. 科学安排游览活动

人文景观的游览线路相对固定，进入景点前，导游应交代清楚参观路线和参观时间，如有导览图可提前发给游客；如没有，可提前准备好电子格式的导览图发到游客微信群，让游客提前了解景点。人文景观牵涉的文物众多，导游应提醒游客相关注意事项，如注意保护文物，参观过程中不要触摸展品，遵守景点规定，不大声喧哗、不吃东西等。

## 四、范例展示

### 范例1：敦煌——莫高窟飞天

敦煌，敦，大也；煌，盛也，也就是盛大辉煌之意。每个人心中都有一座敦煌，就像每个人心中都有一座理想世界。欢迎来到大美敦煌，欢迎来到千年莫高窟，这里是莫高窟的第320窟。

用盛大辉煌来点赞"莫高窟"是最恰当不过了！在中国四大石窟中，它以规模最大、石窟群内容最丰富著称于世。不同于龙门石窟的"皇家制造"，不同于云冈石窟的"厚重东方"，也不同于麦积山石窟的"凭险开凿"，莫高窟的出现完全是一个偶然。千年之前，僧人乐尊在西行求佛的途中，路过敦煌，突然发现沙漠深处凭空射出万缕金光，如同金佛临凡，乐尊兴奋不已。翻越沙山，乐尊发现一面岩壁，便决定停留于此，并临崖雕凿出了第一个洞窟，谓为"漠高窟"，意思是"在沙漠的高处"。从那以后，这片崖壁之上便叮咚不绝，从十六国的前秦一直到元代，悬挂在崖壁上的匠人们，在漫漫黄沙中竟然凿出了一片"盛大辉煌"。这片辉煌中最珍贵的，不是那千座雕塑，也不是那万本经书，而是被称为"历史第一现场"的清晰壁画。感谢它们穿越千年的风雨飘摇依然清晰。否则，我们无法见证历史长河中的社会风貌、礼仪乐器和太平盛世。而飞天，绝对是莫高窟群窟中最鲜明的主题。

大家请看：第320窟中的这组黑飞天彩绘，可谓是莫高窟所有飞天中的"美中之美"。它叫"黑飞天"，是因为绘画颜料随着岁月的侵蚀氧化蜕变非常严重，导致飞天的面容和身体裸露的部分颜色黢（qū）黑。但是，黑色肌肤丝毫挡不住飞天们的美，她们前后顾盼，或互相追逐，或凌空翱翔，或反弹琵琶，或撒花嬉戏，身体曲线流畅优美，形态灵动万分。虽然莫高窟多达492个洞窟，几乎窟窟画有飞天，而这一组，被公认为群窟中最生动的飞天壁画。飞天之美，美在身体的曲线，简单说，也就是人体的"S"型，她们凹造型，凹得特别美。

飞天，意为飞舞的天人。相传，飞天是印度神"乾达婆和紧那罗"的复合体，乾达婆是乐神，周身散发香气；紧那罗是歌神，飞舞于天宫之巅。这对恩爱的夫妻在天宫中载歌载舞，形影不离，意寓盛世圆满，后来被佛教吸收化为天龙八部中的两位天神。由于乾达婆和紧那罗男女不分合为一体，所以敦煌的飞天造型也大多男女不分。请大家仔细看看：这组飞天是不是面容刚毅却肢体柔美，是典型的男貌女身呢？由于地理位置特殊，敦煌位于"丝绸之路"河西走廊的重要节点，所以，敦煌飞天经历了从印度佛教向中国化的漫长过渡，在这千年间，画师千千万，每个画师的心中都有一个飞天，他们匍匐在这荒凉山壁之上，深情款款绘制出一个个飞天，感谢他们，雕琢出祥瑞美好和"盛世辉煌"。

敦煌飞天，美了千年，从魏晋前的印度飞天到隋唐后的中国飞天，不同的时代，万变的容颜。唯一不变的，是世世代代人们对美好生活的追求和祝愿。眼前的飞天，更像一股力量，盘旋上升在每个人的心中，它是自强不息，是一飞冲天。飞天吉祥，祈愿敦煌，也愿我们深爱的祖国永远"盛大辉煌"，像这眼前的飞天翱翔，美在东方。

范例2：黄鹤楼

223年，在这片华夏大地上，发生了两件大事。第一件事：蜀汉皇帝刘备病逝，托孤于奉节白帝城。第二件事：长江之畔的黄鹤楼悄然而起，矗立于武昌的蛇山之巅。而这两件事情的发生，绝不是偶然，今天就让我带领大家，一起穿越千年，来拜访这座发着光的英雄之城，欢迎大家来到"天下江山第一楼"——黄鹤楼。

黄鹤楼不仅"气质非凡"，而且"文武双全"！最早的黄鹤楼就因"武"而建。公元223年，刘备出发伐吴，却惨败夷陵，退军白帝城。虽然孙权主动求和，刘备欣然同意，但很快就撒手归西。谁也不知，孙权用的是"缓兵之计"。就在蜀汉举国上下哀悼刘备之时，谁也没有发现就在长江的对岸，一座楼悄悄地竖了起来。不同于"陆战"的北方，有长城的军事据险，黄鹤楼的出现之于"水战"频繁的南方，就像长城之上的烽火台，既可登高观敌，还可镇守边关。同年，孙权下令，又在当时的武昌建起了一座著名的"夏口古城"，而黄鹤楼就是这座古城的制高点。从那天起，黄鹤楼就像一位威武的大将军，面向着西面的蜀汉虎视眈眈。它的建立，当然起到了震慑的作用，直到魏晋南北朝时，黄鹤楼依然是武昌城里著名的军事瞭望塔。

黄鹤楼因"武"而建，却因"文"名动天下！中国导游界的鼻祖李白在游历名山大川时，当然也没有放过打卡黄鹤楼。他写下的"故人西辞黄鹤楼，烟花三月下扬州"不仅成了黄鹤楼的著名广告语，也顺带让扬州火上了一把。连余光中先生都这样说："翻遍唐诗，最美的风景都在这烟花三月的扬州和黄鹤楼里。"不过李白却对自己的导游词极不满意，当他抬头，看到诗人崔颢写于楼上的"昔人已乘黄鹤去，此地空余黄鹤楼。黄鹤一去不复返，白云千载空悠悠"之后，大呼绝句自叹不如，更是提笔写下了"眼前有景道不得，崔颢题诗在上头"。吾辈岂是蓬蒿人！我是李白服过谁？就这样，一个名不见经传的崔颢，被李白这由衷一赞，从此红遍了大江南北。而黄鹤楼，也成了武昌城最早的网红打卡地。

"孤帆远影碧空尽，惟见长江天际流。""文武双全"的黄鹤楼在滚滚的历史长河中，虽然历经劫难多次倒下，但又一次次站了起来。大家请看，眼前的黄鹤楼傲然挺立，楼高51.4米，共五层，攒尖顶，层层飞檐。从远处望去，就像一只硕大的黄鹤，振翅欲飞。一千多年来，黄鹤楼形制各不相同，却一直保持"四面八方"的沉稳格局。在中国的三大名楼里，黄鹤楼虽然没有岳阳楼的"轻盈灵巧"，也没有滕王阁的"洋洋大观"，但雄浑大气风范无敌。

巍巍黄鹤楼，最美中国红！2020年的黄鹤楼美得特别不平凡，武汉城也历经了浴火重生如凤凰涅槃。"封一座城，护一国人！"我们将永远记得那一张张逆行的面孔和坚毅的"担当"，更将永远记住这座"英雄的城和楼"。

城记楼事，楼记人名，致敬武汉！愿黄鹤楼如英雄不倒，护这大美武汉繁荣昌盛，护我中华大地万世安稳。

### 范例3：剑门关

中华文明五千年沧桑更替，造就了无数的雄奇关隘，人们耳熟能详的有"春风不度"的玉门关，"铁马秋风"的大散关，使"民族奋起"的娘子关，还有"万里长城第一关"的山海关等。这些关隘几乎都坐落在交通要道或山势险峻的地方。而在这众多的关隘中，剑门关堪称"天下第一险关"！

剑门关地处广元剑阁县北部。三国时期，诸葛亮率军北伐，看到这里大小72座山峰呈锯齿状排列，峰峦叠嶂，如剑倚天，而陡峭的石壁连绵数百里，形成了一道天然的城郭，便在这里建关设尉，并因其"峰如剑，关似门"取名"剑门关"。大家请看：大自然在72峰的中间，也就是第36峰和第37峰之间撕开了一条大豁口，形成了高约150米、长约500米的隘口，隘口两崖石壁高耸，犹如刀砍斧劈一般，地势险到了极点。当年诗仙李白就为剑门关发出"一夫当关，万夫莫开"的千古一赞。由此可见，剑门关自古就有"巴蜀屏障，两川咽喉"之称。

我们眼前的剑门关关楼，是在2008年汶川大地震后，按照明代关楼的原貌重建的。关楼高19.6米，是典型的木石结构。整座关楼翼角凌空，气势恢宏，我们抬头就能看见"眼底长安，天下雄关"八个大字。

剑门关为战争而设！从诸葛亮砌楼建关开始，剑门关就成了历史焦点。古往今来，发生在剑门关的战争有大小两百多次：司马错败蜀王入关，姜维守关震三国，杨坚防乱改关道，王建闭关谋帝业，等等。千百年来，剑门关虽然硝烟不断，却从未被正面攻克过。因此，"打下剑门关，犹如得四川"这句话，也成为战争年代最具诱惑的广告词，吸引了无数帝王的眼球！

剑门关也为和平而立！许慎在《说文解字》里就对"关"做出了准确注解："关，以木横持门户也。"意思就是用一根木头挡在门板儿后面，也就是门闩。在我们所有人的家里，都会有一道出入的大门。我们出门是为了和外界更好地交流，进门是为了享受家的温暖。剑门关就像我们四川人的北大门，在一开一关之间，成了历史上入川出川的一道关键之门。从这道门里，不仅走来了杜甫、陆游、黄庭坚，还走出了"一字千金"的司马相如、"斗酒诗百篇"的李白、"大江东去"的苏东坡。这道关键之门更像一个出口大通道，为华夏大地源源不断地输出了天府宝地的茶叶和丝绸。可以说，剑门关脚下的古蜀道就是1.0版本的"一带一路"，如果说玉门关锁住的是匈奴的铁蹄，打开的是丝绸之路的驼队，那么剑门关不仅锁住了那代代枭雄觊觎巴蜀的雄心，也为热爱和平的后世子孙解锁了一片锦绣河山。

"雄关漫道真如铁，而今迈步从头越。"朋友们，人生中既要守关，也要闯关，眼前这巍巍雄关，不正像我们人生的一个个大关口吗？今天的我正在努力闯关，我相信，如果我能成为一名优秀的导游，在面对行业的诸多现象和难题时，一定能像当年扼守剑门关的姜维那样，我会坚守导游行业的职业道德准则，也一定能把好人生中的这道"关"。

朋友们，天公作美，此时正为大家下起了毛毛细雨，就请随我走入陆游当年"细雨骑驴入剑门"的细雨廊，去品味不一样的柔情剑门吧！

## 五、巩固练习

结合当地旅游资源，以下面的内容为例，小组内每位成员创作一篇人文景点讲解词与相关导游服务注意事项，再分组进行模拟导游练习。

（一）某旅游团将游览三星堆博物馆，预计游览时间为4小时。

（1）提醒注意事项。博物馆内的展品往往是贵重文物，要提醒游客在参观过程中遵守相关规定，如不要触摸展品，避免损坏；有些博物馆不允许拍照、录像或禁止使用闪光灯；展厅内不要大声喧哗，提醒团里的小朋友不要追逐打闹；不要吃东西（瓶装水除外）；如果参观人数多，导游应带领团队顺着人流方向参观；导游应尽量准备无线耳机。

（2）导游领取门票的时候，提醒游客先上洗手间。

（3）在景区入口导览图或全景沙盘模型介绍博物馆全景、主题、展厅组成、参观路线和时间，让游客提前了解游览安排。

（4）介绍博物馆相关知识及主要展品。

讲解示例如下：

各位朋友，我们先来了解一下整个三星堆的概况。

（位置）三星堆位于广汉市鸭子河南岸，成都以北40公里。中间这条是古马牧河，遗址几乎沿着马牧河两岸分布，现在马牧河早已干涸。

（范围）三星堆是一个包含众多古文化遗存的庞大遗址群，分布范围有12平方公里。沙盘上这些突起的土坝，在1995年被确认为城墙。围起来的部分有3.6平方公里，是整个文明的中心。东北角是1992年到1997年建成的博物馆，也就是我们现在所在的地方。博物馆由两个展馆组成，实际是在遗址区域以外，大部分的出土文物都陈列在这两个馆中。

（发现过程）北面靠近鸭子河这里，写着"燕家院子"。1929年，一个叫燕道成的老农，在清理自家门前水沟的时候，偶然发现了一些玉器。消息很快通过英国传教士董笃宜传到了华西大学博物馆馆长葛维汉耳中。1934年春天，葛维汉组成考古队，在附近进行了为期十天的发掘。1980年，考古人员在这里清理出成片的新石器时代的房址遗迹，出土标本上万件。中间这里写着"三星堆"的地方，原本是三个高大的土堆，以前一直以为是三个祭祀堆，后来确认是城墙的一部分。对面是月亮湾城墙，也是内城墙的一部分。古人有"三星伴月"的吉祥天象之说，因此把这里命名为"三星堆文化"。1986年7月，三星堆两大祭祀坑被发现，出土了大量的青铜器、玉器、金器。其中大部分都造型独特，以前从未出现过，在世界上引起轰动，被称为"20世纪考古最伟大的发现"。从2012年至2015年，考古人员发现了青关山大型房屋基址以及多段城墙等重要文化遗存；近年来又在1、2号祭祀坑附近发现了3~8号祭祀坑。我们最后会去到遗址公园，也就是当初的考古现场。

**分析**：通过以上讲解，游客已经对这个博物馆有了大致印象。概况的讲解，应条理清晰，言简意赅，切忌发散和深度展开，因为此时游客还没有看到具体的展品，讲多了反而容易混淆。所以讲解要有层次，像抽丝剥茧一样循序渐进。

（5）进入展馆，按顺序参观。

**分析**：博物馆的参观一般都有相对固定的路线，只需按顺序进行即可。但每个展馆的主题不一样，展品的数量、重要性、独特性也大相径庭，所以要注意时间的分配和侧重点。通常博物馆展品形式有文字图片、实物和视频影像等几种。

以下以一号馆展厅为例，说明参观和讲解的方法。

第一展厅：没有实物，以视频和图表为主。

先让游客观看制作精美的短视频。该视频介绍了三星堆发现的过程，展示了出土的重要文物和这些文物带给人们的信息和思考。看完视频，简要介绍发现三星堆的意义，有哪些未解之谜。按照展墙上的图表，逐一向游客介绍，如古蜀国的五位帝王：蚕丛、柏灌、鱼凫、杜宇、鳖灵。此前因为没有系统的文字，只有一些古老的神话传说，古蜀国的文明一直蒙着一层神秘色彩。但这次出土的大量文物，却印证了这些传说。三星堆遗址的年代被确定为5000年到3000年前，正好填补了长达2000年的古蜀文明空白；更明确证明，中华文明之源除了黄河文明，还有长江文明。近年来浙江良渚文明的发现更进一步证明了这一点。三星堆的发现，为人们研究中华古代文明提供了一个新思路：古代的一些神话传说，并不全是古人随意编造，有些也许是原始部落生活的抽象化，三星堆就是实证。

**分析**：博物馆最吸引人的是实实在在的文物，概述性的文字图表和视频展示，只是为了帮助游客更好地理解博物馆的主题和意义，让游客形成整体的概念，讲解要注意简洁明晰。过于抽象的讲解，容易让人产生疲惫感，会降低体验度。导游在参观时要注意合理分配时间，具体参观时，要根据游客的兴趣及时调整。关于具体文物的介绍，包括出土的时间、地点、名称、用途等知识，导游可以通过查阅官网资料、官微和官方出版物来学习。博物馆的讲解首先要严谨，其次才是生动有趣。

（二）《大唐三藏圣教序》

我们眼前这通高大的碑刻，就是著名的《大唐三藏圣教序》碑，简称《圣教序》碑。因碑首横刻有七尊佛像，又名《七佛圣教序》，立于唐咸亨三年，也就是公元672年。碑通高350厘米、宽108厘米、厚28厘米。全碑文30行，每行83至88字不等。全碑1904字，总体分为三部分：

第一部分，从"盖闻二仪有像"到"与乾坤而永大"，是唐太宗李世民的序文；从"朕才谢珪璋"到"空劳致谢"，是唐太宗的答辞。

第二部分，从"皇帝在春宫"到这"略举大纲以为斯记"，是唐高宗李治的记文；从"治素无才学"到"深以为愧"，是李治的答辞。

第三部分，接下来这260字，是玄奘从梵文翻译来的《般若波罗蜜多心经》，也就是人们常说的《心经》。我们耳熟能详的"色即是空，空即是色"，就是出于这部经典。

当年玄奘历经17年艰苦从西域取经归来，之后专注于译经，请李世民为其所译经书作序，却数次被拒绝。直到公元648年，经褚遂良、长孙无忌斡旋，呈献《瑜伽师地论》给唐太宗李世民。太宗花了1个多月时间通览了这部多达百卷的佛教经典后，大为赞赏，欣然写下《大唐三藏圣教序》，盛赞："玄奘法师者，法门之领袖也。"之后太子李治又写《大唐皇帝述三藏圣教记》，俗称《述圣记》。

但是说到《圣教序碑》，其实总共有四块。

第一块是公元 653 年，唐高宗李治令褚遂良用楷书书写了"圣教序"和"述圣记"，并分别刻石，一直保存在大雁塔的底层，称《雁塔圣教序》。第二块是公元 657 年，唐高宗自长安出发，在洛阳住了 1 年，玄奘也陪同前往。玄奘利用在洛阳的机会"暂得还乡"，回到他的出生地缑氏县游仙乡控鹤里凤凰谷，为他的父母迁坟改葬。唐高宗为了表彰玄奘对佛教做出的杰出成就，恩准将王行满所书圣教序碑立在了玄奘家乡附近的招提寺里，称《大唐二帝圣教序》碑。碑高 244 厘米、宽 104 厘米，碑额两侧雕有蛟龙伏绕，正中刻一坐佛，太宗的圣教序和高宗的述圣记一起刻在了碑的正面。这块碑原本在招提寺，后被移到偃师文庙。1963 年公布为河南省第一批文物保护项目，可惜在动荡年代遭到破坏，1987 年残碑被搬迁至偃师商城博物馆保存。第三块是公元 663 年，此时距褚遂良去世已经四年，唐高宗李治命人以雁塔圣教序碑为蓝本翻刻，立在褚遂良曾经被贬的同州，称"同州圣教序"。现在这块碑保存在西安碑林，就在这间展室里，一会儿我们会去欣赏。第四块就是我们眼前这块。这块碑把太宗的序、高宗的记、玄奘译的经，都刻在了一起，由文林郎诸葛神力勒石，武骑尉朱静藏镌字。而这通碑最宝贵的是，这通篇的书法，我们看，是不是很眼熟？这是书圣王羲之的笔迹。可是晋朝的王羲之又怎么可能穿越 200 多年的时空，去写唐朝的碑文呢？原来唐太宗李世民生前就非常喜爱王羲之的书法，他自己的书法造诣也很高，他甚至以帝王之尊，在《晋书》亲自为王羲之写了传记。他广泛搜集王羲之笔迹，在全国推行王羲之书法。真正确立王羲之书圣地位的，就是李世民，所以在唐初的时候，爱好王羲之书法的人就很多。玄奘译经所住的弘福寺的僧众也很推崇王字。其中有个怀仁和尚，更是王羲之的狂热"粉丝"。玄奘法师圆寂后，怀仁就潜心着手于集字，要用王羲之的书法来呈现这段佛教发展史上浓墨重彩的记忆。

在集字后期，有几个字怎么也找不到。皇帝下令全国，有献出者赏一千两银子，所以此碑又叫"千金碑"。碑帖以行书为主，杂有少量楷书和草书。此碑虽然是拼接组合而成，却不是拼凑而来。笔意连绵，行气贯通，笔不虚法，如自然天成。由于怀仁这位书法异才的努力，勾勒摹刻的精湛，可谓笔笔神似，字字形肖。北宋黄伯思说："今观碑中字，与右军遗帖，所有纤微克肖。"经过数年努力，终于在 672 年完成并立在弘福寺内。此碑诞生之日起，就成为王字的一大宝库。可惜此碑于宋以后从中断裂，所以传世的拓本以未断宋拓本为佳，很多书法爱好者练习行书的第一本临帖就是《圣教序》，所以这通碑刻的佛教历史地位和书法史地位都极高。近年来，有王羲之仅 30 字书法的宋代摹本，居然拍出了 3 亿人民币的高价，可见书圣的影响力，也足见这块国宝级碑刻的珍贵。

## 第五节 研学旅行

> **案例导入**
>
> 导游小王听说旅行社有些导游在带研学团,于是也打算去带,她以为研学旅行就和过去学校组织学生外出春游类似,应该很容易带。那么研学旅行真的如小王所想象的那样吗?
>
> 什么是研学旅行?什么是研学旅行指导师?小王对研学旅行的认识正确吗?

**【案例分析】** 研学旅行不是学校组织的一次简单的出行,而是教育教学的一部分,其知识内容和形式有变化,但课程属性没有变化。研学旅行与学生自身生活和社会生活有密切联系,注重对知识技能的综合运用,注重实践体验和旅行感受,是体现学生素质发展的综合性、经验性、实践性的课程。研学旅行继承和发展了我国传统游学"读万卷书,行万里路"的教育理念和人文精神,是素质教育的新内容和新方式,能够提升中小学生的自理能力、创新精神和实践能力。开展研学旅行时,需有研学旅行指导师全程带队,把控研学过程中的研学品质、交通、餐食、住宿品质和安全,负责研学旅行过程的具体实施。研学旅行指导师是一种专业人才,成为研学旅行指导师需要进行专门的培训与学习,不是由教师兼任或者任一导游兼任的工作,导游小王的认识存在误解。

### 一、学习目标

(1)掌握研学旅行的基本定义;
(2)了解研学旅行相关政策法规;
(3)熟悉研学旅行指导师的定义及要求;
(4)了解研学旅行课程设计、研学手册的基本框架及内容。

### 二、学习纲要

| 学习要求 | 1.学习研学旅行相关知识与政策法规;<br>2.学习研学旅行课程设计、研学手册基本框架与内容 |
|---|---|
| 教学地点 | 模拟导游实训室或多媒体教室 |
| 教学设施 | 1.多媒体设施;<br>2.研学旅行营地、研学基地 |

| 教学内容与步骤 | 1. 分组；<br>2. 学习本节相关知识，了解研学旅行的定义、研学旅行指导师的概念及要求；<br>3. 学习并讨论研学旅行手册的编写思路、基本框架与内容；<br>4. 学习并讨论研学旅行课程的开发思路、基本框架与内容；<br>5. 分组设计研学手册、开发一门研学课程；<br>6. 教学效果考核及教师点评；<br>7. 教学结束 |
|---|---|

## 三、相关知识

### （一）什么是研学旅行？

根据教育部等 11 部门《关于推进中小学生研学旅行的意见》的文件，中小学生研学旅行是由教育部门和学校有计划地组织安排，通过集体旅行、集中食宿方式开展的研究性学习和旅行体验相结合的校外教育活动，是学校教育和校外教育衔接的创新形式，是教育教学的重要内容，是综合实践育人的有效途径。研学一般以年级、班为单位进行集体活动，学生在教师或辅导员的带领下，确定主题，以课程为目标，以"动手做、做中学"的形式，共同体验，分组活动，相互研讨，撰写研学日志，形成研学总结报告。

### （二）研学旅行的特点

（1）研学旅行是有目的、有意识，作用于学生身心变化的教育活动。周末自行结伴出行不是研学旅行。

（2）校外课后的兴趣小组、俱乐部活动、棋艺比赛、校园文化等，不属于研学旅行的范畴。

（3）研学旅行是集体活动。以年级、班为单位，乃至以学校为单位进行集体活动，学生在教师或辅导员的带领下一起活动，一起动手，共同体验相互研讨。孩子跟随家长到异地旅游，不属于研学旅行的范畴。

（4）研学旅行注重亲身体验。动手做、做中学，学生必须要有体验，而不仅是看一看、转一转，要有动手的机会、动脑的机会、动口的机会、表达的机会；在一定情况下，应该有对抗演练、逃生演练，应该出点力、流点汗，乃至经风雨、见世面。

### （三）研学旅行和传统旅行的区别

研学旅行和传统旅行存在相似之处，最终都是以旅游的方式呈现，但也有很多不同，主要不同之处如下：

#### 1. 服务对象不同

传统旅行的服务对象涉及各年龄层次，人员构成相对复杂，但都是具备完全民事责任能力的成年人，未成年人和不具备完全民事责任能力的人有家属陪同。而研学旅行服务的对象只有中小学生，都是未成年人。未成年人的特点是：心智尚未成熟，三观尚在形成中；好奇心强，精力旺盛，好动；阅历少，缺乏安全意识。但随着现代生活水平的提高，学生的生理发育往往超前，而生理的早熟和心智的不成熟会形成明显的对比。现代社会资讯发达，学生获取信息很方便，他们更加有主见，这些都给教育带来了新的挑战。没有家长的监督，和有家长的监督，学生的表现是不一样的，野外旅行的环境和课堂上的严肃气氛，也是大不一样。在研学旅行中，学生是主角，他们心理上更加放松，旅途中也会表现出更真实的一面。服务对象发生变化要求导游的思维方式、工作方式、工作重点甚至语言表达方式都要转变。

### 2. 旅行的目的不一样

传统旅游的主要目的就是游览景点，导游的主要任务是给游客带来愉悦的旅行体验，研学旅行则完全不一样。虽然也是旅行，但根本目的是学习，而不是简单的"集体旅游"。

对学校和教师而言，研学旅行是教育的延伸，但又要寓教于乐，要用更轻松、更快乐、更有自由度的方式学习，围绕"研究性"的学习来进行。在这一过程中，还要培养锻炼学生的思考能力、创新能力、学以致用能力、动手能力等。在旅行中，学生要学习基本的生活常识与安全知识等。旅行只是实现的形式，其本质还是教育，但不能简单地把研学旅行变成"室外课堂"，要让学生通过旅行的乐趣感受学习的乐趣。兴趣是最好的老师，而研学旅行指导师的任务就是激发学生的学习兴趣。

### 3. 接待的规模不一样

传统的旅游接待往往以单团单车为主，偶尔也有大团；而研学旅行更多的是一个年级的集体出行，涉及七八个班级，甚至几百人上千人，对组织性、协作性的要求很高。学生活泼好动，更考验组织方的统筹协调和控场能力。在线路编排、时间错峰等具体安排上需要周密规划。

### 4. 安全和思想高度的要求不一样

研学旅行对安全的要求更高。不仅要有完善的安全保障制度，还要有具体的保障措施。每一处的细节都要考虑周全，要提前熟悉沿途路况和景区景点的安全环境，只有反复耐心的提醒还不够，还要有切实可行的预防措施。除了完善的预防措施，还要有完备的应急预案，针对可能发生的意外，要有及时且可行的应对措施，如基本的急救护理措施、针对自然灾害的紧急疏散预案等。要建立各部分之间的组织与协调制度，明确各自的分工。

研学旅行对思想的要求不一样。中小学生正处在心理逐渐成熟的关键年龄，他们很容易受外界影响，还不具备完善的判断能力。中小学阶段是他们的人生观、世界观、价值观形成的重要时期。因此，研学旅行指导师自身必须充满正能量，向学生传递正知正见，切不可传递消极的思想。

研学旅行对工作习惯的要求更严谨细致，指导师应养成动笔的好习惯，随时记录下待办事项和需要注意的事项,记录下需要改进的环节。

研学旅行指导师的知识体系要做出相应的调整,要逐步完善,尤其要加强教育知识的学习、儿童心理和教育心理常识的学习;关注当下中小学生关注的热点,这样才能和他们有更多共同语言。在给学生讲解的时候,要更多考量知识的准确性、语言的生动性,这样才能真正寓教于乐。

### 5. 角色与责任不一样

导游是生活服务员和知识讲解员、摄影师、导购、美食家,是为消费者、游客服务;而研学旅行指导师在学生眼里,首先是老师,所以要更加注重自己的言行,给学生树立好的榜样,如得体的着装、优雅的谈吐、良好的公德习惯等。同时,要懂得如何与带队老师配合,如何切合教材和教学的进度,如何调动学生的主观能动性等。此外,要加强与学生的互动。除了老师的身份,还可与学生成为朋友,甚至还可在一些学生更熟悉的领域、流行的或新奇的事物上向他们虚心学习,这样才会和他们有更多共同语言。

### 6. 参与度不一样

传统旅游团的导游只是旅行计划的具体实施者,并不参与线路设计,事后也只是完成结团报告。但是转变为研学旅行指导师后,需要全程参与。从课程设计、行程规划、方案制定到行前动员、行程执行、教学讲解、研学任务分配、研学过程中的指导到最后的评估,都要参与进来。

## (四)什么是研学旅行指导师?

研学旅行指导师指策划、研发或实施研学旅行课程方案,在研学旅行过程中组织和指导中小学生开展各类研究性学习和体验活动的专业技术人员。根据《研学旅行指导师(中小学)专业标准》,研学旅行指导师入职前培训和认定在研学旅行过程中承担研学旅行指导师职责的人员,应参与到研学旅行授权培训组织的研学指导师培训中,经考核合格取得研学旅行指导师证书。

## (五)研学旅行指导师专业知识要求

2018 年,文旅部、教育部相关部门联合组织专家组,编写了《研学旅行指导师标准》,对研学旅行指导师给出了准确的定义,提出了相应的专业知识和能力要求。

研学旅行指导师应具备的专业知识包括两大类。

### 1. 教育教学知识

(1)学生心理知识;
(2)班级管理知识;
(3)教学和课程知识;

(4)教育法律法规知识。

### 2. 研学旅行知识

（1）研学旅行相关法律知识；

（2）研学旅行政策和标准知识；

（3）安全防范和应急管理知识；

（4）导游基础和导游业务知识。

## （六）研学旅行指导师工作职责

### 1. 课程准备

课程设计，行程线路编排，时间分配，与带队老师沟通。研学手册编制，行前说明会，物料准备等。

### 2. 课程实施

策划组织和主持出征仪式和结束仪式，分析研学课程实施的关键点，进行现场操作指导，设计研学成果展示形式，组织分享课程。

### 3. 课程反馈

对研学旅行整体效果进行综合评价，修订和完善研学旅行课程方案。

### 4. 旅行保障

（1）交通服务。

制定学生交通突发事件的应急预案，正确处理学生交通途中发生的突发事件。

（2）住宿服务。

制定住宿期间学生突发事故的应急预案，正确处理学生住宿期间的突发事件。

（3）用餐服务。

制定用餐期间学生突发事件的应急预案，正确处理学生用餐期间的突发事件。

（4）生活照料。

能及时发现、照顾和处理有特殊情况的学生，能对学生进行心理辅导。

### 5. 安全防控

（1）能按照应急预案流程处置旅游安全事故；

（2）能采取相应措施现场处理学生摔伤、割伤、撞伤、烫伤、互伤、走失等多发性事故；

（3）能在安全事故发生后固定和保存证据，协助伤者向保险公司索赔。

**范例：研学旅行课程**

成都某中学七、八年级学生将前往眉山三苏祠进行为期一天的研学旅行，以下为某旅行社为该校开发的研学课程。

**一、课程名称**

寻天府文化，品历史雅韵研学之旅。

**二、课程对象**

七、八年级学生。

**三、课程目标（图3-7）**

图3-7 课程目标

**四、考察能力（图3-8）**

**五、课程结构**

**（一）前置学习**

1. 心理准备

中学生身心处在剧变时期，各种需要日益增长，开始占主导地位的抽象逻辑思维逐步由经验型向理论型转化，观察、记忆、想象，诸种能力迅速发展，能对超出直接感知的事物提出假设和进行推理论证，但这种抽象逻辑思维在很大程度上还需要感性经验的支持。中学生团队合作与竞争意识明显，适合开展团队合作活动来增强团队协作能力和集体荣誉感。

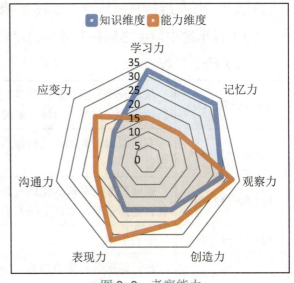

图3-8 考察能力

活动设计

（1）组队：通过游戏的方式进行分组，培养学生迅速组建团队的能力，以及适应新环境、新团队的能力。

（2）规则：从小组形成之时起，所有活动均以小组为单位进行考核，组长由学生自主选举产生，组长进行任务分工，锻炼学生的领导力。考核内容包含成员领导力、团队协作力、获得成果等。

**2. 生活准备**

中学生有了一定的独立生活能力，需要进一步引导其培养独立解决问题的能力，进行三生教育。

活动设计

（1）将行程路线和出行参考清单发给学生，由学生自己收拾行李，培养学生的独立生活能力。

（2）在出行的车上，通过知识抢答的方式完成出行生命教育。

**3. 认知准备**

储备研学知识，带着目标出发，通过对诗词的探索，感受"一门父子三词客，千古文章四大家"的家风传承，体会传统文化之美，品味文人大家的风骨气节，体会生活的哲学。

活动设计

（1）出行前一周，学生完成班主任布置的学习任务：收集关于"三苏"的诗词、故事或者信息，对诗词进行储备，提升对诗词的赏析鉴赏能力。

（2）通过彩色卡片纸抽签划分学习小组，6人为一组。学习小组分好后，每个小组选出一名学生担任组长，由组长进行任务分工，开始研学课程的学习。

任务：每个小组收集"三苏"的诗词或对联，然后至少挑选出5首诗词背诵并抄写在A4白纸上，每张纸抄写一首诗（对联），备用。

（3）行车途中学生之间相互分享自己收集的信息，分小组开展诗词接龙比赛。

（二）研学日程

| 时间 | 内容 |
| --- | --- |
| 8:30—10:00 | 从学校驱车前往眉山三苏祠，车程约1小时。行车途中完成生命教育和生存教育；举行诗词接龙大赛，为接下来的参观做好知识储备 |
| 10:00—11:00 | 实践课程：参加祭祀祈福典礼，在庄重的仪式中走进千古文化，感受传统礼学，追忆先贤 |
| 11:00—12:30 | 跟随三苏祠讲解员探访三苏祠，感受三苏的生活环境、生平经历、人生格局、文学成就，品读三苏，全方位深入了解三苏 |
| 12:30—13:30 | 午餐午休 |
| 13:30—15:00 | 1. 诗词探寻：集合以后，每组拿出准备好的诗词A4卡片，在游戏开始指令发出后，各小组出发开始在三苏祠内寻找卡片上的诗词，找到后小组所有成员一起合照打卡，30分钟内全体成员回到出发点，打卡最多或用时最短的小组获胜，获得积分。<br>2. 诗词诵读：分班举行诗词诵读大赛。置身于苏宅内，在环境氛围的烘托下，大声诵读三苏的诗词，融情融景，学生更能品味穿越千年的诗词之美、文字之美、精神之美，评选最佳诵读者，为小组积分，为自己积分 |
| 15:00—15:30 | 班级合影，颁发研学明星证书：最佳诵读者、团队风采奖、最佳领导者、知识达人、文明礼仪标兵等 |
| 15:30—17:00 | 返回学校 |
| 晚上 | 完成研学手册，每位学生完成一首诗词创作 |

（三）具体课程内容

1. 实践体验

（1）走进三苏祠：跟随讲解员，在研学指导师的引领下探访三苏祠，全方位深入了解研学目的地。

（2）参访路线：三苏祠——祭祀典礼——三苏祠纪念馆。

（3）学习内容：

①历史与人文——了解"三苏"所处的历史背景，感受三苏的生活环境、生平经历、人生格局、文学成就，品读三苏，全方位了解三苏。

②文学与传承——祭拜三苏，向先贤表达敬意，学习体验祭祀礼仪，了解中华传统礼仪知识，诵读、鉴赏诗词，品文化古韵，传承文豪之风。

2. 互动体验

（1）祭祀典礼：齐读书，习文章，拜三苏，感悟先贤。继承东坡锐意进取、勇于创新、求真求实的精神。

（2）探寻诗词大比拼：集合以后，每组拿出准备好的诗词A4卡片，在游戏开始指令发出后，在三苏祠内寻找本组准备的诗词出现的地方，所有小组成员一起举着准备好的诗词拍照为证，用时最短的小组获胜，获得积分。

（3）诗词诵读：分班举行诗词诵读大赛。置身于苏宅内，在环境氛围的烘托下，大声诵读三苏的诗词，融情融景，学生更能品味穿越千年的诗词之美、文字之美、精神之美，评选最佳诵读者，为小组积分，为自己积分。

3. 课程延展

（1）我是小诗人：分小组结合研学所学内容，合作完成诗词创作，选评最佳诗人奖。

（2）名人故事会：学生收集文人故事，通过对他们生平的了解和对他们创作诗词背景的了解，增强对诗词的理解力、鉴赏力。

（3）完成研学手册：学生通过诗歌朗诵、征文、制作PPT、绘制电子小报、绘画、写研学日记等多种形式对本次研学收获做总结，从而巩固本次活动所学知识。

4. 课程评价

（1）活动过程中针对每位学生的过程性评价。

（2）为每位学生颁发研学证书，肯定每位学生的参与，并评选出最佳诵读者、团队风采奖、最佳领导者、知识达人、文明礼仪标兵等，颁发荣誉证书，对学生的表现给予及时肯定，树立标兵，增强学生的自信心，鼓励学生再接再厉，综合运用所学知识，提高学生的综合素养。

（供稿：西部研学旅行）

## 六、巩固练习

（1）小组讨论：导游在研学旅行工作中的优势和短板是什么？

（2）小组讨论：怎样才能成为优秀的研学旅行指导师？

（3）小组作业：根据当地研学旅行资源，为小学三、四年级学生设计为期一天、主题突出的研学旅行课程及手册。

巩固练习答案

# 第四章

## 导游综合技能

### 知识要点

通过综合技能训练，巩固导游服务规程及相关技能基础知识，使学生熟悉导游接待过程中的每个环节，掌握导游服务全过程，提高导游职业能力。

## 第一节 综合理论基础

### 案例导入

导游小丁自进入旅行社以来，带了半年短线游团队后，积累了一些经验。经过两次长线团跟团实习后，小丁即将迎来自己导游生涯的首个长线团，这次的旅游团队将在四川停留8天，游览景点除成都市区的景区外，还涉及峨眉、乐山、九寨沟、黄龙等世界遗产景区。

小丁在接待前，需要做哪些准备工作？接待过程中又有哪些注意事项？中、长线团与短线团的导游服务有什么区别？

【案例分析】与短线旅游行程相比，中、长线旅游行程从线路设计、实施，到最后完成，需要更为周密的考量和安排，任何一个细节的疏漏都可能带给游客不佳的体验，有些疏漏甚至会引发严重后果。中、长线团的接待流程与短线团类似，但在具体流程、行程安排、导游词创作、注意事项、应急处理等环节有更高的要求，更考验导游的讲解技能、带团技能和应变技能。本章综合了前面章节的内容，通过范例演示，模拟导游带团全过程，帮助学生积累经验并掌握必要的导游服务技能。

# 第四章 导游综合技能

## 一、学习目标

（1）熟悉导游工作手册基本框架与内容；

（2）掌握中、长线旅游团导游服务流程；

（3）通过模拟导游训练，掌握中、长线旅游团导游服务技巧。

## 二、学习纲要

| | |
|---|---|
| 学习要求 | 1. 设计本省中、长线旅游导游工作手册；<br>2. 根据导游工作手册设计行程线路和导游服务内容；<br>3. 根据导游工作手册撰写导游词并进行模拟导游练习；<br>4. 撰写实训总结报告 |
| 教学地点 | 学校所在地旅游景区、模拟导游实训室或多媒体教室 |
| 教学设施 | 1. 导游证、导游旗、麦克风；<br>2. 模拟景点、3D景点软件、VR等；<br>3. 其他模拟情境需要的物品 |
| 教学内容与步骤 | 1. 学生分组；<br>2. 讨论并学习本节相关知识与范例；<br>3. 搜集并整理当地旅游景区资料；<br>4. 根据已有资料，设计中、长线旅游线路及导游工作手册；<br>5. 根据导游工作手册撰写导游词；<br>6. 分组进行模拟导游练习；<br>7. 撰写实训总结报告；<br>8. 教学效果考核及教师点评；<br>9. 教学结束 |

## 三、相关知识

### 导游工作手册

导游在开展团队接待工作时，应事无巨细，把控好每个环节，在行程安排上，应充分考虑和尊重游客的年龄、职业、信仰、习惯等，既要做好规范化接待，也要因人而异、因团而异，做好个性化服务。

导游接待包括三个阶段，工作内容如下：

（1）接待前的工作：获取行程计划、落实相关事宜、处理行前（接站前）各项准备工作；

（2）接待过程中的服务：接站或接团、开展导游讲解工作、实施各项接待计划、处理相关事宜、送站；

（3）接待后的工作：处理善后、报账和总结。

一、接待前的工作

(一) 获取行程计划

(1) 接受旅行社委派，前往旅行社获取行程计划，领取必要的票证、签单表、团款等；

(2) 认真核对行程表、游客名单，确认团队禁忌、是否有特殊游客和注意事项；

(3) 确认是否订餐，确认预订信息（车、房和用餐）；

(4) 确认是否有需要导游提前预订的项目，餐厅至少需提前24小时预订。

(二) 落实相关事宜

(1) 与司机联络，确认接站地点、时间、航班号（车次、船班），沟通行程和注意事项；

(2) 与全陪（领队）提前联络，确认行程，沟通接待事宜；

(3) 电话沟通相关接待单位，如餐厅、酒店等，提前预订好。

(三) 行前接站前各项准备工作

(1) 个人物品准备：个人生活用品，如衣物、水杯、太阳镜、雨具、随身药品等；

(2) 工作物品准备：导游证、导游旗、身份证、质量跟踪表、团队运行计划表、耳麦等；

(3) 讲解准备：针对团队性质，提前梳理讲解思路或大纲，做到心中有数，可随身准备两本协助导游讲解的书籍；

(4) 身体和心理准备：出团前一天休息好，调整好心态和状态，以饱满的精神准备迎接游客的到来。

二、接待过程中的服务

(一) 接站或接团

(1) 前往机场或车站、码头迎接游客，需提前半小时抵达接站地点；

(2) 如接待落地散拼旅游团，应和游客提前确认集合地点，导游应提前半小时抵达；

(3) 与司机确认，提前半小时抵达接站或集合地点；

(4) 接站（团）后，确认实到人数，清点行李，引领游客上车；

(5) 确认团队费用是否有导游代收部分；

(6) 和领队、全陪、全体游客核对并确认行程。

(二) 开展导游讲解工作

1. 致欢迎词

(1) 表示欢迎，表达祝愿；

(2) 自我介绍、介绍所在的旅行社、介绍司机。

特别注意：致欢迎词环节非常重要，这是导游带给游客的"第一印象"，也是瞬间拉近和游客距离的最好时机。导游应精心构思，精彩表达，也可在这一环节加入自己的小才艺，让游客眼前一亮。

2. 沿途导游讲解

(1) 首次沿途导游内容包括本地概况、地名由来、本地历史、民俗、沿途景物、即将下榻的酒店等；

（2）沿途导游讲解服务应贯穿于整个行程的空间移动中，应做到见景讲景，见物讲物，应和游客的观赏同步；

（3）沿途导游服务的内容和长度应视车程的长短而定，随时观察游客精神状态，视情况及时调整讲解内容。

3. 景点讲解

（1）抵达景点前，讲解景点概况和特色，引发游客兴趣；

（2）团队下车前，讲清旅游车停放的位置、车牌号码、开车时间等；

（3）进入景点前，在游览示意图或大门前讲清游览时间、路线、集合时间和地点；

（4）进入景点后，讲清景点的历史沿革和形成原因，采用虚实结合法、突出重点法、妙用数字法等多种讲解手段展开介绍；

（5）在游览过程中，注意掌握"导"和"游"的时间比例，留出适当时间让游客自由拍照和活动。

4. 致欢送词

（1）回顾行程，做出总结；

（2）征求意见，表示感谢；

（3）表达歉意，寻求谅解；

（4）适当煽情，推高气氛；

（5）送出祝福，期盼重逢。

（三）实施各项接待计划

1. 落实并安排用餐

（1）不折不扣落实团队用餐标准，不克扣游客餐标；

（2）根据游客客源地饮食习惯提前订餐，和餐厅提前确认菜品和口味，以免游客无法适应；

（3）引领游客进入餐厅，引领就座，介绍餐厅环境和菜品特色；

（4）在游客用餐过程中，至少主动巡餐1~2次；

（5）回答游客提出的问题，解决和协调用餐过程中的问题；

（6）对于有特殊用餐需求（如信仰、禁忌等）的游客，提供必要的用餐帮助。

2. 办理入住

（1）进入酒店前，介绍酒店所处位置、酒店服务设施、周边环境等；

（2）提前确认酒店房间内是否有付费项目；

（3）确认酒店网络密码；

（4）确认早餐餐厅位置、开放时间；

（5）与全陪（领队）提前确认次日叫醒服务、早餐时间、出发时间，并报告游客，通知司机；

（6）向游客提前报告次日行程和注意事项，如何着装和需携带的物品。

3. 景点游览注意事项

（1）游览景点，安全第一；

（2）随时提醒游客注意人身和财物安全，台阶较多和靠水的景区，要尤其注意脚下；

（3）导游应和全陪、领队分工合作，游览时前后呼应，随时观察游客动向；

（4）团队每一次的空间移动，都要点清人数后再前往下一站。

（四）处理相关事宜

（1）尊重合约，认真落实接待工作，以维护游客利益为准则，不得损害游客利益；

（2）遇事多磋商，凡是自己无法做主的事情，必须报告旅行社；

（3）导游应和全陪、领队沟通协作，以服务好游客为原则；

（4）把握尺度，牢记法律法规和服务规程，不得违规操作团队活动。

（五）送站

（1）导游提前一天和相关工作人员确认团队的交通票据，和全陪（领队）办好交接；

（2）提醒游客带齐所有随身物品，特别提醒检查证件、钱包和贵重物品等；

（3）提前告知游客航空公司关于托运行李和手提行李的有关规定；

（4）如果是接待境外游客，要告知中国海关出境的相关规定；

（5）提前送达离站点：国际出境航班提前3小时或按航空公司有关规定，国内航班提前2小时，火车、轮船提前1小时；

（6）协助游客办理登机手续、托运手续等；

（7）送游客至安检区并告别，游客进入隔离区后导游才可离开。

三、接待后的工作

送别游客后，并不代表接待工作就完全结束了，导游还应积极处理善后，及时前往旅行社报账，并对该团队做出必要的总结。

# 第二节　中长线导游工作手册

范例1：导游工作手册：世界遗产线路两日游

1. 线路名称：云南丽江古城＋玉龙雪山两日游

2. 团队客源：陕西西安

3. 团队人数：22人

4. 团队餐食特殊要求：18位正常团队餐，4位回族餐

5. 团队航班信息：去程：西安—丽江，航班号JD5551，时间7：10—9：50

　　　　　　　　返程：丽江—昆明，航班号CA5712，时间18：30—19：30

6. 团队行程和导游工作

Day 1

团队搭乘航班从陕西西安飞抵云南丽江，开启美妙的彩云之南行程。

9：50 飞机抵达。

导游工作：提前30分钟前往丽江三义机场接机，和司机见面并确认行程。

10：10 导游迎接游客，问候全陪和全体游客。

导游工作：清点团队实到人数和行李，和全陪快速核对行程，引领游客登车。

10：15—10：45 游客乘坐豪华旅游大巴，从丽江机场前往丽江古城，时间约30分钟。

导游工作：

（1）游客坐定后，清点人数，提醒司机开车；

（2）致欢迎词，表达祝愿；

（3）首次沿途导游讲解，内容包括云南和丽江概况（面积、人口、历史、民族、民俗等）、沿途风光导游（讲解时间约20分钟，讲解和游客的观赏应同步）；

（4）抵达丽江古城前10分钟，应介绍丽江主要景点和古城内当日行程安排，提醒注意事项；

（5）下车前，讲清大巴车停放位置、车牌号码、开车时间等；

（6）提醒游客提前准备证件，方便下车后收取，取票时要使用证件。

10：45—12：15 带领游客参观丽江古城内沐王府，游览时间约1.5小时。

导游工作：

（1）购票入内（如需要购买优惠票，请全陪提前收取游客证件）；

（2）景区大门外或景区示意图前，概括讲解沐王府景点特色，讲清游览路线、时间、集合地点和时间；

（3）带领游客进入府内参观，开展景点讲解，讲解过程应详略得当，突出重点；

（4）如果全程游览1.5小时，"导"和"游"的时间应合理分配为60分钟和30分钟；

（5）注意维护游客安全，提醒游客文明参观，解答游客提问；

（6）协助游客拍照，为游客提供必要的帮助。

12：15—12：20 团队在沐王府门口集合，导游带领游客步行前往餐厅。（因为下午还要继续游览丽江古城，中午的餐厅选择在丽江古城内沐王府附近较合理）

12：20—13：20 团队用午餐，时间约1小时。

导游工作：

（1）引领游客进入餐厅，介绍餐厅情况，介绍菜品特色；

（2）导游应告知全陪和司机工作餐用餐区域；

（3）游客用餐过程中，导游至少巡餐1~2次；

（4）因为团队中有4位回族游客，导游可做出以下安排：

①提前落实穆斯林餐厅的位置，位置尽量选择在团队用餐的餐厅附近，方便导游照顾，也不耽误行程；

②接到团队前，导游提前与全陪或客人沟通，确认餐食安排的细节；

③如果景区附近确实没有可选择的穆斯林餐厅，提前告知，请游客早做准备，寻求游客理解；

④通常全国的兰州拉面馆都是穆斯林餐厅，虽然简单一点，但提前告知，至少能解决游客的餐食问题。

13:20—17:20 带领游客游览丽江，漫步大研古镇内黑龙潭等景点，游览时间约4小时。

导游工作：

（1）开展导游讲解工作，为游客解读丽江古城的世界文化遗产地位，对古城内建筑、民俗、民族（纳西族）、历史和美食做详细介绍；

（2）提醒游客注意安全，随时关注游客动向；

（3）合理安排自由活动时间，给出自由打卡的攻略建议，让游客享受丽江慢生活；

（4）提醒游客自由活动期间的相关注意事项；

（5）协助游客拍照，为游客提供必要的帮助。

17:20—17:40 团队集合，导游带领游客步行前往停车场。

17:40—18:00 团队搭乘旅游大巴，前往晚餐餐厅。

导游工作：前往餐厅途中介绍沿途景物，对丽江做深度介绍；抵达餐厅前，介绍餐厅特色和菜品特色。

18:00—19:00 团队用晚餐，时间约1小时。

导游工作：

参考午餐（同上）。

特别注意：如果行程中安排有风味餐，如纳西族（藏族）风味餐、烤全羊等，导游应提前介绍风味餐特色。

19:00—19:30 团队驱车前往观看大型旅游演艺秀现场，行车时间20~30分钟。

导游工作：介绍剧目特色和概况；说明观赏过程中的注意事项；提醒集合地点和时间；提醒注意事项。

19:30—20:00 团队抵达剧场，等候进场。

导游工作：

（1）快速取票，协助游客拍照；

（2）引领游客进入剧场；

（3）提醒游客紧急疏散通道和洗手间位置。

20：00—21：30 观赏大型旅游演艺剧目，约1.5小时。

导游工作：

（1）导游可全程陪同游客观看剧目，关注游客动向；

（2）前往旁边导游休息区等候，告知游客导游休息区的位置，并随时关注游客动向；

（3）演出散场，导游应在约定的位置，高举导游旗，方便游客前来集合。

21：30—21：50 驱车前往酒店，安排团队入住，享受丽江之夜。

导游工作：

（1）用精彩的讲解提炼观看的演艺剧目的亮点和精彩之处；

（2）回顾当日行程；

（3）详细介绍次日行程，提醒游客做好相关准备；

（4）与全陪商定叫早、早餐和出发时间，并通知游客，告知司机；

（5）介绍即将下榻的酒店，告知酒店相关设施和早餐餐厅地点；

（6）提醒游客提前准备证件，方便下车后全陪快速收取；

（7）协助全陪办理团队入住手续；

（8）解决游客入住的相关问题。

Day 2

7：00 团队叫醒服务。

7：30—8：20 团队用早餐，时间约50分钟。

8：20—8：30 团队陆续退房。

导游工作：

（1）导游（全陪）应陪同游客用餐，提前抵达早餐餐厅，关注游客在进食早餐中遇到的问题，协助解决；

（2）导游提前10分钟抵达酒店，协助游客退房，交还房卡；

（3）提醒游客检查所有物品，尤其是证件和贵重物品，不要有遗失；

（4）引领游客登车，清点行李、人数。

8：30—9：45 团队乘车前往玉龙雪山景区，行车约45分钟。

导游工作：

（1）问候游客早安，报告当日行程安排；

（2）进行沿途风光风情导游，讲解沿途景物，应和游客的观赏同步；

（3）抵达玉龙雪山景区前，介绍雪山概况；

（4）提醒游览安全注意事项，告知停车位置、开车时间；

（5）提醒游客提前准备证件，方便下车后全陪收取，取票需使用证件；

（6）再次提醒当日天气情况，尤其说明登上雪山后因为海拔高度的变化，温差会随之变化，提醒游客携带衣物。

9：45—10：00 抵达玉龙雪山入口处游客中心，等候取票进入。

导游工作：

（1）前往网络预订的导游窗口取票，确认优惠票人数；

（2）再次提醒游客山上游览注意事项，讲清游览路线、所需时间、集合地点、时间；

（3）带领游客排队换乘，提醒游客文明搭乘景区观光车和缆车。

10：00—15：00 游览玉龙雪山景区，时间约5小时。

导游工作：

（1）做好景区内讲解工作，对玉龙雪山自然景观做出生动介绍；

（2）提醒游客注意安全，提醒游客文明游览；

（3）提醒游客注意防寒，注意海拔攀升可能引起的身体不适；

（4）协助游客拍照，为游客提供必要的帮助。

特别说明：

（1）由于雪山上餐厅选择较少，团队的安排可能不含午餐，导游应至少提前一天提醒游客自备零食和食物，也可协助游客在景区内购买午餐；

（2）部分大型景区内开放自助餐厅，如果团队安排自助餐，导游应提醒游客文明取食，以"吃饱"为准，不可浪费，亦不可打包带走。

15：00—16：30 团队下山后，搭乘大巴前往丽江机场，时间为1~1.5小时。

导游工作：

（1）回顾行程，总结亮点；

（2）致欢送词，表达祝愿和感谢，搜集意见，期盼重逢；

（3）和全陪办理票据和其他交接；

（4）提前报告下一站昆明的天气和注意事项；

（5）提醒游客带齐所有物品，检查好证件、钱包和贵重物品；

（6）抵达机场后，和司机办理用车单据确认，和司机告别并表示感谢；

（7）确保国内航班提前2小时抵达机场。

16：30 团队抵达机场，办理离站。

导游工作：

（1）导游应协助全陪和游客办理登机和托运手续；

（2）导游带领游客前往安检区，游客进入隔离区以后离开。

18：30—19：30 团队搭乘航班离开丽江，前往昆明，结束丽江之行。

导游工作：

（1）处理游客委托的未尽事宜；

## 第四章 导游综合技能

（2）前往旅行社办理报账手续，交还所借物品；

（3）完成导游日志，做好总结工作。

### 范例2：导游工作手册：世界遗产线路八日游

| 日期 | 线路 | 游览景点 | 晚餐 | 娱乐 |
|---|---|---|---|---|
| 8月1日 | 重庆/成都（抵） | 接机、武侯祠、锦里、宽窄巷子 | 成都小吃 | 川剧变脸 |
| 8月2日 | 成都/茂县/九寨沟 | 羌寨 | | 藏羌民俗晚会 |
| 8月3日 | 九寨沟/九寨沟/川主寺 | 全天游览九寨沟 | | |
| 8月4日 | 川主寺/黄龙/汶川 | 全天游览黄龙（含上行缆车） | | |
| 8月5日 | 汶川/都江堰/青城山/成都 | 都江堰、青城山前山 | | |
| 8月6日 | 成都/乐山/峨眉山 | 乐山大佛（船游）、报国寺、伏虎寺 | | |
| 8月7日 | 峨眉山/成都 | 金顶 | 火锅 | |
| 8月8日 | 成都/重庆（离） | 杜甫草堂、金沙博物馆 | | |

（一）接团前的准备

1.提前设计每日行程并规划线路

（1）把行程编辑成一个文档，每天一页纸，按时间顺序列出每日行程并打印装订；

（2）确认预订情况并记录，包括吃、住、行、娱等；标注预订细节，如餐厅名称、用餐时间、人数、特殊要求以及晚会场次、人数、座位确认等；

（3）标注不熟悉的景点，提前了解该景点相关信息，如订票、取票、观光车、缆车、景区内餐厅等；

（4）注明每天可能会出现的特殊情况，如长途行车、海拔变化、天气变化等，事先提醒游客；

（5）注明每天的途中讲解和景点讲解内容，查漏补缺。

（注：该文档应多复印一份以防丢失，每晚查看次日行程防止遗漏，随手记录需要注意的事项、待办事项、知识点等。导游是一个需要积累经验的职业，养成做工作笔记的习惯就是最好的积累）

2.制作行程手册（以该行程第四天为例）

8月4日

7:00 叫醒；

7:30 早餐，酒店内自助餐；

8:00 从酒店出发前往黄龙，车程约30分钟；

8:30 黄龙停车场—缆车站，乘坐上行缆车；

9:20 到达缆车上站，游览五彩池，步行下山；

12:30 回到景区入口，在华龙山庄用午餐。

13:30出发前往汶川，车程约4小时，中途停靠叠溪海子休息；

17:30到达酒店入住，酒店内用晚餐。

（1）预定午餐20人，八菜（2人素食），华龙山庄。

（2）预定晚餐20人，八菜（2人素食），汶川大酒店内。

（3）提醒注意事项。

高海拔提醒：黄龙最高点五彩池海拔3600米，提醒身体不适的老年游客和有心脏病、高血压的游客，高原反应严重的游客可在低海拔的川主寺等待，高原反应不太严重的游客乘缆车上下，没有高原反应的游客乘缆车上，步行下。

低温提醒：带防寒衣物。

（4）景点讲解：景区概况、成因等；途中讲解：藏羌族风俗、藏传佛教、中华民族的形成、汶川地震等。

3.建立团队微信群并发送注意事项

（1）联系游客。

如果是团队，联系该旅游团领队或全陪，共同建立团队微信群，方便发送行前准备通知和回答游客疑问；如是散客拼团，导游应逐一发送信息，通知游客见面时间和地点。

短信模板：尊敬的游客您好，我是您此次四川全景八天游的导游××，为方便发送行前准备和注意事项通知，请添加138××××××××的微信号，收到请回复，谢谢！（未回复也未加微信的游客应打电话确认避免遗漏）

（2）建立（进入）团队微信群。

宣布群纪律：

大家好，为方便发送通知及在旅途中及时沟通，特建立本群。

①请大家把本群"保存到通讯录"并置顶，不要设置"消息免打扰"（针对不会操作的老年游客）；

②本群只做团队通知、疑难解答和及时沟通用，有分享照片、闲聊的团友请私下建小群交流，谢谢！

（3）发送行前准备、需要注意的事项到微信群。

行前准备：

①确认集合地点及时间，特别强调易混淆的特殊时间，如月底、跨凌晨时段的航班等，避免游客出错；

②提醒游客天气、路况，携带衣物、雨具、太阳镜（防雪盲）、驱蚊露、常备药物、零食、方便食品、旅行枕、眼罩等；

③告知游客紧急联络电话。

（4）列出导游物品清单。

①身份证、导游证、导游旗、接站牌、工作服等；

②换洗衣物、洗漱包、化妆包、外套、运动鞋、雨伞、水杯、太阳镜、组合工具（瑞士军刀）等；

③备用手机、充电宝、充电线、耳机、转换插头等；

④文件夹、工作手册、小礼品等。

（5）前往旅行社领取带团所需凭证，如门票、签单本等，与计调人员沟通团队接待事宜。

（6）确认航班（火车、轮船）抵达确切信息，联系旅游车司机，确认接站时间与地点。

（二）接待过程中的服务

Day1：接机／市区观光（武侯祠、锦里、宽窄巷子）／午晚餐／晚会

（1）前往约定地点和旅游车会合，注意预留充足通勤时间，提前半小时到达接站地点，随时查询接站信息有无变化、航班有无延误等。到达后先熟悉环境，即使是已来过很多次的机场，也要提前观察，防止当天有特殊情况发生，给自己留出充分应对时间。

（2）接到游客后，立刻通知司机做好准备。（在航班延误的情况下，提前通知司机）把游客带到相对空旷安全的地带，核对人数后，做简短的自我介绍：

"大家好，我是导游××，很高兴和大家结缘这次旅行。现在请跟我到停车场，停车场距离这里大概10分钟路程。到旅游车后，请大家把大件行李放在车边，确认自己行李已经装在行李箱了再上车。车上的座位可以自由选择，原则上把靠近车门的位置留给老年人和孕妇。有特殊情况的请私下和我反映，由我来协调。第一站车程约半小时。"

（注：此环节有可能遇到的意外，包括航班延误、取消；游客行李丢失、损坏；错接、漏接；旅游车因临时状况未能准时到达）

（3）找到旅游车并放好行李，上车后先清点人数，与司机确认下一站目的地。然后把司机介绍给游客，说明接下来大巴车的使用情况，有时旅行社不会一直使用同一辆车，应向游客提前说明以免遗忘物品，接着开始第一次讲解：

①做自我介绍和致欢迎词；

②介绍接下来的行程安排及车程；

③宣布旅游车上的注意事项；

④将团队分组并指定各组组长，方便清点人数和联络；

⑤介绍本地概况；

⑥介绍即将游览的景点、游览路线和时间；

⑦进行途中讲解，如标志性建筑、道路等，刚到一地是游客最新奇也最兴奋的时候，导游应全程讲解，这也是导游展现自己、给游客留下好印象的最佳时机；

⑧在快要到达前，提醒游客带好随身物品，提示停留时间与集合地点；

⑨下车后，留出时间上洗手间，各小组快速清点人数。

（4）进入景区游览。

按照预先规划的路线与时间分配，带领团队开始游览，游览时应遵照张弛有度、劳逸结

合的原则。开始自由活动前,交代清楚集合时间和地点,确保每位游客知晓。

（注：从机场接到游客,把游客带上旅游车,进行途中讲解直到第一个景点的游览结束,游客已经对导游建立了初步印象,这是导游建立第一印象的黄金时机。如果这段行程给游客留下了不好的印象,后面的工作会陷入被动,要付出数倍的努力,表现得极其优秀才能扭转,导游应重视接机时的各项服务）

（5）午餐。

①就餐地点的选择：选择有旅游团接待资质的餐厅,尽量选择旅行社指定合作的餐厅,路线和时间不允许的情况下要提前向旅行社报备。

②再次确认订餐情况,如有特殊要求,应再次告知餐厅,并告知餐厅团队到达大致时间以减少在餐厅等候时间。

③行车途中提前告知游客就餐注意事项、特色、用餐时间等。美食是所有游客都感兴趣的话题,如食用当地风味餐,应做简单介绍；自助餐应提醒游客按需取食,避免浪费。进入餐厅后,告知游客洗手间位置,菜上齐后导游才能离开,中途应巡视1~2次,了解就餐情况,有问题及时与餐厅沟通。

（注：常见的特殊情形,有特殊要求的游客,如回族、素食者、对某种食物过敏的游客等,应提前与餐厅沟通,方便的话最好让这部分游客单独坐小桌,不方便时交代餐厅单独给游客做两个菜；如遇游客生日,应提前与餐厅预订寿面,或请示计调人员,给全团加菜或预订蛋糕）

（6）继续下午的行程。

①进行途中讲解；

②宽窄巷子有其文化内涵,也是一个可以自主逛吃、体验成都慢生活的地方。导游先进行集体活动,介绍景点的构成、游览路线、成都历史沿革、生活特色等,最后留给游客充裕的自由活动时间,让游客自己去体验"慢生活"的情趣。

（注：旅游的一个重要目的就是让游客去了解当地人的生活方式和情趣。旅游首先是"游",其次是"看",最后才是"听",不能主次不分。让游客亲自体验是讲解无法替代的,带团时并不是导游讲得越多越好,应灵活处理。导游可利用旅游车行车时间,或平时闲聊的时间来做介绍,多留些自由活动时间给游客。不是每位游客都喜欢听导游讲解,有的喜欢自己看、自己玩,不能刻板）

（7）晚餐/成都小吃。

①四川美食很受欢迎,小吃更是蜚声中外,虽说各地都有自己的特色小吃,但人们还是会对一些独具当地特色的小吃好奇,如做法、来历、特色等,导游可在去往餐厅途中详细介绍。

②讲清楚就餐时的注意事项。成都小吃通常有很多种,游客并不知晓每种小吃的口味与分量,往往不能合理分配,特别是女性游客,来一种就全吃完,可能后面就吃不下了,最好提前告知游客菜单。

③鼓励游客打包没有吃完的食物。

（8）晚会／川剧变脸。

①联系演出方提前安排好座位。

②提前介绍晚会特色。

③如航班延误，导致行程紧张，可选择能边吃小吃边看节目的餐厅。

④观看演出前不宜过多地介绍演出的具体节目，简单告知游客演出时长、大致节目内容即可。演出结束后，返回酒店途中再具体解说，同时回顾全天行程，为次日行程做准备。

（9）返回酒店。

①预告次日行程及注意事项：车程较长，上午约3.5小时，下午约4小时。高原海拔最高接近3000米，气温比平原低10摄氏度左右，带好御寒衣物和其他物品。

②提示入住酒店的注意事项（参照前文相应章节）。

③办理入住、巡房。

（注：导游应多关注老年游客入住情况。一般年轻游客有较强的自理能力，也不喜欢被打扰；而老年游客相对来说更需要帮助。游客如有问题可发私信给导游，或直接在微信群里提出。房间设施的使用小窍门应提前告知游客，导游可在进房后，录制使用方法小视频发到群里）

Day2：成都／茂县／九寨沟（羌寨）午晚餐 藏羌风情晚会

（1）安排早餐：提前前往餐厅确认用餐地点与座位安排。导游最好利用这段时间与游客一起用餐，方便进一步了解游客。

（2）退房、联系司机。提醒游客先上洗手间，集合登车、清点人数、提醒注意事项。

（3）进行途中讲解。

游客一般上午精神较好，讲解时间可略长。成都到茂县会经过都江堰、映秀、汶川，沿岷江河谷一路上行，导游应提前知晓行车路线。

成都—都江堰，约1.5小时，由成都西门出；

都江堰—映秀—汶川，约1小时，途经5·12地震遗址；

汶川—茂县，约1小时，岷江河谷、岷山风光。

途中讲解要点如下：

①出西门，途经"金牛坝"，讲"金牛道""五丁开山"，蜀王贪财失国的典故；古蜀国历史（蚕丛、柏灌、鱼凫、杜宇、鳖灵），行程后段有金沙遗址博物馆，可一并介绍。

②上高速前往都江堰，因回程要去游览，此处只做提示，不用深入讲解。

③出都江堰进入岷山山区，沿岷江一路逆流而上，介绍岷江、长江水系，四川的名山大川，"四川"的由来。

（注：行车1.5~2小时要安排停车休息上洗手间，司机也需要休息）

④途经映秀紫坪铺水坝时介绍四川水电资源；途经地震遗址时讲解龙门山脉地震带、地震常识、逃生常识、灾后重建等。

⑤汶川到茂县接近1小时车程，行程中有参观羌寨的项目，重点介绍羌族风俗、历史、羌寨特色及注意事项。

（注：民族问题应严谨，避免有争议的话题。每个民族都有自己的文化和值得保留的传统，有些民族还有其独特的信仰，明确告知游客民族的禁忌。如羌族，参观羌寨时注意：每家都会在门前高处或楼顶平台处放置一块白色的大石头，那是羌人崇拜的"白石神"，不要去触碰，否则会被视为不吉利；碰到孩童，不可触碰头部；孩童身上往往挂一面铜镜，那是护身符，也不可触摸；沿途摊点售卖商品，拿起来看之前最好征得摊主同意等）

⑥到达羌寨，宣布参观时间和集合地点，先进行集体参观，再自由活动。

⑦午餐。

⑧午餐后继续下午的行程。

茂县到九寨沟行车路线及车程：

茂县—叠溪海，40分钟；

叠溪海—松潘古城，1小时，途经叠溪大地震遗址、松潘古城；

松潘—川主寺，20分钟，途经红军长征纪念碑；

川主寺—九寨沟，90分钟，途经弓杠岭岷江源头、九道拐、甲蕃古城、九寨天堂洲际大酒店、白龙江藏族村落。

途中讲解要点如下：

四川地质地貌成因、藏族历史、民俗民居、藏传佛教及寺院、红军长征在四川、四川的三大自治州、松州古城的历史典故。可安排团队在古城停车休息，虽然行程中并没有这个景点，但让游客拍几张照片，也是成人之美。

（注：下午的讲解安排要注意，午餐后上车，先做日常行程介绍和提醒流程，聊一个轻松的话题后，最好给游客一些午休时间。充分休息后，再唤醒游客，看沿途美景，听导游讲解。中途停车休息时要注意提醒游客气温的变化，注意添加衣物。这类提醒应不厌其烦，因为游客生病会影响全团行程。途中除讲解外，也可带动游客做些小游戏，让游客彼此熟悉，增加互动）

⑨到达酒店并与游客约定晚餐时间。导游快速回房整理后即去餐厅确认晚餐和座位，等待上菜的间隙，询问游客房间有无状况，晚餐快结束时，宣布次日的安排和注意事项。

⑩晚餐结束，约好集合时间，欣赏藏羌风情晚会。

（注：从入住、用晚餐到看晚会的时间安排要仔细把控。晚会现场把游客座位安排好后，利用这段时间准备次日的工作，如确认门票订单等。晚会快结束时，如有互动环节，导游可带动游客一起参与，晚会结束返回途中，可选取几个重点节目做介绍，再次强调次日的时间安排和注意事项）

小结：这是相对比较辛苦的一天，行程400多公里，又是高原，可能有个别游客不适应，要及时询问游客，告诉游客有任何不适要及时反映。

## 第四章 导游综合技能

**Day3：九寨沟 / 九寨沟 / 川主寺**

7：30 早餐后出发，乘车前往停车场。下车后步行前往景区入口，导游处理门票的时候，让游客去洗手间。在景区导览图前详细介绍参观路线和顺序，交代几个重要节点，如午餐地点，万一走散，游客可自行前往餐厅会合。导游应提前把详细的路线图和参观顺序、大致停留时间发到微信群里。

8：00 乘坐观光车开始游览。九寨沟以水景为主，提醒游客注意安全。自然景观以赏景、体验和拍照为重点，到达各景点后，应快速集中团队，简单介绍景点特色、最佳拍照地点、角度，然后宣布集合时间，尽量多留给游客自由游览时间。导游还可协助游客拍合影，在空间大的景点可组织一次全团的集体照。导游应根据每个景点特点和规模，合理分配游览时间，尽量做到每个景点都有从容的游览时间。

12：00 午餐，尽可能错开高峰时段。

12：30 继续下午的行程。

回程时尽可能安排缓坡下行的步行体验，让游客切身感受"鸟在水中飞，鱼在天上游，人在画中走"的绝美意境。但步行路程不宜太长，应考虑游客的具体情况。

17：00 结束游览回到旅游车上，前往川主寺。

这一段车程约1.5小时，但游客经过了一整天的游览之后很疲惫，导游简单说明后让游客休息，快到达酒店时交代入住事项、晚餐时间和次日的安排。

18：30 到达酒店办理入住，宣布晚餐时间地点、第二天叫醒和早餐时间，同时把这些通知发送到群里。

19：00 晚餐。

**Day4：川主寺 / 黄龙 / 汶川**

第四天的主要行程是游览黄龙风景区。黄龙是世界遗产，有喀斯特地貌的经典美景，但海拔较高，必须引起导游重视。

8：00 早餐后出发。

车上介绍参观流程及注意事项，强调最高处景点五彩池海拔3900米，入口处最低海拔也有3100米。严重的高原反应可能会危及生命，安全预警和提示非常重要。

8：30 到达景区，乘坐缆车。

提前在车上交代好乘坐缆车的流程，防止现场混乱。提醒有心脏病、严重高血压、体质虚弱的游客，最好采用步行游览的方式，从景区入口缓缓上行，如有不适可及时原路返回；如乘坐缆车，上缆车时海拔就是3600米，容易产生高原反应，导游应客观理性地向游客陈清利害。

9：00 下缆车后带领团队缓步向五彩池行进。提醒游客不能走太快，更不能剧烈运动，沿途注意观察落后的游客，一旦有不好的情况要及时给予帮助。到达五彩池后，召集团队清点人数，简单介绍景点的游览路线和拍照点，让游客自由活动。

13：00 午餐。

午餐尽量安排在离景区出口近的餐厅，便于陆续回来的游客休息等待。经过数小时高原山地的游览，游客都会很疲惫，有些甚至会有轻微不适，午餐应尽量清淡。

14：00 出发前往汶川，途中休息一次。

休息一段时间后，讲解一些游客感兴趣的话题，也可选一个主题进行讲解，如藏传佛教。

18：00 到达酒店入住，宣布次日行程。

Day5：汶川／都江堰／青城山／成都

第五天的行程相对轻松，但对导游的讲解要求比较高。

8：00 早餐后出发前往都江堰，车程1小时，途经紫坪铺水电站时介绍四川的水文、水电资源、岷江的流域和治理历史，为都江堰的游览做铺垫，快到达时说明游览路线、时间和注意事项。

9：00 游览都江堰景区。

都江堰是现存最古老的无坝引水工程，历经2000年仍为成都平原的"水旱从人"起着不可替代的作用。主体工程完美配合，解决了分流排沙的千古难题，体现了道家"因势利导，顺势而为"的至高智慧。

导游除了介绍都江堰的历史沿革、典故传说外，还要站在高处俯瞰整个工程的全景，把其中的工作原理、设计理念用简明易懂的方式讲清楚。都江堰的参观过程相对复杂，提前把详细的游览路线、流程和时间发在微信群里，注意每个环节结束时都要清点人数。

12：00 午餐。

13：00 前往青城山。

13：30 进入景区：乘坐观光车—山门—步行20分钟—摆渡船—缆车上行—步行30分钟到上清宫—步行20分钟到老君阁—原路下山。游览过程中涉及多次换乘，有两段步行山路，注意劳逸结合，适时休整。

16：30 结束游览，返回成都，行程1.5小时。

18：00 晚餐。

19：00 入住酒店。

（注：导游可通过一些欢快的互动调动游客游兴，讲解内容要注意趣味性。例如青城山，如果只是讲解道家学说、道教起源、太极八卦，容易让人觉得乏味，可结合武侠小说、影视剧里的情节、经典桥段，讲一些生动有趣的故事）

Day6：成都／乐山／峨眉山（船游大佛／报国寺／伏虎寺）

8：30 早餐后出发前往乐山，车程2小时，行车1.5小时后，安排游客在高速休息区休息，到达码头之前，交代游客游船注意事项；

10：45 到达码头乘坐游船，提醒游客穿好救生衣，提前在车上介绍乐山大佛；

12：00 午餐；

13：00 前往峨眉山，车程40分钟；

13：45 到达报国寺停车，游览时间2小时，参观前告知游客注意尊重寺院礼仪；

15：45 乘坐观光车前往伏虎寺，游览时间2小时；

18：00 结束游览回到酒店；

18：30 晚餐。

Day7：峨眉山/成都（金顶）

8：00 早餐后出发前往山门，车程半小时以内，交代游览流程和注意事项；

8：30 乘坐观光车前往金顶，车程2小时；

10：30 到达雷洞坪停车场，步行前往缆车站，冬季提醒游客注意防滑等；

12：00 到达金顶，安排午餐；

12：30 游览金顶，先带领团队集体活动，介绍金顶游览的几个点位，然后自由活动，提示游客注意事项和集合时间地点；

14：00 乘坐缆车，原路返回，全程约3小时；

17：00 乘坐旅游车回成都市区，车程2小时；

19：00 晚餐。

Day8：成都/重庆（金沙遗址博物馆）

行程最后一天，下午还要乘坐火车，行程安排应尽量宽松，早上出发时间略微晚一些，游客整理行李的时间更从容。导游应在早上再次确认下午的火车车次和时间。

9：00 早餐后出发前往金沙遗址，车程半小时；

9：30 参观金沙博物馆，约2.5小时；

12：00 参观结束，午餐尽量选取乘车顺路、好停车的地方；

13：00 前往车站，致欢送词，提示乘车注意事项；

13：40 到达车站，提醒游客带好随时物品，检查行李架上、座椅下有无遗忘物品，把团队送进站，再次确认车次无误后方可离开。

## 五、巩固练习

（1）根据当地旅游资源，设计长线旅游导游工作手册并注明服务要点。

（2）总结实习，撰写模拟导游实训报告。

# 第五章 模拟导游实训

## 项目一 丹霞山世界自然遗产

丹霞山世界地质公园，位于韶关市东北面的仁化县，距韶关市区45千米，总面积319平方千米，它因"色如渥丹，灿若明霞"而得名。1928年，冯景兰、陈国达、曾昭璇、黄进、彭华等中山大学教授，对丹霞山及华南地区的红石山地做了深入研究之后，以发育典型的丹霞山为名，将这一类地貌命名为"丹霞地貌"。丹霞山整体呈现一种红层峰林式结构，有大小石峰、石墙、石桥680多座，主峰巴寨海拔619.2米，宛如一方红宝石雕塑园，故又称"中国红石公园"。

现我国发现的丹霞地貌有700多处，世界各大洲（南极洲除外）均有丹霞地貌发育。丹霞地貌往往是丹山碧水相映，雄险奇秀共辉，因而成为构成风景名山的重要类型之一。目前国家的重点风景名胜区、世界自然与文化遗产、国家地质公园中，约1/5为丹霞地貌，而丹霞山是其中面积最大、发育最典型、类型最齐全、造型最丰富、风景最优美的风景名山。

丹霞山作为广东四大名山之首和岭南第一奇山，自1988年以来，先后获世界自然遗产、世界地质公园、国家重点风景名胜区、国家地质地貌自然保护区、国家5A级旅游景区的荣誉。丹霞山风景名胜区从1980年起对外旅游开放，现分为四个区，即北部的丹霞山区、东南部的韶石山区、西部的大石山区和南部的矮寨恢复区。已开发的游览区主要集中在北部的丹霞山区，有长老峰游览区、阳元山游览区、翔龙湖游览区和锦江长廊游览区，近年又开辟了巴寨区的原始风光考察探险游等旅游项目。

现在我们将进入丹霞山中心景区。大家往右边看，锦江对面的几座山峰，像一只只大象，正悠哉悠哉地朝我们走来，我们称之为"群象出山"。请仔细看山顶有一个亭子的那座山——象鼻、象牙、象眼睛、象耳朵等形神俱备。阳元山大桥到了。请再往右看，这座山从右至左，头部、颈部、胸部、腹部的轮廓分明，恰似一个头枕江流、悠悠入梦的少女，颈部的一丛绿树，犹如项链中的翡翠，我们称之为"睡美人"或"玉女拦江"。

"雄性之山"的阳元石到了。阳元石高28米，直径7米，极似男性生殖器。阳元石的自然形成，已有30万年，现已和翔龙湖的阴元石结成"伉俪"，成为至善至美的夫妻石。这鬼斧神工的"天下第一绝景"，"梦断三更美女，愧煞天下英雄"（北京叶文福）。它"孤留一柱撑天地"（明朝李永茂），是"百川会处擎天柱，万劫无移天地根"（明朝吴承恩），引发人们的无穷想象。

接着我们开始徒步登游长老峰。长老峰分上、中、下三个景观层。上层观日出，一览众山小；中层有别传寺、鸳鸯树；下层有锦石岩石窟、悬空寺，山麓处有阴元石、翔龙湖和仙居岩道观。

丹霞山古称"烧木佛旧地"，据传是源于六祖弟子"石头希迁"和尚的高足——唐代"丹霞天然"禅师烧木佛求舍利的公案。至五代时，法云居士在锦石岩梦觉关吟颂了"半生都在梦中过了，来到此处方觉清虚"的佛偈后，开始在锦岩天然洞穴构筑庵堂；而大规模营建丹霞山的，则是明末李永茂、李充茂两兄弟。

首先我们沿登山大道上山，过半山亭后，就来到了一个风化的岩洞——"幽洞通天"。洞高0.7米，长6米。穿洞而过，就可到达"长天一线"。它是我国现发现最长、最高、最壮观的"一线天"。峡长200多米，高50多米，最窄处0.7米。游人过此，只见峭壁高耸、苍天一线，而峡顶夹住一石，可能会随时在游人的喧哗、脚步振动中掉下来似的，令人不得不分外小心。再走过"浸碧浮金""喷玉泉"，就进入了悬挂于"赤城千仞"之上的锦石岩尼姑庵。

韶关一直有以岩洞建寺、观的传统。锦岩数洞相连，以天然洞穴建有七佛殿、斋堂、观音殿、大雄宝殿等殿堂，其中观音殿的岩洞最大，深30米、高4米，塑有观音三十二相，可容数百游人、善信同时参拜。而丹霞十二景"片鳞秋月"的"龙鳞"，则位于大雄宝殿的崖壁上。它春而嫩绿，夏则深绿，秋为黄绿，冬季褐黄。这是为什么呢？它是神迹吗？不！它是因为在风化而造成的蜂窝状岩壁上，生长着地球最早的植物蓝藻。蓝藻在这里已经生存了35亿年，其吸水性强。它吸水越多，呈现的颜色越深绿；到干旱季节，所吸到的水分极少，就呈现淡淡的褐黄色。观赏完"变色龙"，我们出来凭栏欣赏马尾泉瀑布和宋朝赵汝耒题写的摩崖石刻"锦岩"等景观。然后，我们出"锦岩"，过"委屈树"，登捷径直上中层风景区。游过"风过竹林犹见寺，云生锦水更藏山"的别传寺，就会来到鸳鸯树下。鸳鸯树源于唐代最长的诗——白居易描写唐明皇、杨贵妃爱情故事的《长恨歌》中的"在天愿做比翼鸟，在地愿为连理枝"。古代最神圣的爱情是"海誓山盟"。"海誓"当然是在天涯海角，而"山盟"就在鸳鸯树下。当"海上生明月，天涯共此时"之际，相爱的人们手牵手，焚香祈祷，绕树三周，让沧海桑田之后的丹霞见证人间的真情，让有情人终成眷属，让爱之圣火熊熊燃烧于生命的每一刻！

攀过"呼吸通天"的石峡、御风亭、"宜若登天"的丹梯铁索、霞关后，就来到上层风景区的观日亭。在这里，"极目楚天舒"，大千世界尽收眼底，东面可看到僧帽峰、望郎归、蜡烛峰、双龙壁，西面有姐妹峰、玉壶峰、巴寨、朝天龙、送子观音等远景。山顶还可游览雪岩、海螺峰、宝珠峰及丹霞十二景之螺顶浮屠、虹桥拥翠、舵石朝曦等景观。

然后，我们沿东坡栈道下山，去观赏丹霞梧桐、双喜台、福音峡和翔龙湖景区。首先我们去欣赏"天下第一奇景"阴元石。阴元石被称为"人类母亲石"，高10.3米，宽4.8米，洞高4.3米，洞最宽处为0.75米，无论颜色与形状都酷似女性生殖器。它的形成距今已有10多万年了。

接着，我们面前出现一条长1350米的"龙"——翔龙湖。湖水面积有15公顷，"龙头"处深18米。这里小径清幽，轻舟惬意，清澈透底，修竹烂漫，还可游览道教张天师南游的圣地——仙居岩。这里也是龙文化集中地。龙是我们龙的传人的共同图腾，各朝各代的"龙"字摩崖石刻随处可见。其中最大的"二龙戏珠"崖刻，长28米，宽6米，是丹霞山最有规模的壁雕之一，反映了中国的原始哲学，寓意生命永生与子孙万世不殆。

最后，我们乘游艇观赏丹山碧水的锦江。它因传说女娲补天之五彩锦石取自江中而得名。在春江烟树、丹崖锦石中，轻舟漫过"锦水滩声""九索长虹""金龟朝圣""六指擒魔""玉壶峰""朝天龙""送子观音""拇指峰""仙山琼阁"等九曲美景，游客可尽情领略丹霞美之极致。

（供稿：国家金牌导游——广东罗世雄；音频：第三届全国导游大赛金奖获得者——四川卫美佑）

## 项目二　郑州黄河文化公园

"遥远的东方有一条河，它的名字就叫黄河。"黄河——中华民族的"母亲河"，她用甘甜的乳汁，哺育着各族儿女，滋润着华夏大地；她养育着一代又一代的中华儿女，铸就了我们自强不息、兼容并蓄、厚德载物、开拓创新的民族精神。黄河是一条自然之河，更是一条生命之河、文明之河。

黄河发源于中国青海省巴颜喀拉山的约谷宗列盆地。一路蜿蜒曲折，流经青海、四川、甘肃、宁夏、内蒙古、山西、陕西、河南、山东九个省、自治区，最后在山东垦利区注入渤海。黄河全长5464千米，流域面积达75.2万平方千米，在中国北方大版图上画了一个大大的"几"字形。它是中国的第二长河（仅次于长江6300千米），世界的第五长河（非洲尼罗河6671千米、南美洲亚马孙河6440千米、亚洲长江6300千米、北美洲密西西比河6020千米、亚洲黄河5464千米）。

地理学家为了方便我们认识黄河，把黄河拦腰分为上、中、下游三段。从发源地到内蒙古托克托县的河口镇为上游。上游景色可以用王之涣"黄河远上白云间，一片孤城万仞山"来形容。上游高山峡谷多，植被好，河水清澈；从内蒙古托克托县河口镇到河南郑州桃花峪为中游。中游景色可以用王安石"派出昆仑五色流，一支黄浊贯中州"来形容。中游流经黄土高原，携带了大量的泥沙注入黄河，使其成为一条五彩斑斓的河流。从郑州黄河的桃花峪到出海口为下游。下游景色可以用"君不见黄河之水天上来，奔流到海不复回"来形容。下游河段，尤其是进入华北平原后，地势平坦，河床开阔，水流变缓，形成地上"悬河"奇观（郑州段平均比市区高7米，开封段平均比市区高13米）。

而我们今天所要看的郑州黄河文化公园就可以一睹中下游的风采。郑州黄河文化公园，是国家级风景名胜区、国家4A级旅游景区、国家地质公园、国家水利风景区。它位于郑州西北20千米处，地处黄河中下游分界线，是黄土高原的终点，华北平原的起点。北靠黄河，南依岳山，东临京广铁路，西望"汉霸二王城"古战场遗址。景区现已开放面积20多平方千米，已建成并对外开放炎黄景区、五龙峰、骆驼岭、星海湖、岳山寺五大景区，分布着"炎黄二帝""哺育""大禹"和黄河碑林、黄河地质博物馆等40余处景点。这里被誉为万里黄河上一颗耀眼的明珠。

2019年9月17日下午，习近平来到黄河国家地质公园临河广场，再次对黄河治理提出殷切期望。其实早在中华人民共和国成立之初的1952年，毛主席视察黄河，发出了"要把黄河的事情办好"的伟大号召。从大禹治水到林则徐治理黄河堤防，再到新中国历代领导人重视黄河治理，究其原因是黄河是世界上含沙量最大的河流。黄河每年从黄土高原冲带下16.4亿吨泥沙，这是一个非常庞大的数字，如果用这些泥沙砌成高、宽各1米的土墙的话，可以绕地球27圈。老百姓常说的"一碗水，半碗沙""跳进黄河洗不清"就是对中下游黄河最形象的描绘。

郑州黄河有五大看点，其一是高106米的炎黄二帝巨型塑像，面朝黄河，遥望首都北京。炎黄二帝巨型塑像比美国自由女神像高8米，比俄罗斯"母亲"像还要高2米，是世界上最高的塑像之一。其中我们对面左侧为黄帝，右侧为炎帝。传说炎帝和黄帝是同父异母的兄弟，塑像中炎帝年长慈祥，黄帝英明神武；炎黄二帝是中华民族的人文始祖，塑像于2007年4月18日落成。

炎黄广场长500米，宽300米，总面积15万平方米，相当于20多个足球场那么大。广场上九鼎依次排列，寓意九州一统，中华民族的完全统一。如此大的广场除了举办盛大的拜祖仪式之外，2019年第十一届中华人民共和国少数民族传统体育运动会民族大联欢活动、2020年央视春晚郑州分会场也在炎黄广场隆重举行。

其二是万里黄河第一桥——郑州黄河铁路大桥。1903—1905年，清政府邀请比利时的公司修筑了跨越黄河的第一座铁路大桥。当年的郑州还叫郑县，是个很不起眼的小县城，随着铁路的贯通才慢慢发展起来。百年巨变，比较形象地说：郑州是一座火车拉出来的城市。时过境迁，见证百年巨变中华崛起的老桥早已废弃，老桥桥面拆除，只留下5孔160米作为历史文物保留。1960年，全长2889.8米的京广线郑州黄河大桥新桥开通，进入21世纪，中国已跨入高铁时代，"神女应无恙，当惊世界殊"。

其三是乘坐水陆两栖气垫船畅游母亲河。中国的一些大江大河是通航运的，而"自古黄河难行船"，古往今来，很多人走到黄河边，望河兴叹，又不能到黄河游泳，因为"跳进黄河洗不清"，只能遗憾而归。而今天来就不一样了，我们"畅游黄河梦已圆"。

也许您坐过汽车、火车、轮船、飞机，却可能是第一次乘坐气垫船。气垫船是结合飞机、汽车、轮船三种交通工具为一体的新型交通工具，不仅能在水上行驶，还能在陆地飞行，故有"飞机船"之称。当您乘坐气垫船时，便可从下游逆流而上，饱览大河风光。

其四是岳山寺，明清时著名的"荥泽八景"中有"岳山耸翠"，指的就是这里。明清时有香火鼎盛的岳山寺，可惜在日军侵华战争中被炸成为废墟。中华人民共和国成立后新建33米三层建筑——浮天阁。

浮天阁前面这座仅 100 多米高的黄土山名叫小顶山，名字很普通，但"山不在高，有仙则名"，它因 1952 年秋一位伟人的登临而变得很不普通。当年，毛主席就是在这里发出了"一定要把黄河的事情办好"的号召。如今，黄河水早已引上山，成了名副其实的"绿水青山就是金山银山"，这里是观赏黄土高原和华北平原两种不同地貌的最佳位置。小顶山还是观赏黄河日出的好地方。从这里东望，苍翠山峦，"金龙卧波""一桥飞架南北，天堑变通途"，壮观伟哉！

其五是五龙峰"哺育广场"。走过这段黄土高坡，我们就看到了黄河"母亲"像。她身着唐装，头挽魏髻，怀抱婴儿，慈爱高洁、端庄大方。塑像生动地体现了黄河和中华民族的骨肉亲情。唐装期许伟大祖国更加繁荣富强，魏髻体现"孝文改制"民族大融合，"各民族像石榴籽一样紧紧抱在一起"，团结一心，早日实现中华民族伟大复兴的中国梦！

如果说乘坐气垫船是投入母亲的怀抱的话，五龙峰山顶极目阁绝对是远眺黄河的好去处：

登北邙居高看远气象万千广阔无垠巍巍乎中国大地
观黄河抚今追昔波涛澎湃奔腾不息悠悠然华夏摇篮

横批"山河一览"，此对联是中国前书协主席舒同先生题写。

好了，各位贵宾，黄河游览就要结束了，伟大的数学家华罗庚曾说，"不见黄河心不死"，我说"到了黄河志更高"，祝大家志更高、心更阔、前途更美好！2019 年是中华人民共和国成立 70 周年，你听，黄河岸边，《黄河大合唱》仿佛又在耳边响起：风在吼，马在叫，黄河在咆哮……

（供稿：国家金牌导游——河南王振抗；音频：国家金牌导游——四川王忠）

## 项目三  传承工匠精神  保护非遗文化——槟榔谷黎苗文化旅游区

五十六个民族五十六支花，五十六个兄弟姐妹是一家。五十六种语言汇成一句话，爱我中华，爱我中华，爱我中华！（唱）

亲爱的游客朋友们，大家好，你知道吗？在中华民族大家庭里哪个民族是海南独有的民族呢？没错，就是我们黎族。

黎族先民断发文身，雕题离耳。黎家阿哥憨厚朴实、善良勇敢，黎家阿妹温柔贤惠、心灵手巧。接下来就由我——地地道道的黎家阿妹带您走进槟榔谷，一起去亲身感受原汁原味的黎苗风情、海南味道。

景区位于海榆中线 224 国道，保亭黎苗族自治县与三亚市交界处。由于两边热带雨林层峦叠嶂，中间是一条延绵数公里的槟榔谷地，故称槟榔谷。

景区主要由非遗村、甘什黎村、雨林苗寨以及大型原生态民族歌舞《槟榔·谷韵》等部分组成。今天，我们主要参观的是非遗村中的船型屋以及被列为世界级非物质文化遗产的黎锦技艺。

## 第五章 模拟导游实训

进入景区，每位工作人员，都会竖起大拇指，热情送上一声原生态的问候："波隆！"这是黎语"槟榔"的意思。自古，黎家人就有"一口槟榔大如天"的说法，黎家人交友、婚庆、佳节都少不了它。槟榔，蕴含着幸福、吉祥、美好之意。用"波隆"欢迎远道而来的您，祝您平安、吉祥。

炊烟袅袅、水车悠悠，移步换景，我们就来到了"非物质文化遗产村"，简称为"非遗村"。

您是否注意到，房子的造型，就像倒扣过来的船？早在3000多年以前，海南岛还是个荒岛，我们的祖先漂洋过海来到海南岛，成为岛上最早的原住民——黎族。由于当时岛上还没有任何的居住建筑，黎族的祖先就把船倒扣过来，用木桩架起来在里面生活。经过历史的演变，就成为现在的"船形屋"。

船形屋有高架屋和低架屋之分，用红白草棚搭架，拱形的屋顶盖以葵叶和芭蕉叶，一直延伸到地面。屋顶圆拱造型利于抵抗台风的侵袭，架空的结构有防湿、防瘴的作用，船形屋面，也有较好的防潮、隔热功能。鉴于这些优点，船形屋得以世代流传下来。

船形屋是黎族最古老的民居，是黎族祖先智慧的结晶，被称为"黎族精神家园的守望者"，船形屋的建造技艺也被列为国家级的非物质文化遗产。

黎族的非物质文化遗产项目，还有世界级的，跟随我的脚步，我们来到了非物质文化遗产陈列馆。

2009年10月，黎族传统的"纺染织绣"四大工艺被联合国教科文组织列入首批非物质文化遗产名录。黎族织锦历史悠久，被誉为中国纺织史上的"活化石"。南宋著名诗人范成大用8个字来称赞："机杼精工，百世千华。"传统黎锦用木棉、蚕丝、麻丝纺纱；以植物、矿物五彩染色；用腰织机织布，平纹挖花，精挑巧绣，其技艺精湛独特。因为黎族没有本民族的文字，黎锦图案是方言的标志符号。这些原始的文化符号，浓缩记录了黎族悠久的历史与文化，每幅黎锦都是一个故事。

大家现在遇到的这些阿婆是黎族最后一代活体文身，也是最后一代掌握传统织锦技术的后人。灿如繁花的黎锦在黎族阿婆的腰织机上经纬蔓延，阿婆气定神闲地纺着、织着，不经意间竟然织出来整个世界的繁花似锦、衣被天下。

朋友们，相信您同意我的说法：非遗记忆带给我们的是精神的延深，是生命的颂扬，更是尊重历史弥长的记忆。从传承人身上，我们看到的不仅仅是精湛的技艺，更是扎根于民族精神基础上的"工匠精神"。他们乐于奉献、乐于传承、不图名利、不忘初心；正因为这种情怀、这种精神，才能在每次向着极致冲锋的时候，达到一个新的高度。现代社会科技高速发展，信息纷繁复杂，能在这样的社会中甘于清苦、追求卓越，这些传承人是真正名副其实的大国工匠！

传承工匠精神、保护非遗文化，槟榔谷在行动。最后送上槟榔谷，原生态的祝福"波隆"！

（供稿：全国导游大赛银奖——海南敖燕军；音频：国家金牌导游——四川张群）

# 项目四　天津风云

天津是一座特别的城市，有着兼收并蓄、开放包容的文化特征。了解一座城市的文化，首先便要追溯它的历史，如果各位游客能对天津的历史概况有一定的了解，那么一定能加深您对这座城市的理解与喜爱。

天津设城筑卫已有600多年的历史，是中国古代唯一有确切建城时间记录的城市。1404年12月23日，天津正式得名，但它的历史还可以继续向前追溯，在唐朝《通典》当中就有"三汇海口"的相关记载，金朝时期被称为"直沽寨"，元朝时期被称为"海津镇"，明朝永乐年间正式有"天津"名称的出现。清朝时期天津也被称为"天津州""天津府"。1860年第二次鸦片战争之后，签订《北京条约》，天津开埠通商，建立租界区。随着今天的航线，我们一会儿可以看到海河东岸的原奥、意、俄、比等国的租界，在海河西岸可以看到原日、法、英、美、德等国的租界。

天津站的亮点远超于此。天津站，俗称天津东站，是中国建成最早的火车站，始建于清光绪十二年（1886年），1888年正式落成，距今已经有130年的历史，是当时中国最早、规模最大的车站。

晚清时期，西方列强用坚船利炮轰开了清政府紧闭的大门，使清政府天朝上国的美梦一夕破碎，不得不开展一些自救运动，旨在效仿西方的洋务运动便是其中之一。天津因为临海有河的独特地理位置，成了当时洋务运动在北方的中心，天津铁路历史由此开端，天津火车站也因此应运而生。1877年，为了供应北洋海军、轮船招商局、天津机械局（兵工厂）需用的煤炭，北洋大臣兼直隶总督李鸿章下令成立了开平煤矿公司。为了把煤运到最近的海口，1880年10月中国第一条铁路——唐山矿井到胥各庄的铁路正式开工，全长9.67公里，1881年11月8日通车，命名为"唐胥铁路"。清光绪十四年，即1888年决定将唐胥铁路扩展到天津。天津火车站先建在海河东岸的旺道庄。1892年（光绪十八年）在因地处海河东岸的"老龙头"地区（即原"马家口"至"老龙头渡口"，今广场桥至解放桥下游一带），故俗称"老龙头"火车站，奠定了天津作为重要铁路枢纽的地位。

除了天津火车站、天津铁路的率先发展，众多中国近代历史上的第一和首次也都诞生在天津，比如，第一套邮票——大龙邮票，第一个中国近代意义上的大学——北洋大学，第一个培养陆军军官的学校——天津武备学堂，等等。

天津近代的发展除了得益于洋务运动的兴起，在一定程度上也与租界的建立息息相关。刚刚提到过的天津站一带是当时俄国租界所在地，与它隔河相望，这一片西式风格的津湾广场，当时便是法租界所在地。

现在的津湾广场是一座融合了现代、欧式建筑于一体的高端商务商业聚集区。其秀丽的建筑，高耸的塔楼，呈现出动人的空间形象，既有节奏又有韵律，既有秩序又有变化。这组在海河西岸如诗如画的建筑群，大气而不失细节、壮观而不失秀美，特别是它恰到好处地利用海河自然湾，将水拥于楼边，将楼投入水之中，从而产生了水中有楼、楼中映水的奇妙视觉效果。人在画中走，船在水中行，如果乘游船欣赏，会有不同的视角和感受。该建筑群最大的亮点是它的人文底蕴。其非常成功地运用了西方建筑文化的基本元素，在美若油画般的景象中，世界各国的建筑流派交相辉映，如巴洛克的华美、古典主义的自然、浪漫主义的飘逸、折中主义的诗意，使广场四周的建筑形式缤纷多姿，百年酿就的文化底蕴仿佛映射其上，使人感受到历史细胞里文化的芳香，触摸到天津生生不息、飞花流彩的文脉和气脉，突出反映了中西文化交汇的时代特征。

与津湾广场的中西合璧不同，顺着眼前古朴的解放桥一直走下去，坐落着一条有"东方华尔街"之称的百年老街——解放北路金融街。在这里您能领略到纯正的西式建筑风格。（补充：对比解放北路金融街建筑与五大道建筑，天津的五大道是天津小洋楼风情的集中展示区，那里曾经大多为众多达官显贵的住所，建筑风格多样，中西杂糅，为保证私密性设有院墙，并且比较矮小，以2至3层居多，但解放北路金融街上的建筑一直保持着庄重严谨、典雅沉静、原汁原味的西式高大建筑，这便是小洋楼与大洋房的区别）

解放北路金融街是近代天津金融发展的缩影，座座银行比肩而立，似乎在打探着当天的金融信息，向人们讲述着昔日的繁华旧梦。这条2300米长的大道，历史上属英租界和法租界，曾叫"中街"。1860年，天津开埠通商。解放北路一带就是天津首先被划为租界的地方，并逐渐成为当时天津的经济中心，大道两侧领事馆、俱乐部、邮局林立，各大国际银行云集，比如渣打银行、花旗银行、汇丰银行（补充：汇丰银行是第一个进驻中国的外资银行）等，都在这里设有分行。

除银行外，解放北路金融街上还设有众多洋行，其中以太古洋行与怡和洋行最为著名。太古洋行最早主营糖业，在天津落户后调整运营方向，与怡和洋行竞争船舶业，转运货物。这些洋行、银行、仓库落户天津大多是看中了天津临海有河的地理位置，海运及内河航运都能发挥重要作用，而在古代，天津发展的契机点，漕运和盐业的兴盛也与这样的地理位置息息相关。海河在其中扮演了重要的角色，串起了古今的发展，但现在海河退却了原本航运的功能，转而成为天津一道亮丽风景线，这一路行来，我们不仅能领略到大陆银行仓库这样的历史风貌建筑，也能逐渐感受到天津作为大都市的繁华和魅力，而眼前的环球金融中心便是最好的证明。

环球金融中心也被称为津门、津塔。津塔项目总建筑面积约34万平方米，由写字楼和酒店式公寓共同构成。写字楼建筑高度336.9米，地上75层，地下4层。该写字楼借鉴中国传统折纸艺术形式，用标志性的高度定义了天津的国际地位。传统的高层玻璃木建筑采用大量玻璃，这种光的反射与折射，都会对大气造成一定污染，而津塔借鉴了中国传统折纸艺术，将外部空间层叠起来，有效地减轻了对大气的污染。津塔板块的酒店式公寓邻环球金融中心写字楼而建，构筑了完善的私密空间，打造了最具投资与生活价值的城市地标性商务寓所。

仅仅一街之隔的就是津门。津门总建筑面积约24.8万平方米，建筑组群的中间是71米高的天津瑞吉酒店，位于地块中央，酒店两侧是两座对称的豪华公寓。超五星级酒店采用法国拉德芳斯区新凯旋门型建筑，用纪念性的门户提升了天津的国际形象，津门以此得名，也象征着天津向各地友人敞开友好之门。

一个城市的规划，除了要满足一定的经济职能，也需要打造一个适宜居民生活的空间。因此在繁华的津门津塔对面，我们现在看到的这片区域，被打造成了一片天然绿色氧吧，这里是海河中心广场公园，为天津市最大的广场公园。该公园于2010年9月对外开放，公园总建筑面积为5万平方米。园内栽种有波斯菊、海棠和月季等70余种植物。

现在我们看到的是天津海河意式风情区，为原意大利租界，这里是我国乃至亚洲仅有的一片意大利式建筑群。这里是意大利在域外的唯一一处租界地。在充满浪漫色彩的意大利租界内，一幢幢百岁小洋楼犹如收藏记忆的奁匣等待着探访者的开启。清光绪二十八年（1902年），意大利公使嘎里纳与天津海关道唐绍仪在天津签订《天津意国租界章程合同》，由此划定了意租界所在地。意式风情区内现有风貌建筑133栋，比较著名的建筑有原意大利领事馆、兵营、回力球场，还有中国近代史上有着巨大影响力的伟大爱国者梁启超纪念馆，包括梁启超故居和饮冰室书斋两部分，再现了梁启超生前学习、生活、工作的环境。这里还有我国戏剧大师曹禺的故居。曹禺在这里度过了少年和中学时代。他的代表作《日出》《雷雨》都是以天津为背景写成的。

1840年鸦片战争以后，中国历史的发展出现了重大挫折。西方列强不断入侵并屡次进犯北京。这些进攻全都来自海上，天津更形成了首都的门户。1860年，英法联军先占天津，再攻北京，火烧圆明园。那时，我们现在航行的海河河道中停满了英法军舰。这一年签订的《北京条约》，规定了天津为通商口岸。此后，西方列强依附特权，在天津强占了九国租界，总面积达2400多亩，是天津旧城的近10倍。外国人在各自的租界里，在司法、警务、行政管理上享有特权，而且在各国兵营，中国的军警人员不得进入，是"国中之国"。由于八国联军的占领，天津成为我国租界最多的城市。19世纪二三十年代是政治突变的年代，那个时候的清朝遗老遗少或北洋政府的总统、总理、督军纷纷来天津租借地购房购产，有的是图清静，想在这里休养生息，有的蛰居于内，密谋其外，在这种特权条件下，这里就成为下台清朝遗老遗少、北洋政要的避风港。北洋政府有五位总统，九位总理，数位总长、督军都住在这里，成为"北洋寓公"。据统计，师长以上的旧军政人员达50%以上。而船行右手边我们看到的这片区域奥式风情区，也就是原来的奥匈帝国租界，这里便坐落着著名的袁世凯宅邸及冯国璋的故居。

（音频）现在我们左手边看到的就是位于奥式风情区的袁氏宅邸，它的主人袁世凯是中华民国第一任大总统、北洋军阀的领袖。该建筑是袁世凯任直隶总督兼北洋大臣不久，以低价从奥租界购得土地，委托德国和英国建筑师设计建造的。1916年，做了83天皇帝的袁世凯，在一片唾骂声中忧郁而死。当时这座小洋楼尚在建造中，直到1918年竣工。这所楼房是一座德国尼德兰式风格的欧洲古典建筑，也是天津近代小洋楼建筑的经典之作。此建筑高三层，砖木结构，共有54个房间，建筑面积2089平方米。它特别引人注目的有三处：一是精巧的采光亭，为仿意大利文艺复兴早期圣玛丽亚大教堂穹顶建造；二是主楼东侧二楼上有拜占庭风格的小尖穹顶与塔楼相互映衬，形成德国建筑的特有风貌；三是入口处的四层八角形塔楼，无论潮涨潮落，河水都好似往八角楼里流，象征无数财源流入袁家。在这座建筑中还特别设有"隐身处"与"脱身处"，可上至楼顶间，下至地下室，直通后花园余门，脱身逃走。原本海河河道弯曲众多，而袁氏宅邸恰好坐落在河湾之处，因此三面环水，但1951年后，天津历经6次裁弯取直，形成现在的河道，才有了我们所看到的袁氏宅邸一面临水的现状。这座建筑可以说是见证了海河的风雨沧桑，经过了精心修缮，一洗历史的浮尘，恢复了昔日的尊贵本色。

现在我们看看刚刚介绍过的袁氏宅邸旁边的这样一座红色洋房，它是冯国璋的故居。冯国璋，北洋风云人物，与段祺瑞、王士祯并称北洋三杰，并且与袁世凯关系匪浅、过从甚密，他当年跟随袁世凯在小站练兵，在袁世凯复辟称帝后，与其分道扬镳，其后，任北洋政府副总统、代理大总统。而这座建筑是冯国璋在1912年委托一位德国建筑师按照德国建筑风貌设计，修建了庭院式花园，人称"冯家花园"或"冯家大院"。冯国璋是直系军阀的首领，坐拥重金。1917年8月，他携仆人100多人来此入住。后来他在实业方面多有投资。因为左边是冯国璋旧居右边是袁世凯宅邸，我们幽默的天津老百姓又形象地把这两座建筑称作"左右冯袁"，相信大家也很快就能记住。

奥式风情区，原本是奥匈帝国租界，在天津开埠通商之前，是一片晒盐的盐场，紧邻渤海岸，拥有我国四大盐场之一的长芦盐场，使天津盐业十分兴盛。而眼前古朴的铁桥金汤桥，它的建造历史便与盐业相关。清雍正八年（1730年），当时长芦运司天津分司孟衍周为使大家渡河便利，捐薪俸修桥，称孟公桥或盐关浮桥，因此桥在东门外兴建，又称之为东浮桥，此桥最早由13条木船连缀而成，桥面铺设活动木板。清光绪三十一年（1905年），为方便电车通行此处，由津海关道与奥租界、意租界领事署、比利时电车公司合资在桥南新建全长76.4米、用电力启动的永久性钢梁铁桥，于1906年11月21日竣工并举行通车典礼。建桥耗银20万两（相当于现在的约2100多万元），桥面宽10米，用其中的4米铺设单轨电车道。沿岸一时车水马龙，繁华异常。由于坚固无比，始以"金汤"命名，取成语"固若金汤"之意。

过金汤桥之后，我们所领略到的风景就不再是以西式建筑为主的近代天津风情了，我们即将欣赏到的古文化街、三岔河口是天津古代漕运文化的集中代表。600年史海冲浪，600年砥砺沧桑，600年潜心酝酿，600年不事张扬，为天津留下数不尽的悦目景观，晓日三岔口，连樯集万艘。昔日的海河两岸有着浓浓的天津味、古味、文化味。

现在我们看到的这处古色古香、古风古韵的清代风格建筑群就是全国首批唯一的开放式国家5A级旅游景区——津门故里古文化街。这里是天津漕运文化、海河文化以及民俗文化的汇聚地，也是天津最早的经济、文化、宗教、商贸聚集地。

文化街内保留了世界三大妈祖庙之一的天后宫，俗称"娘娘宫"，始建于元代。由于当时海运漕粮，漕船海难不断发生，而天津是海运漕运的终点，是转入内河装卸漕粮的码头，所以，元泰定三年（1326年），皇帝下令修建了天后宫（当时叫天妃宫）于天津海河三岔河口码头附近，供人们奉祀海神天后。一般的寺庙都是坐北朝南，而唯有天后宫是坐西朝东，这是为什么呢？您可以想象一下，当600年前天津漕运盛行时，为了方便海河上的渔民在船上朝拜天后娘娘，所以这座天后宫特意建成坐西朝东。妈祖庙大多分布于福建、广东沿海、台湾、港澳一代，天津是北方唯一拥有妈祖庙的城市。现在正对着我们的这座戏楼始建于1788年，至今已有200多年历史。戏楼上有一块巨匾，刻有"乐奏钧天"四个大字，有普天同庆、太平盛世之意，表达了人们对风调雨顺、生活幸福的期冀。

我们现在所行驶的这片区域可以说是天津古代的中心，当时这里商贩云集、水路交通便利，而在古文化街对岸，游船右前方，这里原本坐落着一座望海楼，是清代皇帝出巡到天津的游玩之处，而今天，我们已经看不到这座建筑了，取而代之的是眼前的这座因此得名的青灰色西式建筑——望海楼教堂。这座教堂是天主教传入天津后的第一座教堂。

第二次鸦片战争后，英、法等国强迫清政府签订了丧权辱国的《北京条约》。使法国获得了在中国"各省租买地"和"建造自便"的"权利"。1862年，法国在望海楼一带方圆15亩的地方有了"永租权"。1869年12月，法国传教士谢福音主持拆掉了崇禧观，盖起了一座规模可观的天主教堂。这是一座典型的哥特式建筑，呈长方形，前边有3个钟楼，仿佛3个笔筒，法国传教士给这座教堂取名为"圣母胜利之后堂"，俗称这座教堂为"望海楼教堂"。在望海楼的对面是天津最著名的三岔河口，被称为天津的发祥地。唐代历史学家杜佑撰写的《通典》中，就有"三会海口"的名称，指的就是永济渠、潞河等多条河流在天津三岔口会合入海而言。

曾经，这里是天津的发祥地，是天津的漕运中心，而如今，这里更是众多游客到访天津的必游之处，因为就在三岔河口的不远处，也就是我们游船的前方，屹立着备受广大游客喜爱的天津崭新地标——天津之眼摩天轮，可以说，天津的古典与现代在这里交汇融合，过去与未来在这里相得益彰。而眼前这个被称为"天津之眼"的巨轮直径为110米，到达最高点时，距离地面的高度可达到120米左右，相当于35层楼的高度，能看到方圆40公里以内的景致，转一圈大约需要30分钟，是名副其实的"天津之眼"，堪与英国泰晤士河畔的"伦敦之眼"媲美。同时，天津之眼也是唯一一座建立在桥梁上的摩天轮，是当之无愧的世界第一，是名副其实的大国印记，被评为"平安旅游景点"，并且也是"1949—2010年中国60大地标"评选中天津唯一的代表。而摩天轮下方的桥梁被称为永乐桥，这个名字来自明朝时期的永乐皇帝。穿过永乐桥，前方我们看到的巨大仿古石舫天石舫，它的建造和这位永乐皇帝有关。

著名的三岔河口就是天津市区最早的居民点、最早的水旱码头、最早的商品集散地，也是中国最早的南北物资交流的中心点。如果说海河是天津的母亲河，那么三岔河口则是天津城市的发祥地，是孕育天津的摇篮。

天津地处九河下梢、河海要冲，为"畿辅门户"，早年为军事要塞、漕运枢纽，近代逐步发展为中国北方重要商埠；而这一切莫不与三岔河口息息相关，因而历史上有"先有三岔口，后有天津城"的说法。

当年朱元璋封第四个儿子为燕王，后把皇位传给孙子朱允文，燕王不满发动靖难之役，取得皇位后给天津赐名，天代表天子，津为渡口的含义，即天子经由之渡口。其实早在战国时期，屈原在《离骚》当中也有天津二字，"朝发轫于天津兮"，那里的天津指的是天上的银河。

讲了很多历史和两岸风景，我们来说一说天津的母亲河。海河始建于东汉建安十一年，即公元206年。一弯海河，波光潋滟，蜿蜒东去，全长73公里，两岸绿草如茵，繁花似锦，它流淌千年，记录着天津这座城市的过去和今天，见证着民族的耻辱和祖国的振兴，一条海河水，半部中国近代史，世界罕见的租界建筑群把一段屈辱历史斑斓记下，使天津的洋楼千姿百态，成为这座城市不可忘却的记忆，而随着海河的不断规划以及开发，我们也将会为大家呈现出更多亮丽的风景，同时也衷心希望您和您的家人、朋友能够来到天津，谢谢大家！

（供稿：国家金牌导游——天津林菲、赵冰冰；音频：林菲）

## 项目五　跳动的音符——石家庄

"圣地曙光开国之城美名扬，这是我的家园石家庄。华丽转身你已披上了新装，我们为你欢唱石家庄。燕赵古韵洋溢出魅力时尚，我们期待你来访。"

欢迎大家来到我的家乡——河北省省会石家庄。它是一座百年城市，是新中国"开国第一城"，是中国最年轻的省会，是全国最大的"庄儿"。每个城市都是独特的，在我的眼中，它是有着七种内涵的城市，就像跳跃的音符，谱写了城市之歌。

第一个浑厚的音符1，奏响了这座穿越时空的城市。沿着历史的长河向上回望，文明的遗迹如群星一样散发着璀璨的光芒，这儿曾是夏禹时期冀州地。据中国最早的地理学《禹贡》记载，大禹雄心勃勃把天下分为九州、冀州，霸气地做了"九州之首"，河北的简称由此而来。

2000多年前，一支少数民族部落越过莽莽太行，在这儿建立了一个强大的国家——中山国。中山国国王骄傲地说：我有全世界最早的建筑平面设计图——兆域图，我有全世界最早的碑碣石刻——守丘石刻。

哈哈，我还有现存最早的美酒哦！瞧！我的宝贝——错金银四龙四凤铜方案座，小心地拂去那一层铜锈，幸运的我们依然能够看到这件精美至极的青铜方案上，蕴藏着"战国第八雄"中山国制衡七雄的秘密：不动则已，一动，天下兴衰巨变！

战国末期，这里成为连接晋燕的咽喉锁钥，是兵家必争之地。秦始皇在这儿修了个古驿道，称作"秦皇古道"，它的年代可比罗马古道至少早100年。秦皇古道是"车同轨、书同文"的历史见证，您知道吗？韩信的那场以少胜多的"背水之战"，也发生在这里。

汉唐时期，石家庄的宗教文化在中国宗教史上留下了绚丽篇章。佛陀和孔子这两个从未相见的伟大思想家竟然在千年古刹毗卢寺的壁画中相遇。建于唐代的毗卢寺，殿内保存有

200多平方米享誉世界的精美明代壁画，与敦煌的莫高窟、北京的法海寺、山西的永乐宫，并称中国壁画四大家。

这里精美绝伦的儒释道壁画，可与"敦煌飞天"齐名，又当仁不让地被西方壁画专家美誉为"东方维纳斯"。当金戈铁马消歇，一座来自隋朝的千年单孔坦弧敞肩石拱桥——赵州桥，用世界现存年代最久远、跨度最大、保存最完整的纪录，瞬间引起全世界的惊叹。赵州桥又称安济桥，距今已有1400多年的历史了。与赵州桥一起闻名的，还有中国"雪花梨之乡""忽如一夜春风来，千树万树梨花开"。每年4月，25万亩梨花如约绽放，宛如人间仙境。

第二个悠扬的音符2，引领我们来到一座千年古城，北方雄镇。它浪漫不逊色于丽江，磅礴不逊色于平遥，是一座将厚重历史和文艺浪漫结合的古城，用最独特的方式诠释着古城的千古之美——这就是让习近平总书记常常想起念念不忘的第二故乡、国家历史名城"正定"。

正定素有"九楼四塔八大寺，二十四座金牌坊"之称，自晋代到清末1500多年间，一直是郡、州、藩、府所在，曾与北京、保定并称为"北方三雄镇"。不但出了大名鼎鼎的"常山赵子龙"，还有被毛泽东称为"南下干部第一人"的南越王赵陀。城内的文物古迹，不是精品，就是孤例，涵盖了各朝各代，有"九朝不断代"的美誉，被称为古建筑博物馆。如今，这座古城早已融入石家庄市主城区，其繁华，更胜往昔。

这儿还有一座仿古建筑群呢，就是《红楼梦》中的府邸——"荣国府"。里面的故事，透过曹雪芹的笔端，似微笑而欲语。

历史走到中国最为波澜壮阔的时代，3唱响了第三个高昂的音符，这是一座富有传奇色彩的红色城市。

作为"开国第一城"，1947年解放石家庄的战幕拉响，我军仅用六天六夜，就把国民党号称"坐守三年没问题"的石门攻克，为党中央顺利移驻西柏坡、立足华北、指挥全国战局创造条件。在石家庄西北90公里的一个名不见经传的小山村——西柏坡，周恩来评价它："西柏坡是毛主席和党中央进入北平、解放全中国的最后一个农村指挥所，指挥三大战役在此，开党的七届二中全会在此。"这里是新中国的摇篮，"中国命运定于此村"，新中国从这里走来！距西柏坡50公里外的汤汤水，深藏着新中国第一座水力发电站，"飞流直下三千尺，太行亮起万盏灯。"这个"边区创举""红色电站"为中共中央、中央军委指挥三大战役解放全中国立下不朽功绩。当年朱德总司令亲笔题写"红色发电厂"，新中国的第一盏灯在这里亮起。在市区有一座不起眼儿的小灰楼，71年前中国人民银行在这里成立，诞生了中国第一套人民币，如今是河北钱币博物馆。

4是个跳动的音符，让我们体会蓬勃进取的活力之城。石家庄是"火车拉来的城市"，1907年，随着正太铁路全线竣工，发展成华北地区重要战略枢纽。它的交通四通八达，作为全国最大的"庄"，去趟北京跟遛弯儿一样容易。作为一个并不靠海的内陆城市，却是实行沿海开放政策和金融对外开放的城市，是京津冀世界级城市群中心城市。

第五个铿锵的音符5，展现了这座产业基础坚实的城市。六大产业基地汇聚于此：纺织服装、生物医药、装备制造、循环经济化工、信息产业和现代农业。随着新中国一路走来，70年间又多了一些新身份，"华北商埠""华北药都""动漫之城""中国国际数字经济博览会永久举办地"，等等。

第六个清脆的音符6，把我们带到这风光秀美的生态之城。石家庄山清水秀，拥有众多名山胜景。苍岩山桥楼殿、"太行绿宝石"驼梁、省会后花园五岳寨、"天下奇寨"抱犊寨、"北方桂林"天桂山，以及有着世界上最大天然回音壁的国家地质公园嶂石岩。嶂石岩地貌与丹霞地貌、张家界地貌并称为"中国三大砂岩地貌"。

第七个和谐的音符7，让我们看到了一座文化积淀深厚的城市。地方特色的评剧、丝弦、河北梆子等戏剧艺术，井陉拉花、常山战鼓、吹歌等民间艺术，历史悠久，每年正月都会上演一场绚丽的"火树银花不夜天"。当1300摄氏度的灼热铁水被奋力抛起，与树枝碰撞，伴随响彻山谷的欢呼呐喊声，这种古法非遗"打树花"，是当地百姓延续了600多年的期盼。跳动的音符，城市的脉搏，这就是太行山麓、滹沱河畔——我的家乡石家庄，一路走来，脚步慷慨激昂、坚定铿锵，不断刷新梦想，张开臂膀迎接美好未来！

（供稿、音频：国家导游技术技能大师——河北陈云志）

## 项目六　三星堆——青铜纵目面具

今天，为您带来神秘的"三星堆"！和世界上众多博物馆最大的不同是，三星堆文物众多，神奇又无解，世人都希望通过解读找到"古蜀之源"，但总是迷雾团团。"青铜纵目面具"是三星堆镇馆之宝，国之重器，一双奇异的大眼睛连通了古蜀三千年，让我们一起走近它……

游客朋友们，大家好！欢迎大家来到三星堆博物馆！三星堆博物馆位于广汉市南兴镇鸭子河畔，距省会成都45公里，是一座现代化的专题性遗址博物馆。三星堆的拨云见日，惊醒了数千年的巴蜀旧梦。1929年，当地居民燕道诚在疏淘水沟时意外地挖掘到了一大批玉石器，引起了学术界的注意，也由此拉开了三星堆考古的大幕。1986年夏，随着1、2号祭祀坑相继出土大量文物，三星堆的神秘逐渐被世人关注，博物馆也在1992年奠基，1997年对外开放，它是全球最早进入"绿色环球21"认证的博物馆。

"蚕丛及鱼凫，开国何茫然"！三星堆遗址是迄今为止在四川境内发现的范围最大、延续时间最长、文化内涵最丰富的古城古国遗址。随着2019年年底三星堆三号坑的发现，三星堆不停刷新着古蜀文明的存在佐证，更将一团一团迷雾抛来，令考古界争议不断。前国防部长张爱萍上将曾赞誉三星堆为"沉睡数千年，一醒惊天下"。三星堆的游览路线大致呈环形，先到一号展馆，接着到二号馆参观，重点要参观的是三星堆青铜器，游览时间大约需要两个小时。特别提醒大家：博物馆内请不要触摸文物展品，拍照请关闭闪光灯，谢谢大家！

我们进入青铜馆，一份无法言说的神秘扑面而来。这里以青铜面具和青铜人像为主，是三星堆最具代表性的展馆。馆内青铜人像面具数量最多，它们大小各异造型夸张，或威严肃穆怒

## 项目六　三星堆——青铜纵目面具

目圆睁，或面部贴金笑容诡异，让人恍若置身神界而不在人间。大家请看：中间这尊就是青铜纵目面具，它可是三星堆镇馆之宝里的"宝中之宝"了。面具高约 70 厘米，宽约 1.4 米，重达 80 多公斤。它双眼向前凸起，两只耳朵横向张开，形象地说，它的大小和 50 寸①宽屏电视相当。若说这件庞然大物制造于 3000 年前，不得不说是一大奇迹，令人赞叹。它不仅在众多人像面具里颜值最高，夸张的造型更让我们百思不得其解。有朋友会问了，这样一个长着一对凸眼、鹰钩鼻子、嘴角咧到耳根的神秘"怪物"，到底是谁的面具？这么大，谁又能带得上？但这件庞然大物自横空出世以来，关于它的身世和用途就一直是个谜，至今依然没有定论。

第一种说法认为它是古蜀人的"祖先崇拜说"。《华阳国志》记载："蜀侯蚕丛，其目纵，始称王"，意思就是说，古蜀国先王蚕丛的形象特征就是"目纵"，也就是眼睛向外凸起。专家认为，古蜀人为了纪念古蜀国这位开国之君而依其形象造铜器做纪念，是一种古代的祖先崇拜信仰。而这件面具的出土正为《华阳国志》里关于蚕丛形象的描述提供了有力证明。

另一种说法提出它是"天神人神合一说"。上古神话里有对掌控天地的天神做过描述，其形象特征是"人面、蛇身、赤色、直目"。这里的"直目"也就是眼睛凸起于眼眶之外。专家们认为，这个面具就是依照远古天神"烛龙"形象而造，是古蜀人最早的原始崇拜。也有专家认为，这个造型既不是先祖也不是天神，而是人们臆想出来的神灵模样，这个神灵有千里眼、顺风耳的神力，塑造出来当作礼器祭祀，只为表达蜀人单纯的神灵崇拜和对天地自然的敬畏。在诸多争论中，我尤其感兴趣的是第三种说法："外星说"。有人认为，三星堆出土的很多器物都非凡间之物。因为纵观古今中外，这些物件实在独一无二举世罕见，如果是"先祖论"或"人神合一论"，那这奇特的造型为何只出现于三星堆，并且后世再无延续，也再没出现？我认为这个说法倒像是开启了一扇无限想象的天窗，让我们的思绪无边际蔓延。大家请看，这只大眼睛珠子向前凸起呈圆柱形，长约 16 厘米，在圆柱形的中间部位还有一圈宽约 3 厘米的带状圆箍，看起来很像是照相机拉焦距长短的环圈，科技感十足啊。在 3000 多年前，如果它不是外星人所造，古蜀人又是凭什么想象出这眼球上的圆形圈。何况无论当时人们依据什么脚本制造出这"大怪物"，它至少应该得像地球人长相，又或者更应该像民间夸张出来"三头六臂"的神仙或怪物。但您看，它既不像地球人，也不像脑洞大开、想象力驰骋以后的杰作，那我更愿意相信，它就是"天外来客"的创造，或是直接从外太空带来的产物。

无论是"祖先说"或"人神合一说"，还是专家提出的"蜀字说"或"神仙说"，我们都无法定论。都说"文物会说话"，三星堆的青铜纵目面具在黄土堆里一埋就是数千年，自从来到人间迁居于此，就双目如炬淡定不语，日复一日地注视着来了又去的游客。关于它的神秘来处应该还会争议不断，那就让我们期待"文物真的会说话"吧，这样也许我们就能顺利将它的面纱揭开。接下来，请带着您的疑问，随我前往下一处文物继续参观。

（供稿、音频：国家金牌导游——四川王荣）

---

① 1 寸 ≈ 0.03 米。

## 项目七　阆中古城

如果说休闲惬意让丽江闻名天下，而平遥古城墙的完好无损，在穿越千年的风雨动荡还带来了一丝慰藉的话，那么阆中古城，则是一座不折不扣的露天建筑博物馆。以一座城的体量和字体看，这座偌大的露天博物馆一定会让您眼花缭乱的！

作为中国"四大古城"之一的阆中古城标签太多了！中国春节文化之乡，中国状元城，中国风水第一城，等等，莫不证明了这座城市的气质和沉淀。游人漫步在老旧的青石板儿上，满城尽是醉人的醋香，这醋香在风中已飘荡了千年。

阆中古城历史悠久，它是古巴国的都城。史料记载，周武王伐纣，在巴人的大力协助下取得了"牧野之战"的胜利。周王朝建立以后封巴人聚居地为"子国"，建都江州，也就是今天的重庆。后来为躲避楚国军队的入侵，迁都于阆中。公元前316年，秦惠文王灭巴以后，置巴西郡，设阆中县，至今已有2300多年的历史。古城位于四川盆地北部、嘉陵江中游，建于巴山、剑门山脉和嘉陵江水系聚结交汇之处，整座古城的特点是"山围四面、水绕三方"，因其形势险要，史学家评价它"前控六路之师，后据西蜀之粟，左通荆襄，右出秦陇"，自古就是一座军事重镇。

阆中古城于1986年被评为"全国历史文化名城"。古城核心面积大约两平方公里，共有百余条古街巷，还有百余座古院落和二十多个景点。古城建筑风格至今保持着十分完整的唐宋格局和明清风貌，被专家誉为"中国民间建筑的实物宝库"。这里不仅有"东方麦加城"之称的巴巴寺、民间风水博物馆，还留存有汉桓侯祠（张飞庙）、清代贡院，更有被誉为"阆苑第一楼"的华光楼。阆中多名楼，古代就有"阆苑十二楼"之说，而华光楼因为建造最早，又最宏伟壮观，才有了"阆苑第一楼"的美称。所以要正确地打开阆中，必须得从"华光楼"开始。

"三面红光抱城郭，四围山势锁烟霞"，宋代诗人李献倾这一首"南楼"，写出了阆中江山之会的胜景，南楼就是"华光楼"，自古文人到阆中，尤其钟情登临"华光楼"。登楼远眺，满城古韵尽收眼底。嘉陵江从城后的远方翻滚而至，江上舟来舟往，浪卷浪舒里直接把阆中幻化成为"天下第一风水城"。且不说远处山边，那著名的风水大师袁天罡和李淳风已经沉睡了千年，阆中的山、水、城依偎环抱完美融合，自然形成了"玄武垂头，朱雀翔舞，青龙蜿蜒，白虎驯伏"的山水格局。从空中俯瞰，阆中就是个完整的太极图形。古城以"华光楼"为起点，"中天楼"为轴心，按东西南北走向，次第展开状若棋盘。古城内院落众多，院院相连户户相依，或坐南朝北纳光避寒，或靠山面水和谐统一，完美地展现出了道家天人合一道法自然的至善境界。阆中古城虽然是临江而建，但老街古巷并不是直通江边，而是九纵九横，南北街道都会通往东西走向的街心，然后再沿街一左拐，才有小巷通往江边，这种布局叫作"天心十道"。据说这来自唐朝风水大师袁天罡的风水布局，民间建筑讲究房屋即山，街道即水，山水走向直接关系财富运势。为了不让财富溜走，阆中古城这种格局也就从唐朝一直保存到了今天。而华光楼就像阆中古城开源节流的大闸，一开一关就是上千年。用三个字可以概括华光楼的特色：古、高、灵。

华光楼的"古"，说的是它年代久远。华光楼最早建于唐朝，是滕王李元婴在阆中做刺史时所修建的。虽然后来损毁，但在清代同治六年又进行了重建，至今也有140年的历史了。

"阆中有座华光楼，半截插在天里头"，华光楼是阆中古城最高的地方，楼分4层，通高36米。论"高"，它比中国四大名楼的岳阳楼高出近15米，比滕王阁更高出18米，真是不比不知道，一比吓一跳。

华光楼的"灵"，说的是它的灵验。"华光"之名，是由民俗崇拜祀奉火神"华光大帝"而来。"华光"也就是当地百姓膜拜的一位神灵。华光本家姓马，华光是归位后封的神，玉皇大帝封他为南华帝君，老百姓也叫他华光大帝，主管天下四方火神保佑天下，更庇佑了阆中这一方百姓。

华光楼四周，全是古意深深的层层院落，辈分分明地按唐、宋、元、明、清秩序排开，绝不彼此冒犯。院落或精致幽深，或气度森严，白墙灰瓦里天井重重，天井中几峰假山衬出一壁浮雕，还有那精细的房梁、门窗、屋檐和翘脚，云烟在古城尽头的山水间升腾而起，像极了一幅清新淡雅的中国水墨画。

在这幅水墨画里，当然不能缺少伏案而书的文人学子们，更不能忽略华光楼旁学道街上的清代贡院，那是中国保存最完好的贡院考棚。贡院是中国封建王朝时期举行科考的考场，科考则是国家选拔人才的最佳方式，在中国已经有一千三百多年的历史。或者山灵水灵人更灵吧，上好的风水也让阆中成为四川历史上出"状元"最多的地方。

华光楼虽然没有黄鹤楼"白云远上"的飘逸，也没有岳阳楼"洋洋大观"的气势，更没有滕王阁"上出重霄"的神怡，却独独有着"兼具天下"的孑然情怀。华光楼全木结构，各层花窗美出了新高度，12个飞檐凌空，宝顶摩云，气势极为不凡。华光楼以它36米的绝对高度傲视城中群楼，像一位巍然矗立的大将军俯瞰全城。说到大将军，不得不提到和阆中永不分离的三国名将"猛张飞"了。张飞任巴西太守驻守阆中达7年，生前保境安民除暴安良，死后更是长眠城内，留下了一座中国最著名的"汉桓侯祠"。1000多年过去了，阆中的呼吸喘息间都是这名真性情的男子的气息。于是张飞牛肉、张飞饭馆、张飞酒楼比比皆是，在这座城里，张飞的名气是大过一切的。游客们站在华光楼上，还可以尽情指点城里的杜家、秦家、孔家大院的富贵敞亮和百年传奇，看那大江东去和连绵不断的古往今来。

历史上的阆中群星荟萃，你方唱罢我登场。天文学家落下闳在家乡阆中制"太初历"，开"浑天说"，还发明了"浑天仪"。任文孙父子和周舒祖孙三代在这里继承天文气象学说，还在阆中城东以家宅建起"观星楼"，专供家人登楼值守夜观天象，使阆中在汉唐时期一度成为我国最大的天文研究中心。袁天罡更是用最独特的"九横九纵"建城格局，成就了阆中的"天下风水名城"。古城里既有张飞关羽的忠义威德、杏坛贡院的桃李天下，更有举子们的修身治国平天下齐聚……传递出的是一份最自然纯善的明月天心。

华光楼根基十分稳固,无论阴晴风雨,它都像一位有些木讷却又忠实的武士一样守护着古城,神色安详地注视着脚下过往众生的一切纷争笑怒。如果是在夜里,华光楼在一片灯光魅影中,整个楼阁都被霞光笼罩着,像一座仙山楼阁,大街两旁成排的灯笼便成了通向这仙阁的一架金桥,引人入胜。如果说华光楼是古城里的一座指向标,倒不如说是古城永远不倒的精神高塔。阆中人民仰望它,就好像美国人民仰望自由女神像,法国人民仰望埃菲尔铁塔,永远带着亲切和敬意。华光楼屹立在阆中古城的南面起点,似乎是在告诉我们,只有人存天心,前面的道路才会舒畅通达。这天心既有古圣先贤的大训,也有亘古不变的天理自然。正如城中另一座名楼"中天楼"上牌匾里写的那样:"上善若水化成天下",阆苑中人正是秉承了这些古老的思想,这些单纯的理念,才使得这一方水土显得如此的灵秀。

"嘉陵三千里,五城十二楼",华光楼是阆中古城的小小缩影,更是一份证明,它证明了这座城市的悠久和鲜活。如果说,阆中古城是一座偌大的露天建筑博物馆,倒不如说它更像一位睿智的老者,穿越与传奇不衰。它将风水、科举、三国、天文、宗教集于一身,无论经络血脉,还是肌肤骨骼,这一份沉淀和不凡的气质,天下又有几城?

(供稿、音频:国家金牌导游——四川王荣)

## 项目八　云台山风景名胜区

云台山风景名胜区,位于河南焦作修武县境内,是集全球首批世界地质公园、首批国家5A级旅游景区等,一个世界级、多个国家级称号于一身的风景名胜区。因其主峰——茱萸峰,如同一口巨锅倒扣在群峰之上,古称"覆釜山",又因其山势险峻,峰壑之间常年云雾缭绕而得名"云台山"。

云台山"以山称奇、以水叫绝",总面积280平方千米,是一处以太行山水为特色,集峡谷类地质地貌景观和历史文化内涵于一身的生态旅游景区。这里峰谷交错、绝壁林立、飞瀑流泉、清溪幽潭,既有南方山水的灵秀,又有北方山水的大气。景区包含红石峡、潭瀑峡、泉瀑峡、青龙峡、峰林峡、子房湖、茱萸峰、叠彩洞、猕猴谷、百家岩、万善寺、云溪谷12个景点。

现在我们已经进入云台山核心景区——"华夏第一奇峡"的红石峡。我们现在站在桥中间这个位置向下方看,这就是传说中的红石峡。14亿年前震旦纪地壳运动造成的地质遗迹,使其成为"缩小了的山水世界,扩大了的艺术盆景",有"盆景峡谷"的美誉。整个峡谷长约1.5公里,最窄处不到5米,最宽处也不过20多米,深约68米。在这方寸之间,集泉瀑溪潭于一谷,融雄险奇幽于一体,小中见大,巧妙地将大自然的阳刚之气和阴柔之美相糅合,被风景园林专家称赞为"自然界山水精品廊"。

这是大自然的鬼斧神工,一个"奇"字非常好地诠释了这句话。

一奇，"丹崖绝壁"。"丹崖"指的是丹霞地貌，因山体中含有三氧化二铁，所以呈现出紫红色的石英砂岩。丹霞地貌大部分出现在南方，比如广东的丹霞山、福建的武夷山，而北方很少有。太行云台山有且仅有这红石峡属于丹霞地貌，被誉为"北方的丹山碧水"。

二奇，四季如春。由于整个峡谷处在地表之下，加上地上群山怀抱，而又窄又深的峪内的空气不能与外界大气候正常交流，便形成它自己独特的小气候：冬暖夏凉，温度适中，仿佛处在恒久的温暖中，故又名"温盘峪"。

三奇，"山下之山，水下之水"。"山下之山"好理解：红石峡是单行线游览的线状峡谷，深藏于地下；何谓"水下之水"？以我们脚下的桥为分界线，大家站在这里看到了美丽的红石峡。请大家移动脚步走到对面来看一下，很奇怪：同一条河道，一桥之隔，那边是丹山碧水，这边却只有干涸的河道。请大家带着这个疑问，等我们下到谷底一探究竟！

正式下山之前，台阶入口处这块巨石向我们直观展示了"沧海桑田"。这是"波痕石"，右上角这个LOGO代表了"世界地质公园"。这些固态的波浪痕迹告诉了我们：14亿年以前这里乃至整个华北地区都是远古的浅海，海水里大量纯净的石英砂慢慢沉淀形成了大量的堆积物，海水波浪侵蚀软层，形成波痕，而这些波痕随着地壳变迁保存了下来。

沿着台阶安全下行，零距离感受这丹崖绝壁。古有"曲径通幽"，今有"曲洞通幽"。我们马上要进入黑龙洞，洞长30余米。这时得配上《桃花源记》："山有小口，仿佛若有光""从口入""初极狭，才通人""复行数十步，豁然开朗"。由于洞内光线昏暗，请大家注意安全依次通行。一出洞口，我们瞬间神清气爽、豁然开朗，要的就是这种感觉，要的就是这种效果。

真正下到谷底了，这里涧水分切山体，从中急流而下。我们抬头向上看，绝壁高耸，两岸对峙，山体相合只留一线天地。一线天中间那座桥，就是我们刚才驻足的地方。

大家的那个疑问还记得不？在这里看得更真切更现实，一边是奔腾的白龙瀑布响声轰隆，日夜奔流不息地流入白龙潭，潭水却不见增长，也不见外流；一边干巴巴的河道没有水，白龙瀑的水哪里去了？原来在白龙潭下有一巨大的暗河，流水由此处潜流而去，在15公里外的修武县五里源乡再次露出为泉，即"中州四大名泉"之一的马坊五泉。这在郦道元的《水经注》中也有记载，谓温盘峪河水："潜流三十里复出"。

解开疑惑之后，我们沿着栈道前行。"山不在高，有仙则名；水不在深，有龙则灵"。红石峡里分布的潭瀑溪流皆以"龙"命名："白龙潭""黑龙潭""青龙潭""黄龙潭""卧龙潭""眠龙潭""醒龙潭""子龙潭""游龙潭"……不只有赤橙红绿，还有行动坐卧走。这些龙潭，构成了中国文化中顶级的"九龙溪"。话说山水之美在于似像非像，加上丰富的想象，你就越看越像了。"逍遥石""相吻石""试心石"，为了美好的爱情，无数小情侣在听闻了传说之后，都带着身边的伴侣站在了"试心石"之下来验"真心"，毕竟"无价宝易得，有心郎难寻"！

随着栈道蜿蜒上行，后半程分布着黄龙瀑、天女散花瀑等，峡谷尽头出现的就是红石峡最后一个瀑布——首龙瀑，到此为止"九龙荟萃"了。

我们在欣赏山水美景的同时，一不小心穿越了"时空隧道"：从4亿年前的石灰岩到14亿年前的紫红色石英砂岩，甚至在白龙潭，地质专家还发现了34亿年前的，目前地球上最古老的岩石——锆石；波痕石、丹崖断墙、龟背石等丰富的地质遗迹，加上潭瀑峡、泉瀑峡，以裂谷构造、水动力作用和地质地貌景观为主的"云台地貌"，配合自然生态和人文景观，一同构成了集美学价值与科学价值于一体的综合性地质公园。2004年2月，云台山被联合国教科文组织评选为"全球首批世界地质公园"；2007年5月，云台山与美国大峡谷国家公园结为姐妹公园；2019年7月，云台山与中国台湾野柳地质公园缔结为姐妹公园。

"世界地质公园之父"、联合国教科文组织地学部主任伊德博士实地考察景区后感叹道："我不得不承认，云台山是一个独一无二、不可比拟的地质公园。它给我的印象是一部乐章，是一首贝多芬的交响乐，是一首最美妙的山水交响乐。"在这里，我们简单介绍下其他几个景点：

潭瀑峡又名叫小寨沟，景区内三步一泉、五步一瀑、十步一潭，一步一景，呈现出千变万化的飞瀑、走泉、彩潭和山石景观，故得雅号"潭瀑川"。

泉瀑峡里有亚洲落差最大的瀑布——云台天瀑，单级落差达314米！

茱萸峰是云台山主峰，也是最高峰，提起它，我们会想到唐代诗人王维的诗："遍插茱萸少一人"。

我们常说，"好山好水好人文"，山水人文总是那么相得益彰。除了王维、张良、孙思邈、孙登，这里还是竹林七贤隐居地；这"醉翁之意不在酒，在乎山水之间也"，"山水之乐，得之心而寓之酒也"，试想下：似醉微醺，衣袂飘飘，御风而行，那感觉——"通透"，今人会说"爽"。

好了，让我们在接下来的行程中，肆意前行，去探索、去发现更大的惊喜！

（供稿、音频：国家金牌导游——河南梁莎莎）

## 项目九　荆州关帝庙

（游览线路：仪门—正殿—结义楼—百年银杏树—春秋书苑—三义殿—陈列馆）

各位游客：

大家好！我们现在参观的是全国四大关庙之一的荆州关帝庙。

荆州关帝庙位于荆州古城的南纪门内。据史料记载：这里曾是蜀汉大将关羽镇守荆州的府邸故基，关羽曾在这里运筹帷幄，总督荆襄九郡诸事十年有余，留下了许多可歌可泣的英雄事迹。关羽死后，到了明洪武二十九年（公元1396年），朱元璋皇帝下令在关羽原府邸故基处修建了荆州城最早、规模最大的关帝庙，由其子关平后裔世袭守护。明万历时重建，清顺治七年（1650年）、雍正十年（1732年）、乾隆年间多次重修并扩建。

关羽为三国蜀汉名将，守荆州时，北伐襄樊、威震华夏，后为东吴俘杀。关羽死后，历代封谥显赫。荆州关帝庙从初建后，规模不断扩大。清雍正十年（1732年），庙内除供奉祭祀关羽外，其曾祖、祖、父也受到百姓的供奉，其子关平、部将周仓及杨仪、马良皆从祀。一时，荆州关帝庙庙宇森严、规模宏伟。遗憾的是，日军侵华期间，庙宇遭到致命一击，殿宇毁失殆尽。现在大家看到的关帝庙是1987年，经国家旅游局及原江陵县人民政府筹资，参考清乾隆县志记载的古关庙建筑布局图样，在原关庙遗址上恢复部分建筑。

整个庙宇仿原关庙风格，殿宇分仪门、正殿、结义楼、陈列馆等。所有建筑一律灰瓦红墙、雕梁画栋、飞檐翘角，气势恢宏、独具魅力。

### 仪门

我们最先看到的这扇门称作仪门，在古代，"衙门"或"官邸"具有"威仪"点缀的正门，称为仪门，是县衙或大型官邸的礼仪之门，同时也是坐轿、骑马的起止点。关帝庙设置仪门，可见关圣帝君的尊崇地位。

步入仪门，上方高悬清乾隆皇帝御赐的"泽安南纪"匾额。乾隆五十三年，皇帝南巡，途经荆州，游览了荆州关帝庙，特赐此御匾，表示：泽国安定，南巡纪念。匾下方是一尊关帝塑像，关帝左手捋须，右手持刀，一身豪气。

现在我们来到正殿前方，大家可以看到左右各有一块石碑。左手碑石正面记录的是关帝庙营建史，背面是一首竹叶诗。请大家一起来看看。这是一首五言绝句："不谢东君意，丹青独立名。莫嫌孤叶淡，终久不凋零。"诗中的每个字都是由几片或几十片竹叶巧妙地组合而成。这首竹叶诗出自关羽的亲笔手书，当年刘备兵败徐州后，关羽为保二位皇嫂安全，以"三事"和曹操约定，一、降汉不降曹；二、要求曹操礼待二位嫂嫂（刘备的妻子）；三、只要知道刘备的下落，不管千里万里，便当辞去。他将诗词藏于画中，既瞒过了多疑的曹操，又向大哥刘备表明了心志。右手的碑石，由于年代久远，字迹已经斑驳陆离，但隐隐约约还能看到些断字残句。

关羽，字云长，河东解良（今山西运城）人，东汉末年名将。早期跟随刘备辗转各地，曾被曹操生擒，于白马坡斩杀袁绍大将颜良，与张飞一同被称为万人敌。赤壁之战后，刘备助东吴周瑜攻打南郡曹仁，关羽在北道阻挡曹操援军，曹仁退走后，关羽被刘备任命为襄阳太守。刘备入益州，关羽留守荆州。建安二十四年（219年），关羽围襄樊，曹操派于禁前来增援，关羽擒获于禁，斩杀庞德，水淹七军，威震华夏，曹操曾想迁都以避其锐。后曹操派徐晃前来增援，东吴吕蒙又偷袭荆州，关羽腹背受敌，兵败被杀。

### 正殿

正殿殿宇高大宏伟，雕梁画栋，庄严肃穆。正殿门上方悬挂着清同治皇帝御赐的匾额"威震华夏"。殿内正中陈列一尊关羽秉烛夜读《春秋》的塑像。这尊塑像是关帝圣君身披战袍的坐姿，像高丈余、身披重铠、长髯飘飘、右手搭膝、左手握书，正在心无旁骛地研读着手中的《春秋》。塑像正上方是清朝雍正皇帝御赐的匾额"乾坤正气"。关帝左右分别是佐将周仓和儿子关平。这尊关帝的塑像,威严中透着几分儒雅,持刀的周仓、捧印的关平则粗犷威猛。

正殿中柱上悬挂一副乾隆御笔挽联,上联:荆州形胜即中原,得之则进取易,失之则退守难,天意苍茫,莫怪公犹立马;下联:壮武大名垂宇庙,生不为曹氏臣,死不为孙家婿,人心维系,遂令我欲登龙。上联歌颂了荆州山川形胜,历来为兵家必争之地;下联赞扬关羽忠肝义胆,名垂青史。

正殿左右的墙壁上绘刻有八幅壁画。分别是"驰援当阳"(故事叙述:长坂坡战役之后,赵云突围,将阿斗交还刘备,刘备摔子以慰赵云。曹操追赶赵云至当阳桥,见张飞立于桥上,惧而退之。张见曹兵退,急令拆桥并回报刘备。刘备责张飞拆桥失计,断定曹必来追赶,速往汉津逃奔。曹操果然从断桥判断张飞心怯,急迫追之。刘备等正在危急时,关羽领兵前来接应。曹见此景,认为是诸葛亮计谋,急忙退兵。关羽保护刘备等到了汉津口,诸葛亮同时赶到,主公四人同去江夏商议联吴破曹);"义释曹操"(故事叙述:"诸葛亮智算华容,关云长义释曹操",是《三国演义》中的重点篇章,也是脍炙人口的一个故事。它讲的是在著名的赤壁大战中,曹操被孙刘联军大败,部队死伤大半,他率领一支几百人的残余部队,几经周折,终于逃出了孙刘联军主力的重重包围和追击,来到了关羽把守的华容道。关羽感念旧日恩情,义释曹操,使曹操最终全身而退,逃回江陵。这个精彩无比的故事充分表现了关羽的重情守义和诸葛亮的神机妙算);"迎亲救主"(故事叙述:刘备借荆州后迟迟不还,鲁肃多次讨要不果。恰刘备甘夫人亡故,周瑜定下美人计,假意将孙权的妹妹孙尚香许配给刘备,骗刘备来东吴招亲,届时再以刘备换回荆州。孔明识破此计,并将计就计,用周瑜的岳父乔国老说动孙权之母吴太后,吴在甘露寺相过刘备,十分满意,真把刘备招为女婿。刘备到东吴后沉迷于温柔乡,不愿回转,赵云用诸葛亮锦囊妙计骗刘备带孙尚香一同回荆州,周瑜派兵追赶,被孙尚香一一斥退。关羽、张飞赶来接应,打败周瑜,刘备安全返回荆州。东吴用周瑜之美人计,不但没有换回荆州,反而是——周郎妙计安天下,赔了夫人又折兵!);"镇守荆州"〔故事叙述:211年(建安十六年)12月,刘备率数万将士溯江西上,向益州进军,留诸葛亮、关羽、张飞等镇守荆州。关羽受命总督荆州,全权负责荆州军政事务。在刘备西进四川期间,关羽在荆州担负着北拒曹军、东防孙权的军事重任,同时还兼有治理和稳固荆州、为刘备西进提供后勤保障的使命。关羽在荆州兢兢业业、恪尽职守地经营,为刘备西进战略成功实施做出了巨大贡献。在此期间,关羽重修了江陵城〕;"单刀赴会"〔故事叙述:215年,刘备取益州,孙权令诸葛瑾找刘备索要荆州。刘备不答应,孙权极为恼恨,便派吕蒙率军取长沙、零陵、桂阳三郡。长沙、桂阳蜀将当即投降。刘备得知后,亲自从成都赶到公安(今湖北公安),派大将关羽争夺三郡。孙权也随即进驻陆口,派鲁肃屯兵益阳,抵挡关羽。双方剑拔弩张,孙刘联盟面临破裂,在这紧要关头,鲁肃为了维护孙刘联盟,不给曹操可乘之机,决定当面和关羽商谈。"肃邀羽相见,各驻兵马百步上,但诸将军单刀俱会"。双方经过会谈，缓和了紧张局势。随后，孙权与刘备商定平分荆州，"割湘水为界，于是罢军"，孙刘联盟因此能继续维持］；"水淹七军"［故事叙述：建安二十四年（219年）7月，关羽率兵攻取樊城。曹操遣于禁、庞德救援。庞德预制棺木，誓与关羽死战。适逢天降大雨，襄水暴涨，俊髦想出了水淹七军的妙计，放水淹没了于禁、张辽、张郃、朱灵、李典、路招、冯楷七军，以及庞德和曹仁。关羽乘坐战船生擒于禁、庞德二人，取得完胜！并且威震华夏！］；"刮骨疗毒"（故事叙述：关羽攻打樊城时，被毒箭射中右臂。将士们取出箭头一看，毒已渗入骨头，劝关羽回荆州治疗。关羽决心攻下樊城，不肯退。将士们见关羽箭伤逐渐加重，便派人四处打听名医。一天，有人从江上驾小舟来到寨前，自报姓华名佗，特来给关羽疗伤。关羽问华佗怎样治法，华佗说："我怕你害怕，立一柱子，柱子上吊一环，把你的胳膊套入环中，用绳子捆紧，再盖住你的眼睛，给你开刀治疗。"关羽笑着说："不用捆。"然后吩咐宴请华佗。关羽喝了几杯酒就与人下棋，同时把右臂伸给华佗，并说："随你治吧，我不害怕。"华佗切开皮肉，用刀刮骨。在场的人吓得用手捂着眼。再看关羽，一边喝酒，一边下棋。过了一会儿，血流了一盆，骨上的毒刮完，关羽笑着站起来对众将说："我的胳膊伸弯自如，好像从前一样。华佗先生，你真是神医呀！"华佗说："我行医以来，从没见过像你这样了不起的人，将军乃神人也。"）；"父子忠魂"（故事叙述：当年东吴趁关羽攻樊城时，突然背弃吴蜀同盟，偷袭荆州，关羽长子关平与其父一同被擒，最后被斩于临沮县，时年42岁。关平的形象在后世由于民间对关羽的崇拜而渐渐丰满起来，很多地方的关帝庙在供奉关羽的同时也供奉关平、周仓两员大将）。以上八幅壁画再现了关羽忠、义、仁、勇的高大形象和荆州人民对他的景仰之情。

### 关羽石雕像

走出正殿，我们来到中院。面前的甬道上，有一尊威严的关帝石雕像。基座约1米高，上书"神威远镇"。灰褐色的塑像，与仪门内的那尊一样，也是左手捋须、右手持刀，不过，这尊塑像比例更加协调，形象更加生动。这尊石雕像来历不凡，它是由当阳关陵、洛阳关林陵以及解州关帝庙正殿灵灰混合制成，喻有"关圣帝君身首魂合一"之意。

### 古银杏

塑像两边分别种有两株古银杏，相传为明洪武二十九年（1396年）建庙时所植，算来已近620年了。

关羽生前的爵位是级别最低的亭侯，去世后，却步步高升，逐渐被神化，被民间尊为"关公"。各朝皇帝都将关羽视为忠义的化身，并将他树立成忠君爱国的典范，使其"侯而王，王而帝，帝而圣，圣而天"。宋朝他被追封为王，明朝又晋升帝位，清乾隆三十三年（1768年），关羽被赐封号"忠义神武灵佑关圣大帝"10个字。此后一百多年间，历代皇帝屡次加封，光绪五年最后一次加封时，他的封号有26个字之多："忠义神武灵佑仁勇显威护国保民精诚绥靖栩赞宣德关圣大帝"，他成为与孔子平起平坐的武圣人。到了民国他是儒释道三教、人鬼神三界共同尊奉的关圣大帝……

关羽在社会各阶层都深受爱戴，在佛教和道教里身居高位，也是传播儒家仁义礼智信的最佳榜样。从清朝中期开始，历任皇帝都对关帝推崇备至。据清末时统计，全国记录在册的关帝庙不下几万座，远远多于孔庙的数量，而他对普通民众的影响更是超过了孔子。一时间"关公庙貌遍天下，九州无处不焚香"。农人祈求风调雨顺，商贾祈求财运亨通，百工祈求从业兴旺，官员祈求升迁发达，军人祈求旗开得胜，帝王祈求江山永固。历经一千八百多年，时光流转，改朝换代，尊卑起伏，关羽最终被人们塑造成至神至圣、万世人极的神祇。民间所供奉的"关公"又被台湾信徒称为"恩主"，即救世主的意思。在东南亚地区，日本、新加坡、马来西亚以及菲律宾等国家，甚至美国、英国的华人区域，关公的信仰也都相当盛行，华侨在国外从商者很多，因此对于作为武财神的关公也多加崇祀。

**三义殿**

现在，我们眼前这座正首高台式殿宇是三义殿，又称结义楼。里面陈列着刘备、关羽、张飞桃园结义塑像及《长坂雄风》《三顾茅庐》《借荆州》三幅故事壁画图。三人桃园三结义后，先后投靠公孙瓒、曹操、袁绍，可是都没能建立什么功勋，直到三顾茅庐请到诸葛亮出山，才真正地踏上霸业的征途。诸葛亮给刘备的第一个建议就是"先取荆州立足，得荆州者便可得天下"。可这时荆州在刘表手上，得之不易。之后刘表病殁，曹操夺得荆州。刘备只得败逃江陵，在长坂坡损失惨重，幸亏得到关羽、张飞保护才冲出重围。接下来，孙刘联盟，共同抗曹。210年，刘备终于用一张无期借据，名正言顺地借得荆州，攻下西川，建立蜀国，形成三足鼎立之势。

时至今日，随着海峡两岸交流的日渐频繁、中国和海外交流的日益增多，越来越多的台、港、澳和海外侨胞以及外国朋友来荆州朝拜关公，进香还愿，给关公文化赋予了新的时代内涵。诚然，关羽形象不仅仅是中国文化的一个独特部分，更是联结海峡两岸和海外华侨华人的一条精神纽带。

世界关氏宗亲总会执行主席关健中说过：关公在世界华人中的影响之大，可能不是我们所能想象得到的。在国外，关公是各行各业华人供奉的"武财神"，传说他能保佑开财运、免厄运、一生平安。关公在他们心目中，是福佑一生平安的神灵。

关健中说，关公的"忠义仁勇"精神，其实是我们华夏五千年文明的精华，是中华民族能立于世界之林的砥柱，是我们华人的"精魂"。

各位朋友，对荆州关帝庙的讲解到这里就结束了，有兴趣的朋友可以自行参观，非常感谢大家的配合与支持。欢迎大家对我们的服务提出宝贵意见，最后祝大家健康幸福！一路平安！

（供稿、音频：国家金牌导游——湖北王舒）

# 项目十　南京梅花山

亲爱的游客朋友们，欢迎来到南京梅花山，在这冬春的岁寒交替之季，让我带您观梅赏梅，一起畅游梅园！

"春为一岁首，梅占百花魁。"梅花作为梅兰竹菊四君子之首，从古至今都深受人们的喜爱。踏青赏梅是中国的传统习俗，在我国诸多的赏梅胜地中，如上海的淀山、广州的罗岗、杭州的灵山、南京的梅花山、苏州的邓尉山、无锡的梅园，无论是植梅的历史、规模、数量、品种，还是其丰富的自然与文化积淀，都是世界一流的。

中国是梅花的故乡。梅花原是野生植物，在西汉时开始被人工栽培；魏晋南北朝时期，以梅花装点园林成为当时的时尚，从此赏梅的风俗历代相沿。梅花属蔷薇科，分为十一个品种群，如著名的江梅、宫粉、绿萼、朱砂等。梅花花瓣为五瓣，正好寓意幸运、快乐、顺利、长寿、和平。因此梅花又称"五福花"。所以今天大家来赏梅，吉祥的梅花一定会给大家带来好运的。下面就让我们抓紧时间，赶快去欣赏这些高洁、秀雅、凌霜傲雪的梅花吧。

各位游客，我们现在在梅花山较高处，这里是俯瞰梅花山的最佳地点，大家请看：远山如黛、花海如潮、云蒸霞蔚、微风拂面、暗香浮动，真是让人神清气爽。可以说这里就是梅花的海洋、梅花的世界，让人如入仙境，请让我们走近梅花近距离欣赏吧。

大家请看，我们眼前的是"早白梅"，它是山上开花最早的梅花。我们也把它称为"消息树"，梅花的花情预报员。那么为什么我们要对梅花的开花时间如此关注呢？古人认为探梅赏梅须及时。过早，含苞未放；迟了则落英缤纷。一般古人讲究"花是将开未开好"，即以梅花含苞欲放之时为佳，故名"探梅"。所以就让我们大家今天做一回梅花的探班吧。

梅花以花香著称，宋代王安石的《梅花》诗中就有赞美："墙角数枝梅，凌寒独自开。遥知不是雪，为有暗香来"。让人如临其境，如沐芬芳。我们现在看到的这株黄香梅，就是梅花中最香的品种。黄香梅的特点是花瓣微黄色，香味幽远清雅。在宋代《梅谱》和明代《群芳谱》里都有过记载。目前此品种非常稀有，全国仅此处有"黄香梅"。请大家深深地吸口气，来感受一下梅花的芬芳吧。奇怪，大家为何没有闻到花香呢？其实啊，是因为梅花香味，我国历代文人墨客称之为暗香。"着意寻香不肯香，香在无寻处"，形容的就是这种让人难以捕捉，却又时常沁人肺腑、催人欲醉的梅香。此时此刻，我们徜徉在花丛之中，等微风阵阵掠过，就能闻到别具神韵、清逸幽雅的梅花香味了。那时你会犹如浸身香海，通体蕴香。

看到梅，我就联想到北宋诗人林和靖的典故，他隐居杭州孤山，一生不娶，以梅为妻，以鹤为子，人称"梅妻鹤子"。他的诗《山园小梅》中的名句"疏影横斜水清浅，暗香浮动月黄昏"就是对梅花最传神的写照，被推为咏梅诗中的千古绝唱。

让我们继续向前参观，大家请看这株梅花很特别，与众不同，她是杏梅中的"杨贵妃"，自古赏梅多赏梅之"斜、疏、瘦"。清代龚自珍在《病梅馆记》中写道："梅以曲为美，直则无姿；以欹为美，正则无景；以疏为美，密则无态。"人们观赏梅韵的标准，以贵稀不贵密、贵老不贵嫩、贵瘦不贵肥、贵含不贵开，谓之"梅韵四贵"。而"杨贵妃"枝干粗壮直伸、花朵肥硕、花瓣妩媚妖娆，整个颠覆了以往我们的赏梅标准，展示了梅花华贵、阳刚、向上的健康美。

大家都知道，梅花还被我国古代文人称为"岁寒三友"。现在我们眼前就是园林专家用写意手法，在此打造的"岁寒三友"景观。"岁寒三友"，是指松、竹、梅三种气质独特的植物。长青的松树、挺拔的翠竹和凌霜傲雪的冬梅，它们都有着不畏严寒的高洁风格，历来被中国古今文人所敬慕。据说"岁寒三友"的由来是这样的：北宋时期苏轼遭迫害，被贬到湖北黄州，一年冬天，黄州知州看望他，问他是否寂寞？苏轼手指窗外大笑："风泉两部乐，松竹三益友。"意思是：风声和泉声就是两部乐章，松柏、竹子和梅花，就是可伴寒冬的三位益友。"岁寒三友"从此相传。

中国人特别喜欢梅花，台湾著名歌星邓丽君就曾唱过一首歌"梅花梅花满天下，愈冷愈开花。梅花坚韧像中华，冰雪风雨她不怕，她是我的花"。由此可见，台湾同胞也特别喜欢梅花。

尊敬的贵宾们，今天我们的梅花之旅既是一种对自然美的享受，也是在对中华"梅文化"的深度体验，梅花凌霜傲雪的品格和她美丽的芬芳一定给大家留下了深深的印象。时光总是很快，我的讲解就要结束了，借用诗人席慕蓉的一句诗来表达我此刻的惜别之情："长长的一生里，为什么？欢乐总是乍现就凋落？走得最急的，都是最美的时光。"是的，我们相处虽然短暂，但共同沐浴在梅花的世界里，却充满了欢乐和美好，祝您南京之行愉快！

（供稿：国家金牌导游——南京张继峰；音频：国家金牌导游——四川王忠）

## 项目十一　日照海滨国家森林公园

各位游客大家好：

欢迎大家来到魅力太阳城日照，今天我们要去参观游览的景区是日照海滨国家森林公园。它是1992年经原国家林业部批准，在日照市国有大沙洼林场的基础上设立的全国首批国家森林公园之一，我们也习惯地称之为"大沙洼"，现为国家4A级旅游景区。（"大沙洼"的缘由：早在20世纪60年代，这里曾是一片地势低洼的沿海荒滩，当时流传着这样一句话，大沙洼有三宝："飞沙、海雾和小咬"，特指这里的荒滩是不毛之地，春冬季节一旦有风，沙就随风而动，风吹沙压、庄稼难收；春季禾苗发出嫩芽，一遇到海雾就萎蔫了；小咬是由于地势低洼，形成了积水小沟，产生了一种形如跳蚤的咬人小虫。实为"三害"，当地村民、农田深受其害。自1960年开始，日照党政军民连续多年在这片海滩上大搞植树造林，以黑松为主建设万亩人工海防林带，固住了海沙，挡住了海雾，保护了几万亩农田的高产稳产，发挥了巨大的社会效益和生态效益，就连小咬也少了。后来林场通过发挥其林海资源优势"变害为宝"，发展成为国家4A级旅游景区，"大沙洼"由此而得名。）

日照海滨国家森林公园依山傍海，林海相映，位于日照新市区以北15公里处，地理优越，交通便捷。总面积788公顷（约11830亩），森林覆盖率78%，树种以黑松、水杉等为主，知名动植物200余种。俗话说，"烟台看仙、威海看岛、青岛看城、日照看滩"，那么在日照最好的沙滩就数日照海滨国家森林公园了！

在景区长达7公里的黄金海岸线上，拥有全国一流的天然海滨浴场和"世界少有"的金沙滩。因为这里滩平宽阔、沙质细润、海水洁净、空气清新，潮间带平均宽度380米，国内少见，尤其适合老人和小孩游泳、玩耍，是进行沙滩浴、海水浴、阳光浴、森林浴的最理想地点。诺贝尔奖获得者、著名的高能物理学家丁肇中先生称赞它为"夏威夷所不及"，当地老百姓都认为"此沙卷着煎饼都不会硌牙"，可见此沙有多细。

目前，森林公园主要分为森林旅游区、海滨娱乐区、疗养度假区和太公文化区4个功能区，主要包括海滨浴场、姜太公文化园、水下鲨鱼馆、动物园、森林浴场等旅游景点。开展了多人骑自行车、游览观光车、沙滩车、空中飞人等游乐项目。现有近30家独具特色的海滨度假酒店，可同时容纳3000余人食宿。

这里的蓝天、碧海、绿树、金沙滩，共同构成了一幅浪漫醉人的海滨风景画，现已成为人们休闲旅游、避暑度假和开展海上运动的理想胜地。各位朋友，日照海滨国家森林公园的最佳旅游季节是每年的5月至10月，其中游泳的最佳季节是7、8月（如果安排游客游泳，请告知一定要注意安全，强调海水浴场游泳须知，确保旅游安全）。根据行程具体安排，分区介绍各旅游功能区。

## 一、森林旅游区

现在我们走进的就是森林旅游区。每逢春暖花开，绿树浓荫，百花溢香，蝶飞蜂舞，景色迷人。畅游林中，近树挺健，远树含烟，清风吹拂，松涛远扬，海啸入耳，更兼百鸟合鸣，松鼠欢舞。花开时节，青翠欲滴，树下绿草与棕色的树干相映成趣，草丛与路间时有红蟹爬过，向游人一展其独特的魅力。金秋红叶，朝花夕拾。冬飘瑞雪，银树素裹，一派醉人风景。万亩森林构成的"森林浴场"，形成了林区宜人的小气候，区内空气清新，负氧离子充足，是您避暑疗养、休闲度假、调心养性的绝好去处。

### （一）森林浴场（水杉林区）

现在我们所在的位置是森林浴场——水杉林区，我们现在所看到的是山东省内面积最大的成片水杉防护林。大家可以看到，这水杉树干通直，树形雄伟，在植物界水杉有美男子的称谓，不仅如此，水杉还有着传奇的身世。一亿年前，地球上植物分布广泛，生长非常旺盛。在那一时期，水杉广泛分布于北半球。随着时间的推移，第四纪冰川时代降临，地球上的生物大批灭绝，生长旺盛的植物几乎被全部摧毁，水杉树从此也销声匿迹。直到1943年，水杉树种在国内重新被发现，当时在植物界引起轰动，从第四纪冰川时代幸存至今，这不能不算是一个奇迹。因此,水杉被称为"植物活化石"。我们这片水杉林结构整齐,布局合理,林内有充足的新鲜空气和负氧离子,漫步其中就像沐浴在清新的空气中,对身体大有益处,所以得名"森林浴场"。大家可以深深地吸口气,体会一下森林浴场中的草木清香。有兴趣的朋友还可以约三五好友骑上多人骑自行车,畅游林间,在"森林浴场"中尽情地做一回高质量的有氧运动。

(二)黑松沿海防护林区

我们现在进入的这片林区,是沿海防护林区,面积约1万亩,南北长约6公里,呈狭长型。50多年前,我们所在的地方还是一片荒滩。每当海风袭来时,漫天飞沙,严重影响了周围居民的生活和生产。为了阻挡风沙,改善环境,政府决定建设这片防护林。之后,党政军民齐心协力,克服重重困难,在这片荒滩上建成了万亩的海防林带。

各位游客请看,沿海防护林中占大多数的树种叫黑松。在植物界,黑松的相貌算不上漂亮。当年造林为什么选择黑松呢?究其原因,主要是这里紧邻海边,海风、海雾大,而黑松有耐海雾、抗海风的特性,所以作为一种先锋树种,黑松耐住了贫瘠的盐碱地顽强地生存了下来。现在这片黑松林已经50多岁了。

我们日照市的市鸟叫灰喜鹊,最早在20世纪80年代,林业专家和林场工人们在这里人工驯养生物治虫而出名。黑松有一种常见害虫叫松毛虫,为了防治松毛虫,工人们驯养了大批灰喜鹊"以鸟治虫"进行生物防治,取得了良好的防治效果。后来这种生物防治方法被作为典型在全国推广,并被拍成《灰喜鹊》和《巧借天兵》等多部电影,传播到国内外。现在,灰喜鹊已经自然地分布在林间。运气好时,在落日余晖洒向大地之时,成群结队的灰喜鹊、喜鹊、伯劳、布谷鸟等鸟儿从云间飞过,红日、白云、蓝天、飞鸟奏响一曲和谐的音符,天上美景,人间再现。

(三)大沙洼林场建场五十周年纪念雕塑

我们现在看到的雕塑——"大沙洼林场50年场庆纪念雕塑",制作材料为莱州玉大理石,高6.21米,坐落在樱花路与白杨路交界处转盘内。日照海滨国家森林公园是在日照市国有大沙洼林场的基础上建立的,自1960年建场到2010年,大沙洼林场已经风风雨雨走过了50年。此雕塑就是为纪念大沙洼林场建场50周年而建,同时雕塑周围的小广场又是一处赏心悦目的休闲场所。

二、海滨娱乐区

(一)公园海水浴场

各位游客朋友,现在我们来到了海滨娱乐区。公园的蓝天、碧海、绿树、金沙滩构成了一道最亮丽、迷人的海滨风景。

我们现在站在两千米长的沿海防护大堤上,面向大海,看到的是森林公园海水浴场,浴场水质优良,空气质量一级,有关专家来日照海滨国家森林公园考察时曾发感慨:这里是中国仅存未被污染的黄金海岸。这里的海水浴场有两个特点:其一为沙细,各位游客可以到沙滩上感受一下，这里的沙粒极其细小，赤脚漫步倍感舒适。抓一把干沙让它从指缝中慢慢滑落，你会发现这里的沙子是制作沙漏的好材料。祖籍日照的诺贝尔奖获得者、著名高能物理学家丁肇中先生来公园参观时，称这里的沙滩夏威夷所不及。其二为滩平浪缓：浴场的沙滩宽阔平缓，沙滩落差非常小，所以说安全系数高。专家分析，洗海澡可以强身健体，特别是对孩子的生长发育有良好的促进作用。另外在对预防皮肤病、关节炎以及延缓衰老等方面也有很好的疗效。如此说来，您还犹豫什么，在这炎炎的夏日里，赶快约上你的同伴，投入大海的怀抱，享受一下大自然的恩赐吧！

祝游客朋友们在这里玩得开心愉快，如果游泳的话，请大家务必要注意安全，遵守海水浴场须知，尤其要注意防止呛水。

（二）海滨游乐设施

1. 沙滩车

沙滩车是沙滩上的一个娱乐项目，你可以在工作人员的指导下，亲自在沙滩上驰骋。它操作简单便捷，游客朋友们可以尝试、感受一下沙上飞车的刺激，为了保证您的安全，请在划定的区域内行驶。

2. 动力三角翼

现在游客朋友们看到的小飞机学名叫"动力三角翼"，它是根据滑翔机的原理，由德国专业厂家设计生产，并配有专业飞行员。如果感兴趣的话，大家可以坐在副驾驶的位置上，戴好头盔，系好安全带，随着发动机的轰鸣，在蓝天、白云之间欣赏一下森林公园的全景！

### 三、疗养度假区

各位游客朋友，现在我们看到的是公园的疗养度假区。在景区内，有各式宾馆酒店综合服务场所，现有近30家独具特色的海滨度假酒店，可同时容纳3000余人食宿。疗养度假区紧靠海边，不少宾馆都设有海景房，在房间里就可以看到大海，尽情领略海边的风情。

### 四、太公文化区

魅力日照不仅风光秀丽，特产丰富，而且人杰地灵，英才辈出。西周初年著名的政治家、军事家、谋略家姜子牙就出生于日照市。他也就是我们常说的一代武圣姜太公。现在，我们就到姜太公文化园，去感受一下他的文化的博大精深！

太公姓姜或吕氏，名尚、望，字子牙，号飞熊，是周朝的开国元勋，齐国和齐文化的创始人，周文王、武王、成王、康王四代太师，商周时期著名的政治家、军事家和谋略家，被誉为"兵家鼻祖""百家宗师"。炎帝神农氏的51世孙，伯夷的36世孙。公元前1211年（殷朝庚丁八年己酉年八月初三日）生于日照市，活了139岁，公元前1072年（周康王六年）在当时周朝的京都镐京去世。陵冢位于今陕西咸阳周陵乡，距离文王陵一公里；衣冠冢，在今天山东淄博临淄。

各位游客朋友，这里便是姜太公文化园了。望桥：望桥是以姜太公的名字命名的，望，是"太公望"的简称。姜太公又号"太公望"。为什么姜太公又号"太公望"呢？这里就有一个小故事，当年姜太公到了陕西省的终南山，经常到渭河钓鱼，因为他的鱼钩是直的，所以三年过去了连一条鱼也没有钓到。可是奇怪的是：后来他不但钓到一条大鱼，而且还在鱼肚子里发现了一本兵书。有一回，周文王到渭河一带去打猎，遇见了80多岁的姜太公坐在河边钓鱼。经过一番交谈，发现他就是周朝从太公亶父起就一直盼望着的武能安邦、文能治国的贤才。于是周文王高兴地说："吾太公望子久矣！"所以姜太公又号"太公望"，俗称姜太公。我们这座望桥便是因此而得名。"望"寄托着美好的愿望与希望，走过望桥，大家必定心想事成。

太公塑像：游客朋友们，前面这座雕像便是太公塑像，雕像高3.5米，底座高72厘米，花岗岩砌筑，象征姜子牙历经72年磨炼，从而为其掌军执政、创建宏伟基业奠定了基础。太公座下的这块石头，有"时来运转"之意（摸摸太公石，天天好运气）。

太公坐像背后的四根功德柱，每柱刻商周时期流行的鸟纹和兽纹各六组，四六二十四，代表姜太公的二十四个护卫队。两柱中间的石屏风，东面这块是"姜太公钓鱼"。当年姜太公为寻访明主，来到渭水之滨，钩悬三尺，直钩垂钓，等待文王。后人有诗赞颂姜太公钓鱼："宁在直中取，不在曲中求；不为金鳞设，只钓王与侯。"西面这块是"牧野大战"，主要展现西周将士在伐纣战争中，陈兵牧野，一战而胜，推翻了商王朝的统治。中间这块是"歌舞升平"，主要反映齐国在姜太公的治理下，经济发达、社会稳定、人民安居乐业的生活场景。

姜太公纪念馆：游客朋友们，前面这座宏伟壮观的古建筑就是姜太公纪念馆了，它是整个太公园的灵魂工程。在纪念馆的建设过程中，还发生了一件非常有趣的事情。当时，规划纪念馆的朝向是坐北向南的，但后来中国道教协会的研究专家来考察后说：这个地方，远看有高山，近看有森林，前面是辽阔的大海，大殿的朝向应该向东，不仅风水极好，而且极有意义，因为姜太公的事业是从内陆向沿海拓展的，并且十分成功。从民间角度讲，靠山吃山，靠海吃海。纪念馆建在大海之边，应当福佑出海闯业之人平安康健、财源广进。所以，现在大家看到的姜太公纪念馆就坐西向东，而不是向南了。

直取桥：姜太公渭水钓鱼待文王，钩悬三尺，直钩以钓。后人有诗赞曰："宁在直中取，不在曲中求"，所以取此桥名为"直取桥"。

各位游客朋友，难忘的日照海滨森林公园之旅就要结束了，在享受了大自然赐予我们的美丽景色的同时，也使我们的身心得到了放松，融入了自然；在享受了林海文化给我们震撼的同时，也使我们陶冶了情操，融入了历史。最后，真诚欢迎各位朋友再来日照海滨国家森林公园旅游观光、休闲度假！

（供稿：国家金牌导游——山东李淑花；音频：国家金牌导游——四川王荣）

# 项目十二　重庆市人民大礼堂

尊敬的各位领导，各位来宾：

大家好，我是讲解员×××。欢迎参观国家4A级旅游景区——重庆市人民大礼堂。任何一座城市都有自己的标志，每个标志性建筑都是一座城市历史的缩影，见证着城市的历史变迁。正前方大家看到的就是重庆的标志性建筑物——被誉为"20世纪新中国十大建筑物之一"的重庆市人民大礼堂。

1987年，一部由英国皇家建筑师学会和伦敦大学著名专家教授共同主编增订出版的经典著作《比较建筑史》问世，它首次向世界介绍了中华人民共和国成立后国内的43项著名建筑，其中重庆市人民大礼堂排名第二。能够获得如此殊荣，在重庆的建筑中是独一无二的。那么它到底有什么独特之处？今天，就让我们一起走进它的前世今生。

首先映入我们眼帘的是一座古香古色、气宇不凡的牌坊。上书8个金光灿灿的大字"重庆市人民大礼堂"。牌坊四列三跨，具有典型的明、清建筑风格。我们现在的牌坊是混凝土结构的，这主要是因为我们的牌坊曾经历了2次火灾，在大火下涅槃的牌坊采用钢筋混凝土结构的仿木建筑形式，飞檐翘角，古朴典雅。

穿过牌坊，宏伟的人民大礼堂就在我们眼前了。我们继续往前方走，能看到最为真实质朴的重庆人的生活。重庆人民广场是1997年6月与重庆直辖市同时诞生的，面积约4.2万平方米。广场用花岗石铺就，带音乐喷泉，广场上芳草如茵，四季鲜花盛开。入夜，流光溢彩的人民广场，几千群众随着音乐喷泉翩翩起舞的欢乐场面，则是另一道独特而亮丽的风景线。人民广场是重庆市的市政、文化、休闲广场，与大礼堂融为一体。重庆人民广场于1997年重庆直辖时建成，市委市府顺应民心，做出"拆除人民大礼堂围墙，建设人民广场"的重大决定，当时由企业和市民自发组织捐款，仅用一百天建成，是名副其实的"人民广场"。

在市树黄桷树的绿荫里，隐藏着不起眼的小茶馆，每天都充满了故事。清晨，戴着红领巾的小朋友们会站在广场上升旗；炎热的午后，许多年迈的老人在这里一碗茶，一个故事，就可以坐上一整天；傍晚的时候，当您从广场走过，还会听到老年合唱团的排练声；夜幕降临，宽敞的广场上，随处可见孩童们嬉戏。新时代和旧时代在这里不断交融，奏出时代的新篇章。

接下来我们一起踏上128级台阶，一起近观大礼堂。我国古代建筑结构由于受到木材长度、粗细、易燃等局限，单体建筑体不能像希腊式、哥特式建筑那样宏大。而人民大礼堂巧妙地依靠重庆独特的地势，整体建筑依山势而建，台阶分为三层，由下至上，多级宽阔坚实的台基和石阶作为烘托，使重庆市人民大礼堂显得更加的神圣、宏伟、充满立体美感。

台阶两侧的白玉兰灯柱宛如整齐的仪仗队在恭候您的到来。白玉兰是春天的象征，聪明的设计者在这里则用它代表着中华人民共和国成立后的重庆人民也迎来了属于自己的春天。

站在平台前，您是否有一种似曾相识的感觉呢？礼堂主体部分的圆形建筑好似北京天坛的"祈年殿",门楼则像极了天安门城楼。北京的天坛是皇帝向天祈求风调雨顺的地方,那人民大礼堂正中仿天坛设计也自然含有国泰民安的吉祥之意了。大家请看,大礼堂正上方绿色琉璃瓦大屋顶和飞檐的造型全靠斗拱结合柱、梁、檐而形成。同时,这也是力学和结构学的完美境界,由于斗拱的托、飞、拱、伸的作用,使整个建筑显得庄严华丽、摇曳多姿。斗拱使屋檐飞翘起来,这样,大屋顶既能防雨,又不会挡住光线,也使礼堂更加明亮。过去,类似宫殿式的建筑均为皇家专用建筑。如今,每年的市人民代表大会都在这里举行,普通劳动人民不再需要等级森严地出入这殿堂式的建筑,也体现出了共产党领导下的劳动人民当家做主的设计理念。中华人民共和国成立初期的重庆,是我国西南行政区党政领导机关所在地,当时虽是西南地区的政治经济文化中心,但是没有一座稍微像样可供接待内外宾客下榻的招待所。在西南军政委员会主要领导人刘伯承、邓小平、贺龙等主持下,于1951年果断地做出决定,立即筹建一座能容纳数千人集会的大礼堂和附建一个招待所。

大礼堂整座建筑由中心礼堂和南、北、东楼四大部分组成。占地总面积为6.6万平方米,其中礼堂占地1.85万平方米。大礼堂1951年6月动工,1954年4月落成,占地面积2.5万平方米,大家仔细看,大礼堂采用了明清时期的建筑特色,其主要特点就是采用中轴线对称的传统办法,配以柱廊式的双翼,并以塔楼收尾,立面比例匀称。这类建筑华丽、庄严,虽不完全实用,但它给人一种精神上的凝聚力和威慑力,是建筑结构中最高等级的代表,是继北京和沈阳故宫后的精美奇巧的东方建筑。那现在就让我们揭开它神秘的面纱。

现在我们进入了大礼堂,站在台阶前,大家有没有感到阵阵凉风拂面呢?"好一个重庆城,山高路不平",从我们刚才走过的台阶上就可以感受到重庆的爬坡上坎。当大家走进大礼堂的时候,由于地形的落差,造成压强的不同,大家会感受到来自大礼堂的馈赠"高低压风",在天气晴好的时候,风就会往外吹;下雨天的时候,风就会往里吹,十分有趣。我们现在踏上的台阶,是保留修建时候的水磨石台阶,它悠悠诉说着历史的沧桑。两侧的扶梯是为2002年亚洲议会和平协会会议方便上下新增修建的。随梯而上,整个大礼堂内观尽收眼底,礼堂建筑通高65米,大厅净空高55米,圆形大厅四周环绕五层挑楼,可容纳3388人。仰望圆穹厅顶,集人视线于一点,令人心旷神怡,遐想联翩。舞台两侧云柱高耸,舞台上方彩凤飞舞,莲花吐艳。这座半圆形的球壳顶架,内径跨度达46.33米,是钢架双层结构,厚1.82米,由36片网架4万多颗铆钉连成,支撑在混凝土柱上,交叉连接,最后收顶。最精妙之处在于总重量280吨的钢架穹顶,能随着温度的变化热胀冷缩,在支点上向内外各移动44毫米。钢架、木质结构浑然一体,巧夺天工,令人叹为观止。1997年重庆直辖后,延伸了舞台,现在整个舞台宽23.2米,高14.36米。2006年落架大修时,在礼堂座位下方加上空调出风口,确保大家可以在大礼堂感受到阵阵清凉。

接下来,让我们步入大厅底层南侧环廊,缓步前行,一起了解大礼堂的前尘往事。

(供稿:国家金牌导游——重庆童思斯;音频:国家金牌导游——四川王荣)

# 参考文献

[1] 全国导游资格考试统编教材专家编写组．导游业务［M］．北京：中国旅游出版社，2020．

[2] 王喜华．模拟导游实训教程［M］．厦门：厦门大学出版社，2012．

[3] 张晓娟，程伟．导游服务实训教程［M］．北京：机械工业出版社，2008．

[4] 杨阿莉．旅游资源学［M］．北京：北京大学出版社，2018．

[5] 于德珍．旅游美学［M］．天津：南开大学出版社，2015．

[6] 叶娅丽．导游业务［M］．上海：上海交通大学出版社，2011．

[7] 邵小慧，刘雨涛，杜长淳．导游服务实训［M］．北京：北京师范大学出版社，2012．

[8] 曾艳，濮元生．模拟导游实训教程［M］．北京：中国轻工业出版社，2019．

[9] 王雪霏，朱华．导游业务［M］．北京：北京理工大学出版社，2016．

[10] 朱斌，刘英．导游实务［M］．北京：北京大学出版社，2013．

[11] 朱立元．美学大辞典［M］．上海：上海辞书出版社，2014．

[12] 重庆市旅游局．导游业务［M］．北京：中国旅游出版社，2011．

[13] 蒋小兮．中国古代建筑美学话语中的审美逻辑心理与理性文化传统［A］．湖北社会科学．2004（11）：115．

[14] 王宁．如何提升大型会议活动接待和服务水平［J］．青年科学，2014（8）：3．

[15] 任静．浅析老年旅游团队需求特征及带团技巧［J］．山东工业技术，2015（22）：226．

[16] 今日教育视点、研学旅行的课程性质与课程理念，你了解多少？［EB/OL］．（2019-08-22）［2021-02-18］.https://baijiahao.baidu.com/s?id=1642560424176102790&wfr=spider&for=pc.

[17] 安徽九华山成功接待600人超大型团队［EB/OL］．（2018-07-04）［2021-02-18］.http://ah.ifeng.com/a/20180704/6701012_0.shtml.

[18] 中国史上最大旅行团惊动法国外交部［EB/OL］．（2015-05-11）［2021-02-18］.https://news.mydrivers.com/1/426/426707.htm.

[19] 华声在线．武陵源核心景区迎新年首个4000人大型旅游团［EB/OL］．（2019-02-26）［2021-02-18］.https://baijiahao.baidu.com/s?id=1626527718686165125&wfr=spider&for=pc.

# 后 记

2020年，为了这本教材的顺利出炉，我们编写团队付出了许多心血，因为各自忙于岗位工作，大家都将这一年的时间掰成了花瓣在使用。在编写组的共同努力下，顺利完成了本教材的编写工作。此时，我们长舒了一口气，但也心生忐忑，如果这本教材被大家喜爱并采用，这既是我们的荣幸，更是一份无限沉重的责任。感谢各位旅游同人的厚爱，让我们编写团队可以带着十足的热情来编写创作，同时，感谢北京理工大学出版社的领导和编辑，他们持续关注我们的创作工作，感谢他们为这本教材的顺利出版与发行付出的努力。

在编写过程中，我们尽量考虑行业的时代发展，希望本教材能带给师生耳目一新的感觉，也希望学生在学习时，可以真切感受到书中每个文字的描述和我们编写团队创作时的心情，去体会导游工作的美妙与快乐。

这一年，国内国际旅游业都经历了困难，但大家都在努力坚守，都在期待春暖花开时；这一年，很多行业专家也在思考行业的升级与赋能，希望这本教材的出现，可以对赋能行业发展、助力新时代文旅人的学习尽些绵薄之力。

本教材重在实例和模拟，编写了很多带有示范性的内容。我们本着对行业的热爱，努力创作，但由于能力有限，难免会有疏漏及词不达意之处，还请广大读者提出修正意见，我们期待您的建议。

最后，再次特别感谢提供稿件和参与录音示范讲解的国家导游技术技能大师、国家金牌导游们：卫美佑、张群、林菲、赵冰冰、梁莎莎、陈云志、张继峰、李淑花、童思斯、王振抗、敖燕军、罗世雄、王舒（排名不分先后），感谢你们在百忙中参与本教材的编写，你们是行业的榜样，向你们致敬！

编写组
2021年春